中国船舶研发史

中国船舶及海洋工程设计研究院

上海市船舶与海洋工程学会

组编

中国
工程船研发史

仲伟东　秦　琦　段雪琼

编著

HISTORY OF CHINESE WORKING
SHIP RESEARCH
AND DEVELOPMENT

上海交通大学出版社
SHANGHAI JIAO TONG UNIVERSITY PRESS

内容提要

本书是"中国船舶研发史"丛书之一。

工程船是专门用于各种水上、水下工程建设的船舶。本书从工程船定义、分类、关键设备、船型发展入手，重点介绍我国具有代表性的起重船、半潜运输船、铺管船、布缆船、潜水工程船、风机安装船等工程船的发展历程，展现新中国成立 70 多年来我国工程船取得的成就，展现研制团队自力更生、艰苦奋斗、勇攀高峰、追求卓越的精神风貌，使读者从中受到启迪。

图书在版编目(CIP)数据

中国工程船研发史 / 中国船舶及海洋工程设计研究院,上海市船舶与海洋工程学会组编;仲伟东,秦琦,段雪琼编著. —上海:上海交通大学出版社,2023.2
（中国船舶研发史）
ISBN 978‐7‐313‐27372‐7

Ⅰ.①中… Ⅱ.①中… ②上… ③仲… ④秦… ⑤段
… Ⅲ.①工程船－研制－技术史－中国 Ⅳ.①U674.3

中国版本图书馆 CIP 数据核字(2022)第 241788 号

中国工程船研发史
ZHONGGUO GONGCHENGCHUAN YANFASHI

编　　著:	仲伟东　秦　琦　段雪琼			
出版发行:	上海交通大学出版社	地　　址:	上海市番禺路 951 号
邮政编码:	200030	电　　话:	021‐64071208
印　　制:	上海颛辉印刷厂有限公司	经　　销:	全国新华书店
开　　本:	710 mm×1000 mm　1/16	印　　张:	19.5
字　　数:	269 千字		
版　　次:	2023 年 2 月第 1 版	印　　次:	2023 年 2 月第 1 次印刷
书　　号:	ISBN 978‐7‐313‐27372‐7		
定　　价:	148.00 元		

中国船舶研发史
编辑部

序

"中国船舶研发史"丛书是对中国船舶,主要是民船、工程船和海洋开发装备研发史的一次归纳和梳理,是一套展现新中国成立以来民船、工程船、海洋开发装备研发所走过的历程和取得的辉煌成就的丛书。

我国是最早发明舟舢舫舸的造船古国。早在唐朝,中国的造船技术就已经有了长足的进步,出现了水密隔舱、平衡舵、开孔舵等先进技术。在船型方面,宋、元朝时期,中国已有海船的船型,其中以江南沿海一带的福船、沙船、广船最为著名,被认为是中国古代的三大船型。至明朝郑和下西洋,以 14 个月时间建造 64 艘大船显示了中国古代在船舶研发和建造中的卓越成就。到了近代,众所周知,中国的造船业虽然也曾仿效西方,甚至造出了铁甲船和万吨级船,但终究不能摆脱衰落的命运,开始落后于西方强国,以至于在列强的坚船利炮下,丧失国家尊严,蒙受民族耻辱。真正使中国造船工业出现复兴生机,是新中国诞生之后。1949 年 5 月上海刚解放,上海市军事管制委员会筹建了华东区船舶建造委员会。1949 年 9 月统管全国船舶工业的中央人民政府重工业部船舶工业局宣告成立。船舶工业局统筹全国船舶工业发展,聚集造船人才,同时扩、改、新建造船厂,调整和新建全国船舶专业院校,研究设计和建造两翼齐飞,唤醒了沉睡了近 500 年的古老造船强国!本丛书从新中国诞生这一时刻开始,特别是改革开放以来,以油船、液化气船、工程船、科考船等 10 种民船船型为主题,阐述了新中国的船舶研发历程,并从这一侧面展示新中国"造船人"艰苦奋斗、砥砺前行、锐意创新、攀登高峰,重现造船强国的史实。

70 多年中国船舶研究发展过程,各型船舶发展尽管不尽相同,但大致可分为三个阶段:

第一阶段,夯实基础稳步发展(1949—1977 年)。这一阶段,国家把交通运输业作为优先发展的基础,为船舶工业发展提供了广阔的空间。新中国成立之初,我国贫穷落后,百业待兴,尽管如此,国家仍将发展造船工业放在十分重要的地位,经过新中国成立初期的整合发展,到1965年船舶科研机构已整体成制,仅中国船舶工业总公司第七研究院(中国舰船研究院)就有十几个包括总体设计和专项设备的研究所,研究的领域涵盖舰船设计涉及的各个方面。扩建新建中央及地方大、中型造船厂,增添设施,改进工艺,为尽快恢复发展水上交通运输,提供适应国民经济建设发展所急需的多型民用船舶,力争不买或少买船,设计并建造了中型沿海油船、客货船、长江豪华客船、航道疏浚船、港口起重工程船、科学调查船"实践"号、自升式钻井平台"渤海1"号和气垫船等追踪当时世界船舶航运界发展动向的船舶。自主设计建造了新中国十大名船之首的万吨级远洋货船"东风"号,结束了我国不能设计建造万吨货船的历史,开创了我国造船史的新纪元。

第二阶段,改革开放快速发展(1978—2010年)。1978年以前,由于西方工业强国对我国实行技术封锁政策,我国船舶科技极少对外交流,信息不通致使发展受限,各类大型运输船舶、疏浚装备、海洋开发船舶多依赖进口。1978年后,在改革开放春风的沐浴下,中国船舶工业如同骏马,奔驰向前。1982年设计建造的27 000吨散货船"长城"号,是第一艘按照国际公约、规则和国外船级社规范设计和建造的出口船。从那时起,我国各类工程船、海洋开发装备等设计和建造开始融入世界船舶科技发展行列。研究设计技术经过引进、消化、创新,不断跨越式发展。各大船厂的造船能力大幅度提升。至20世纪末期,我国已大步迈向世界第一造船大国,不但结束了主要依靠进口船舶的历史,而且大量、多品种船舶出口许多国家。这一时期,各种船型均有相当规模的发展:集装箱船从无到有,从出口700 TEU全集装箱船到4 700吨多用途集装箱船;设计和建造了5万吨大舱口多用途散装货船、15万吨双壳体苏伊士型原油船、半冷半压式16 500立方米液化石油气(liquefied petroleum gas,LPG)船、布缆船、中型挖泥船、海峡火车渡船等;科考船已进军南极;为适应海洋油气开发,我国形成了从物探船、自升式、半潜式、坐底式钻井平台和半潜式生产平台到浮式生产储油船的全产业链的设计和建造能力。

第三阶段,自主创新跨越发展(2011年至今),新世纪尤其是党的十八大以来,以习近平同志为核心的党中央,站在实现中华民族伟大复兴的战略高度,准确把握时代发展大势,作出了建设海洋强国的重大战略决策,指引着船舶工业砥砺前行。

这一时期,中国造船的速度在世界造船史上是罕见的。在这迅猛发展的过程中,我国造船工业攻克了多项关键技术,研发和建造能力大幅提升。一批世界级高精尖的船型在中国诞生。科考装备实现了跨越式发展:3 000米深水半潜式钻井平台"海洋石油981"号进驻南海正式开钻,标志着我国海洋石油工业深水战略迈出实质性的步伐;亚洲首艘12缆地球物理勘探船"海洋石油720"号、全球首艘3 000米深水工程勘探船"海洋石油708"号交付使用,标志着我国深水作业"联合舰队"逐步成形;我国自行设计、自主集成研制的"蛟龙"号载人潜水器在马里亚纳海沟创造了下潜7 062米的中国载人深潜世界纪录,使我国成为世界第五个掌握大深度载人深潜技术的国家;2019年7月,我国第一艘自主建造的极地科学考察破冰船"雪龙2"号顺利交付。相比"雪龙"号,"身宽体胖"的"雪龙2"号的破冰能力和科考能力更强,标志着我国南、北极考察基地的现场保障和支撑能力取得了新突破。

70多年的船舶研发史，是我国船舶工业由弱到强、不断发展壮大的历史，展现了中国特色社会主义制度的优势。

70多年的船舶研发史，是我国船舶研发水平和造船能力不断提高、不断创新的历史，是我国在船舶研发领域由跟跑者向并跑者乃至领跑者转变的进步史。

70多年的船舶研发史，是我国广大船舶研发、建造人员不畏艰难、积极开拓、勇于攀登、勇于奉献的真实见证，是我国船舶创业人员不忘初心、牢记使命，追梦深造的奋斗史。

科技是国家强盛之基，创新是民族进步之魂。正如习近平总书记在2021年5月28日召开的两院院士大会和中国科学技术协会第十次全国代表大会上指出的："当今世界百年未有之大变局加速演进，国际环境错综复杂，世界经济陷入低迷期，全球产业链供应链面临重塑，不稳定性、不确定性明显增加。""科技创新成为国际战略博弈的主要战场，围绕科技制高点的竞争空前激烈。"在此背景下，船舶工业无疑面临着新的发展机遇和挑战。

回顾历史既是为了总结经验激励前往，更是为了创造未来。如今全面建设社会主义现代化强国迈入新征程，向第二个百年奋斗目标进军的号角已经吹响。让我们以史为鉴，勇于创新、顽强拼搏，努力为把我国建成海洋强国、实现中华民族伟大复兴的中国梦不断作出新的更大的贡献！

中国工程院院士　曹恒一

前　言

随着人类经略海洋、开发利用海洋的进程不断推进,涉水工程日益多样,规模不断扩大,作业难度不断提升,致使工程船的类型逐步增加,作业装备趋向新型化,船型创新加速。工程船到 20 世纪中叶已成为船舶种类中重要的一支,在社会经济发展中起到不可替代的作用。

新中国成立后从国民经济第一个五年计划实施起,工农业生产快速恢复、发展,随之航道疏通、港口建设、农田水利工程等多方面的涉水工程项目增多,规模扩大,低水平的工程船已远不能适应需要。船舶行业领导机构应势而为,秉承科技引领、人才第一的理念,从全国范围聚集人才,组建第一个专门研发工程船的设计机构,从而开启了中国研发工程船历史的篇章。

在船舶种类中,工程船船型多、用途广泛,是一类按不同工程技术作业的要求,装备各种相应的专用设备,从事各种工程技术业务的船舶,其类型繁多、设备复杂、专业性强,新技术、新设备应用较多且各具特色。

我国工程船的研发是伴随着国民经济的建设进程而发展壮大的,与国家经济建设相辅相成。

20 世纪 60 年代,随着我国经济建设的发展,船舶工业也进入发展时期。先后应经济建设和国防建设急需,独立自主设计了几十型现代工程船。由于当时我国制造业亦处于发展期,设备配套能力不足,致使研发建造的一些工程船在作业效能和可靠性上尚难达到世界先进水平,但在总体策划、作业设备配置、特殊结构设计、线型优化、水动力性能分析等船舶关键设计技术上已具备较强的实力,为其后的发展打下了坚实基础。

随着工业制造业的发展,国内的配套能力快速增强,研发水平不断提高,配套设备短板得以改善,造船厂施工能力和建造质量也明显提高。伴随着我国造

1

船工业的迅速崛起，工程船的研制也随之快速向前推进，一艘艘新型、规模大的现代化工程船陆续问世，投入航道建设、抢险救灾、大型跨海桥梁建设、海上风电场建设、海底管线敷设、海洋油气田建设、水下工程和特殊水下作业之中，为国民经济建设，为国家经略海洋、开发利用海洋做出了重大的贡献。

目前，工程船的种类多达 80～90 多种。本书选择其中几种在国民经济建设和国防建设中起到重要作用的具有代表性的工程船舶，就其特点和我国对该类船型的研发的历程进行编纂，以从一个侧面彰显新中国从贫穷弱国发展成为世界第二大经济体的艰苦奋斗历史。

由于各种工程船船型、规模、装备状况等相差较大，发展历程也各有特点，本书将对每种工程船分别以种类概述加以说明。

此外，我国在这几十年内，还研发建造了一些数量很少，甚至只有一艘，但又是有独特作用的特种工程船，将它们集中在一章内介绍，以显示我国研发的工程船涵盖的广度。

疏浚挖泥船是工程船中重要且数量多的一类。本书仅将起重船、潜水工作船、铺管船、打捞救助船、半潜船、风电安装船、航标船等工程船各立一章编撰，全书共分九章：第一章工程船概况，第二章起重船，第三章潜水工程船，第四章铺管船，第五章打捞救助船，第六章半潜船，第七章风电安装船，第八章航标船，第九章其他工程船。同一种类、不同型的船按研发年份前后次序编排，依次叙述了研发从简型到复杂型、从小型到大型、技术水准不断提高和作业效能逐步提升的历史进程。

为便于读者阅读，本书对工程船异于其他船舶的主要技术特点先作简要的介绍，各类工程船独特和创新的技术则在各类船型章节作较详细的叙述。

目　录

第三章　我国潜水工作船的研发历程 / 72

第四章　我国铺管船的研发历程 / 100

第一章
工程船概述

第一节　工程船的类型及作用

一、工程船的种类

工程船是根据其功能、从事各类工程作业船舶的总称。在各类船舶中,工程船是一种类型多、用途广泛的船型。

工程船按不同工程技术需求,船上配备各种相应的专用设备,如起重船的起重机、钻井船的钻探设备等,是用于完成各类水面与水下工程技术作业的特种船舶。

工程船称得上是一个大家族,各类船型林林总总,多达几十种,分别扮演着不同角色,肩负着不同任务,在各类水上水下工程中发挥广泛而重要的作用。根据国家标准 GB/T 8843—2002 工程船依据其功能、应用场景不同,将其归并为五大类:航道及港口服务、救助打捞、潜水、水域施工、疏浚挖泥。主要且具代表性的工程船种类有:

(1)疏浚挖泥船(本书另有专章介绍)。

(2)起重船。该船又称浮吊,甲板上装有起重设备,专供水上作业起吊重物用的船舶。

(3)潜水工作船。该船装有潜水设备系统,用于支持潜水作业的工程船舶。

（4）铺管船。该船装有铺管设备系统，用于铺设海底油气管道的自航船舶或驳船。

（5）打捞救生船。该船从事救助、打捞海难船舶及对落水人员实施救生的船舶。

（6）救助拖船。该船设有潜水、救生、消防、打捞、拖曳设备，能拖带搁浅触礁、失去机动能力的船舶，兼负救援失事船舶的拖船。

（7）半潜船。该船为半潜重物举升船的简称，具有水密承压、可沉入水中的装载甲板，能自行浮装、浮卸起大物件，进行海上大件运送、安装的船舶，也称作半潜运输船。

（8）风电安装船。该船装有大型、大吊高起重机和定位系统，用于海上风电设备装运、安装的工程船舶。

（9）布缆船。该船装有布缆设备系统，用于海底通信动力电缆的布放、维修、回收的工程船舶。

（10）打桩船。该船在甲板两端或中部设有打桩或压桩设备，用于水上工程打桩的船舶。

（11）航标船。该船设有起放航标用的起重机和绞盘等设备，在航道及其附近的暗礁、浅滩、岩石处进行航标布设、回收、巡检、维护作业的船舶。

（12）航标巡检船。该船用于维护航区的航标巡检、抢修、岛屿补给及拖带航标器材的小型航标船。

（13）清扫船。该船设有收集浮游杂物装置及贮存容器，清扫水面上垃圾杂物的船舶。

（14）消防船。该船用于扑灭船舶或港口、河道、航道、岸边火灾的船舶。

（15）浮油回收船。该船装有浮油捕集器，用以拦截、回收和处理海面浮油的船舶。

（16）钻探船。该船又称"地质钻探船"，装有钻机，进行水底地层地质钻探的船舶。

（17）修理船。该船设有必要的修船设备,作为水上流动修理工场的船舶。

（18）近海装卸站。该船又称"海上过驳平台""海上过驳站",在近海作货物装卸、临时存放的转运基地用的海上结构物。

（19）港区及沿海拖船。该船系指在港内或沿海海域进行船舶拖带作业的船舶。

（20）自升式工作平台。该船具有自升式平台船型,从事海上作业,如碎石铺设、修理等。

工程船在我国经济建设和国防建设中起着重要作用。我国工程船随着水上或水下基础建设的发展而发展。从无到有,从小到大,从技术简单低水平到技术复杂高水平,已经形成一套规模庞大、种类齐全的工程船体系,为我国日益壮大的海上基础建设工程发挥了重大作用。经过模仿、摸索、自行研究设计、国际交流合作等多种途径,我国已经建成一支研究、设计、建造、使用、管理等专业完整的工程船研发队伍,为我国的工程船领域赶上国际先进水平奠定了坚实的基础。

二、工程船的作用

1. 航道建设

航道建设涉及疏浚、整治、维修、保持航道畅通等任务,需要使用多种工程船:使用航标船布放、维修航标,指明航道;挖泥船疏浚清淤,保持航道的深度,建设深水航道时加大挖深。如长江口深水航道建设中,使用大型耙吸挖泥船,将原来水深 10 米挖深至 12.5 米,使长江口航道通航的船舶载重量有很大提高,可满足第四代（4 000～5 000 标准集装箱）集装箱船全天候通航,第五代（5 000～8 000 标准集装箱）集装箱船及 10 万吨级散货船乘潮进港的要求。

使用打捞船、起重船等在航道内清障、打捞沉船,保持航道的有效断面。使用抢险救生船、打捞船、海洋拖船、起重船等对港口附近水域船舶的海难事故进行抢险救生。

使用清扫船、浮油回收船等清除航道及河流水面的油污、垃圾,保持航道河流水体的清洁卫生。

2. 水上工程建设

主要有桥梁、水下隧道、码头泊位等水上工程的建设或水上安装。这些工程要使用到大型起重船、大件运输船舶(半潜船、大型海洋甲板驳)、打桩船、布缆船、铺管船等。有些码头泊位的建设,还要使用大型耙吸挖泥船、绞吸挖泥船充填造陆。如上海洋山港集装箱深水码头,就是在大、小洋山岛的基础上,充填部分岸线,造陆建成的。现在已成为世界上最大的集装箱运输港口。

我国桥梁、水下隧道建设,在20世纪末至21世纪初的20~30年间有了快速的发展,昔日天堑的长江上已经建起了50多座跨江大桥,我国的建桥大军又在波涛汹涌的海上建成了港珠澳大桥、青岛胶州湾跨海大桥、杭州湾跨海大桥、东海大桥、上海崇明岛桥隧、厦门海沧大桥、平潭海峡公铁两用大桥、湛江海湾大桥、舟山跨海大桥、大连星海跨海大桥等。其中,港珠澳大桥长55千米,是世界上最长的跨海大桥。它还包括一条连接两座人工岛、长6.7千米的世界最深水下隧道。

造桥和水下隧道工程,主要有桥墩、拉索桥立柱的安放和打桩固定,这需要使用起重船、打桩船,还要使用大型起重船吊装桥梁构件。如建设东海大桥时,使用起重量 $2 \times 1\,300$ 吨的"四航奋进"号起重船和中铁大桥局的专用吊架,吊装 1\,900 吨、1\,700 吨桥梁构件。使用挖泥船和整平船挖掘和平整水底隧道路径,并用大型起重船吊放数千吨的隧道管分段构件。

3. 海上风电场建设

风力发电是一种清洁的绿色能源,是当前新能源发展的主要方向之一。风力发电通过一种风车型的发电机组发电,风车发电机发展很快,从3.2兆瓦到最近我国研制的最大单机容量已达16兆瓦,其叶片长约120米,叶轮直径242米,发电机轴心要安装在离基础高124~126米的立柱顶端才能安全地运转,很占地方。因此人们想到在海上建设风电场。海上风大,无树木、建筑物的阻挡衰减,而且有足够的空间安装。现在,我国海上风电场都陆续建成发电,已有相当规模并在迅速发展中。

建设海上风电场,即安装立于海上的风车发电机,其作业程序一般是先安装立柱和发电机组,再在现场吊装风车叶片,最后铺设电缆接线。要完成这些作业,就要使用海上工程船,即风电安装船(或平台),其特点是能定位,并提供稳定的安装环境,配置有大吊高(超过 100 米)的大型起重机。我国最初建成的东海大桥风电场装设了 34 台 3.5 兆瓦风车发电机组,就是使用了改装的甲板驳加特种起吊设备和起重量 2 600 吨的"四航奋进"号起重船安装。江苏如东潮间带风电场装设了 21 台 2.38 兆瓦、17 台 3 兆瓦、20 台 2.5 兆瓦风车发电机组,使用了中国船舶及海洋工程设计研究院设计的自升平台式和坐底式两型风电安装船。

4. 水下工程建设和特殊水下作业

水下工程建设和特殊水下作业包括海上装备结构物的水下基础、水下模块、海底管系、锚系统的锚固设备、锚链等水下装置的安放、固定、接管、接电缆等水下作业,以及对特殊水下装置如对潜艇等开展保障、维修、事故救援等工程作业。此外,还包括对科学探测潜水器、深潜器作业实施保障、支援等作业。这都是挑战性极大的任务,需要使用潜水工作船、救生打捞船等工程船舶。船用设备属于高技术、高投入、高风险的产品,技术性能指标高。我国已建成新型深潜器母船,能支援、保障在世界上最深海沟进行探测试验的深潜器作业。在另一个前沿阵地,能进行深海油气田水下装置安放、固定、维护的深海潜水工作船的研发,也在稳步地进行。

5. 海底光缆敷设

要举出一种既是科技前沿的发展方向,又与人们工作、学习、生活密切相关的行业,那么非互联网莫属。而互联网的核心设备之一,就是遍布世界三大洋底的海底通信电缆网络。敷设海底通信电缆网络主要任务是敷设海底电缆,这就需要使用布缆船,而互联网的维护、保养、修理也要使用布缆船。除互联网之外,许多国家都建设了军用海底通信系统。新中国的海底通信系统建设是从军用开始的,真正意义上的布缆船建造也是从军辅船开始的。我国加入国际海底电缆系统及后来的互联网,是从合作建设中国和日本海底电缆开始的,现在还承担着国际互联网东亚海区海底电缆网络片的维修保养任务。

6. 海上油气田开发建设

海上油气田的开发建设是高投入、高风险、高科技,也是高回报的产业。从科技方面看,是集海上工程之大成的系统项目,涉及的工程内容有:超大构件、装置、模块的运送、吊装、安放、桩固、潜水作业,铺设长距离大口径油气管道、动力电缆及连接等,要使用到几乎所有重要的大型工程船。超大构件、设备的海上运送需要使用半潜船、大型海洋甲板驳;海上安放需要使用大型起重船、海洋拖船等;海上固定需要使用打桩船、潜水作业船等;大型模块海上吊装需要使用大型起重船;装置的海底构件安装和油气管道安装连接需要使用潜水作业船、铺管船、布缆船等工程船舶。

以东海自营区平湖油气田建设为例,该油气田海域水深约90米,采用管道输送油气,油气田装备有海底采油树、海底汇油管线、水深90米导管架固定采油平台(上面装设油气水分离装置和加压泵),岱山岛上建5万吨原油储存库、2万吨级原油装卸码头,原南汇县(已并入浦东新区)建天然气处理场。油田与岱山岛之间建直径10英寸[①]海底输油管线360千米。油气田与天然气处理场之间建直径14英寸海底输气管线375千米。建设中除了陆上装置施工之外,在海上使用大型甲板驳运送导管架,使用大型起重船、大马力海洋拖船安放导管架主体,然后使用打桩船对导管架打桩固定;随后用大型起重船吊装上部结构和设备;使用能在100米水深作业的铺管船铺设一根输气管和一根输油管;海底采油树、海底汇油管线的安装以及接管,使用潜水工作船,与起重船配合作业。

总之,工程船是专业用于各类水上、水下工程建设的船舶,就如同陆地上的

---

① 1英寸约为 2.54×10^{-2} 米。

工程装备,如果缺少了它们,那么很多重大的工程就难以建成了。

在众多的船舶类型中,工程船是最具有特殊性的,类型多,并具有不同特点,本书中将分章对各类工程船加以阐述。

三、工程船的主要技术特点

工程船与其他船舶不同的特点是不同的工程项目需要不同的工程设备,因而工程船的类型繁多,装船设备复杂,专业性能强,新技术、新设备的应用各具特色。

1. 具备专用的作业系统

每类工程船都有其特定功能,完成这些功能需依靠装船的专用设备或系统,通称为工程船的作业系统。如起重船之起重机,挖泥船的挖泥机具和系统,布缆船的布缆系统及设备,潜水工作船的潜水装具及其支持系统等。工程船舶要为这些设备提供满足其特殊要求的安装平台、动力(电、水、气)供给、操作人员工作和生活空间及导航、防火、救生等保障条件。

作业系统各不相同,差别很大,对船舶平台的要求也是多有不同,这将使工程船设计除具备一些通用的技术外,又具有其独特的技术特点。

2. 严格控制船体的运动幅度

工程船的作业设备安装在不稳定的浮体上,当在浮式定位系统状态下作业时,浮体的摇晃和升沉运动会影响装备的作业,因此工程船的抗风浪能力要强,以适应作业要求,以提高作业效率,保证工期和质量。

提高抗风浪能力有赖于设计时对船型的选择、优化和创新,包括优选方案、模型试验和优化设计、计算等(更进一步的船型优化就是对船型约束的改变,从浮式系统到固定式刚性系统或半固定式系统)。浮式系统船型也在创新,如开发具有大船宽、小水线面的半潜船型,力求降低对浪、流作用的敏感性,使浮体具有更高的耐波性。浮式系统船舶被广泛应用于钻井平台、油气生产平台、起重/铺管船等工程船舶的建造上。

由于工程船的作业负载高频度、大幅度、短时甚至出现瞬时的变化,使船舶的装载和倾覆力矩剧增,对船舶稳性是巨大的考验。因此,工程船研发时必须要采取稳妥的、有效的措施。

3. 船体结构相对复杂

工程船船体结构由于作业设备负荷的影响,存在着负荷高、作用区域集中、负荷状态变化大、总体及局部结构强度和刚度的问题突出等特点,与常规运输船船体结构有很大的区别。设计时除按规范进行计算外,一般都要进行基于疲劳分析的总纵强度计算和局部强度计算,以增强船体结构的可靠性。且由于适应工程要求的不确定性,往往要求预先考虑一定的设计裕度。

4. 配置充足的功率电站

工程船由于作业设备驱动及其对浮体性能提升带来的所需功率较大,动力供应的容量要比相同主尺度的常规运输船舶大得多(如耙吸挖泥船,其装机功率往往是同等装载能力运输船的 3.0～3.5 倍),因此,工程船上电站的大容量以及相应的辅助设备、机舱空间、油水消耗及储藏的扩大都会对工程船和海洋工程装备设计带来很大的影响。所以在设计时,必须优先满足工程任务(作业系统和辅助作业系统)对动力的需要,并兼顾船舶本身功能的需要。

5. 采用适用的定位技术

较多的海洋工程是在相对固定的位置上进行作业,如起吊、打桩、潜水支持、救生、打捞等,因此多数工程船必须具备良好的定位性能。这里所指的"定位"不是指确定一个位置,而是指将工程船这样的浮体约束在一个位置上(刚性定位)或小范围的水面上(浮式定位),不使其随波逐流飘荡,这种定位方式亦可称为"控位"。众所周知,船舶等浮体在水上是随机漂荡的,有 6 个运动自由度:横摇、纵摇、升沉、横荡、纵荡和摇艏(艉),使浮体位置发生变化。所谓"定位"主要系指控制漂移运动。工程船的作业有些是在航行中进行的,如布缆船铺设海底光缆,铺管船敷设海底油气管,耙吸挖泥船挖泥装舱,物探船地震波发生接收等就要求工程船能够"寻迹定位"(按预定的路径定位)。定位技术根据水深和海况有很大的技术跨度和难度。常用的定位技术如表1.1所示。一般根据工程船的性能要求选取合适的定位技术和设备。

表 1.1　常用的定位技术

定位技术	主要特点描述	适用水深/米	采用的工程船或海洋工程装备
定位桩	刚性定位系统：位于船上的钢桩插入水底，基本不抬船，桩约束船位	主要用于内河、沿海<40米	绞吸、抓斗、铲斗式挖泥船，水上工作船，风电安装船等
桩腿、桩靴	刚性定位系统：位于船内的桩腿、桩靴插入水底，压桩、升船出水面。桩约束船的6个自由度运动	沿海、近海<150米	自升式工作平台、风电安装船等
导管架桩	刚性定位系统：桩通过导管架之导管打入水底，是不拔出的固定桩，固定工作平台的位置	沿海、近海<500米	固定式工作平台
船舶等浮体多点锚泊系统	浮式定位系统：船舶通过多根锚索控制其低频漂移运动	沿海、近海<2000米	打捞船、起重船、绞吸挖泥船、半潜型平台、潜水支持船等
动力定位	浮式定位系统：利用船上的测位系统随时测出船位，在船位偏移时启动船上推进器，使船反向移位，达到动态平衡，控制船舶的低频漂移运动	理论上海区及水深不限	布缆船、起重船、打捞船、潜水支持船、半潜平台等
组合定位	在一艘船上设置几种定位系统，用于不同水深的定位，或定位锚及桩相互补充		半潜平台、打捞船、起重船、绞吸、斗轮、抓斗挖泥船

第二节　我国工程船舶的研发历程

工程船舶是涉水工程作业的主要装备，旧中国涉水工程很少，规模亦小，几乎没有研发建造过现代化工程船。新中国成立后，船舶工业系统随着经济建设和国防建设的发展，积极开展现代化工程船舶的研发建造，历经70多年的不懈努力,使我国研发的工程船舶规模从小到大,船型从少到多,技术从简单到复杂,几乎涵盖所有现代工程船船型,有些船型已进入世界先进领域。工程船舶的研发设计是随着科学技术的进步创新而发展的。在这70多年中,我国工程船舶研发遵循这一规律,不断创新,新船型不断涌现。造船人坚定理想信念,忠诚奉献,创新逐梦,在国民经济建设和国防建设中,为建设新时代的造船强国做出了贡献。

回顾我国工程船舶的研发历程,在不同的历史阶段有着各自的特点,概括起来可分为三个研发阶段,即1950—1978年为研发起步奠定基础阶段;1979—2000年为攻坚克难全面发展阶段;2001年至今为跨越创新进入世界先进行列阶段。

一、研发起步奠定基础阶段(1950—1978年)

建国初期,百废待兴,旧中国造船工业留下来的是伤痕累累的一副烂摊子,振兴事业筚路蓝缕,极为艰难。加之国家财力有限,而船厂生产能力、设计机构能力亦不强,工程船舶的建造未被提上议事日程。一些小型涉水工程仍多依靠其他船舶临时加装陆上作业设备进行低效、艰难的施工。1950年11月,我国第一个专业船舶设计机构——船舶工业管理局技术处设计组成立,不久后,即开始尝试小型专用工程船的设计。在无船模试验、无现成资料可供参考的情况下,边摸索,边设计,诞生了至今可追溯的新中国研发的第一艘工程船舶——配备有吊杆的港务工程船"海济"号,该船为柴油机动力。

以后几年,随着以发展国民经济第一个五年计划为中心的大规模经济建设的展开,为满足水利工程、航运事业和国防建设的需求,我国涉水工程项目随之增多,规模也随之扩大,临时改装的工程船舶已难以胜任此重任,工程船舶的新建需求迫在眉睫。1957年组建了我国第一个专门研发工程船的科研机构——船舶工业管理局下属的船舶产品设计院第五船舶产品设计室,即中国船舶及海洋工程设计研究院海洋工程部的前身。该设计室的建立为船舶行业开发工程船舶提供了技术支撑,对我国工程船舶研发具有里程碑的意义。

几十年来,该设计团队历经几代传承,科研设计人员始终奋斗在工程船舶研发的第一线,不懈地攀登工程船舶研发的科技高峰。

设计室成立初期,正值我国工农业全面发展之时,需求研发设计的项目接踵而来。然而,面临的困难是巨大的,由于西方国家对我国的经济和技术封锁,每一个项目几乎都是要从头摸索,每选用一种设备、材料都要立足国内,每一个设计方案都要关注船厂建造的能力。同时,几乎每一个项目都是"急需"。在全国各行各业呈现欣欣向荣的氛围中,研发团队以承接任务为光荣,只要国家需要、用船部门提出,不管困难多大,都毫不犹豫地承担下来,全身心地投入研发工作。

在面对西方的技术封锁,设计中必须遵循的设计规范、规则不完善的情况下,研发团队勤于思考,从有限的外文书刊中捕捉可供参考的技术信息,构思多种方案进行比较分析,上船下厂,听取用船部门的意见,虚心接受船厂和设备厂商的建议,并将其贯彻在设计中。经过研发团队团结一心、攻坚克难,与厂商通力合作,在紧迫的时间内研究出多型现代工程船舶。

新中国工程船舶研发有个显著的特点,即军用先于民用。1960 年人民海军迎来第一波装备大发展,一批战斗舰艇先后入列。为保证战斗舰艇发挥战斗功能,必须给予了航海保障、基地停泊、海上事故处理、海岛通信等保证,满足这些工程的多种军用辅助船由此应运而生。

其间多型船舶如第一艘 60 吨全回转起重船、第一艘中型航标船、第一艘布缆船、第一艘打捞救援船等都是我国工程船舶的开篇之作。

60 吨港内回转式起重船是一艘军民通用的起重船,是以苏联某型 50 吨起重船为母型船,委托中国船舶及海洋工程设计研究院设计的。研发团队根据使用方提出的技术指标进行分析比较,在与母型船同样的主尺度下,将起重量从 50 吨提高到 60 吨,主机、设备、钢材均立足国内,首制船于 1964 年建成,其后又续造多艘,在我国初期港口建设中发挥了重要作用。

20 世纪 60 年代,我国大西南三线建设迅速推进,大型重型机器需通过长江航道逆流而上运达重庆港口,再转陆上运输送达新建厂址。这些重型设备中不少重量超过百吨,由水上吊到陆上,需依靠起重能力超百吨的浮吊来完成。于是1965年2月交通部委托中国船舶及海洋工程设计研究院设计180吨起重船。由于该船是在重庆民生船厂岸坡上建造,必须在每年5月底乘大潮汛来临时漂墩下水,因此船体设计加上建造只有不到三个月时间。研发团队驻厂设计夜以继日地工作,极短时间内完成初步设计,随即,船厂打破常规边设计边施工,赶在大潮汛来临时安全下水,于1966年11月竣工交船,为三线建设做出贡献。使用后获得用户好评,1978年荣获全国科学大会奖。同时也开启了我国研发大型起重船的历程。

20世纪60年代中期,因沿海干线急需配置航标船增布航标,中国船舶及海洋工程设计研究院承担了新一代千吨级中型航标船设计任务。船舶要以低速靠近航标(含布设点),以提高作业的安全性和精确性。在解决了此关键技术并研制专用的回转起重机装船后,建成交付使用,完成了任务。

海底电缆是现代跨海长距离、高效能通信的重要设施。我国海岛众多,敷设海底电缆任务艰巨。20世纪60年代初,中国船舶及海洋工程设计研究院受命设计小型海底电缆敷设船,以供我国海底通信网络建设之需。该院随后又对该型布缆船进行升级设计,1973年完成施工设计,通过船舶总体设计单位、设备研发单位、船厂通力合作,攻克技术难关,研发出性能可靠、使用方便、装有自行研发布缆系统设备的新一代布缆船。中华造船厂于1976年竣工交船。该船在研发过程中恰逢中国和日本两国实现邦交正常化。为加强两国通信联络,两国政府于1973年5月签订了关于建设中国和日本海底电缆的协议。首制船被划归上海市邮电局,命名为"邮电1"号,投入该工程作业,并按期高质量地完成布缆任务。该船1978年荣获全国科学大会奖,研发团队荣获上海市先进集体称号。

海上打捞救助船是海洋活动不可或缺的装备。对此国家极为重视,很早就在交通部建制中设立各大沿海省市打捞局,主要承担抢险、救灾、打捞沉船、沉物、公共水域和航道以及港口清障等作业。1963年中国船舶及海洋工程设计研究院受命利用一艘在建的3000吨货船船体和配套的机电设备改装设计成中型打捞船,并于 1976 年 6 月通过打捞试验后交船。其后又设计专用的中型打捞船,并研制了改进型特种设备,在几家造船厂续建两艘并派生出新的船型,成为我国打捞救助船的主力船型。

在设计工程船时要同步设计作业装备,但这一阶段国内尚无专门机构设计工程船所需的作业装备,为此该院特别设立了船舶行业研发机构中唯一的特种机械设计科,通过理论和实践相结合,配合工程船舶研发,进行配套作业装备的研发设计,并研发出多型泥泵、铰刀、气力泵等全套疏浚设备,多型船用特种起重机、救生钟、加压舱、供气系统等潜水救生设备,布缆机、拉缆机、后门架、钢丝整理及测速等布缆设备,自升式平台的桩腿和升降机构,电缆绞车、炮缆绞车、气枪架系统等物探设备等,为第一批国产工程船舶建成起到了重要作用,有些项目还获得全国科学大会奖和省、部级科学技术进步奖。

这 20 多年是国内工业基础差,又受西方技术、经济封锁,国内形势一度复杂多变的时期,然而,设计机构、造船厂和用船部门紧密配合,齐心协力为我国工程船舶的研发打开了局面,并取得一定的成果,建造的船型已经涵盖当时国际上出现的主要船型,并为我国培养、锻炼出一支研发工程船舶的技术队伍。这支队伍在其后相当长的时期内始终是研发工程船舶的中坚力量。

二、攻坚克难全面发展阶段(1979—2000 年)

党的十一届三中全会和全国科学大会的召开,极大地激发了广大科技人员的积极性和不断提高自身技术水平的进取心。1982 年,党的十二届全国代表大会发出"加紧社会主义现代化建设"的号召,促进各行各业加速发展,涉水工程项目持续增多,规模不断扩大,工程船舶研发任务随之加重。与此同时,在改革开放方针指引下,国内外经济技术合作交流增多,工程船舶研发团队也有机会走出国门,与技术先进的国家进行技术交流和现场参观,加深了对当时国外先进工程船舶技术状态的了解陆续走出去的中国科研人员看到了世界先进国家在现代化、高科技方面的水平。在找准了差距的同时,也认识到我国工程船舶研发在总体上是具备一定能力的。为进一步融入世界先进技术行列,必须进一步掌握相关设计规范、规则等,熟悉国际市场,使设计适应国际市场;还必须掌握国外先进的工程船舶作业装备现状和技术特征,必要时用以补充国内设备的短板,以提高新研发工程船舶的作业效能。

与此同时,在全国各行各业都为在 20 世纪末建成"四个现代化国家"而努力的氛围中,涉水工程项目日益增多,规模大且要求更高。工程部门亦从多渠道了解国外工程船舶的先进技术状况,为加速涉水工程的进程,从我国社会经济发展的全局出发,向国外购买了若干大型工程船舶,以满足当时涉水工程的急需。在此阶段初期国内工程船的研发进程有所减缓,研发的项目虽相对较少,但更加重视应用先进技术,以提高设计质量。研发团队在上级主管部门的支持下,积极开展多项有针对性的课题研究,寻找一切机会参观考察进口的工程船舶,了解掌握国外先进技术,为研发新型先进工程船作技术储备。

随着我国海洋事业的发展,海上潜水作业向深水发展,开始采用深潜器技术,需要配置深潜器母船。中国船舶及海洋工程设计研究院于 1980 年承接设计任务。与中华造船厂密切配合,仅用两年不到的时间,于 1983 年设计建造成功我国第一艘深潜器母船。

这一阶段中国船舶工业实现了从封闭到开放,从国内市场走向国际市场的重大转变,对外海上贸易发展迅速,进出港口船舶数量剧增,航道建设中必不可少的航标船急需增加。交通部门投入大量资金在由北到南沿海港口建设航标基础设施的同时,制订了大、中、小航标船以及航标巡检船建造规划。各地区航道局据此规划,委托中国船舶及海洋工程设计研究院等单位及船厂研制了 800 吨中型航标船、120 吨小型航标巡检船多艘。在研发巡检船中,研发团队创新设计出液压夹持臂系统,有助于航标牢固夹持,使作业时航标与船体之间不再产生相对运动,方便进行维修,改变了以往"跳标"的不安全作业状况,确保了船员的安全和大大减轻了劳动强度。航标夹持装置获实用新型专利。

随着工程船设计技术的进步和创新,根据市场需求,又研发了多种新型工程船,在涉水工程项目中发挥了重大作用。

起重船研制向大型化发展,如中国船舶及海洋工程设计研究院设计,国内创建并配套的两型300吨扒杆起重船,其中一艘采用增大吊幅的组合臂杆起重机。同为中国船舶及海洋工程设计研究院设计、国内建造、国外引进回转起重机的900吨"南天龙"起重船,设计计算中首次贯彻了"为适应海上起吊的安全工作负荷(SWL[①])"的新规定。

20世纪90年代我国海洋油气开采过程以较高速度推进。为减少在海上安装的工作量,海上油气开发装备多在陆上组装成大型模块,运至海上吊装。这些模块轻则上百吨,重则几百吨乃至超千吨,因此必须由大起重量的起重船来作业。同时装备海洋油气开采设备等海洋作业的增多,也必须配以能在海上进行浅水作业、打捞救生作业的新型打捞船。

为此为适应南海海上油气开采的顺利进行,广州打捞局投资采用国际招标建造了900吨海洋起重救助打捞船。中港建设总公司中标,委托中国船舶及海洋工程设计研究院设计。该院结合早期设计的4 000吨级打捞救生船、1万吨级打捞船的技术储备开展设计,采用边设计、边施工的工程项目管理方法,各方通力协作,于1992年4月29日在上海港机厂码头交船。该船的研发成功标志着我国工程船舶研发建造的能力和水平再上新台阶,同时也表明我国工业制造能力已大幅度提升,具有良好社会效益。1996年该船荣获中国船舶工业总公司科学技术进步奖二等奖。

2000年初,上海打捞局委托该院将一艘已停产的17万吨涠10-3油田生产储油船"南海希望"号改装设计成5万载重吨半潜驳,从此开启了我国自主研发一系列大型、高技术半潜船的历程。

经过20年克难攻坚的努力,我国的工程船舶研发在技术上已瞄准世界先进水平,掌握有关设计规范、规则,拥有了老中青结合的研发团队,设计手段、试

---

　① safe working load。

验设施逐步完备,船厂建造工艺水平、制造设施大幅提升,特种机械、机电设备工业体系形成,工程船舶研发建造的生产链开始形成。所有这些都为新世纪到来之时工程船的高速发展打下了坚实的基础,为我国工程船舶的研发技术融入世界技术发展的先进行列,提供了人才储备和技术支撑。

三、跨越创新进入世界先进行列阶段(2001 年至今)

进入 21 世纪,世界船舶市场迎来了难得的发展机遇。党的十八大以来,为实现中华民族伟大复兴的战略,中央作出了建设海洋强国的决策,指引船舶工业前行。我国的综合国力显著增强,现代化的第二步战略目标已经实现,正向第三步战略目标迈进。在实现这一伟大目标的过程中,我国涉水工程项目进入跨越式发展新阶段。以港珠澳大桥为代表的建桥工程,以洋山港为代表的港口建设工程,以南海油田建设为代表的众多海上油田建设工程,以东海风电场为起点的海上风电场建设等海上涉水工程多项目、大规模地发展,急需一批大型、专业、高效、环保、先进的工程船舶。国家相关部委实施顶层设计,加大科技投入,建设了一批先进的实验设施,其中有国家能源海洋工程装备研发中心、大型深水波浪流水池、大型深水拖曳水池等,用以优化船舶性能。在这一阶段,我国船舶工业发展迅速,造船能力大幅度提升,已成为世界造船大国并向造船强国迈进。我国制造业迅猛全面发展,已成为联合国产业分类中唯一齐全的国家,足以向新型工程船舶提供先进的设备配套。

2005 年开始执行的"十一五"规划纲要明确指出:依托重大工程,大力振兴装备制造业,提高先进技术装备的设计、制造和成套水平。随后出台的《国务院关于加快振兴制造业的若干意见》,为装备制造业,包括工程船舶和海洋工程装备制造业指明了发展方向和重点,并制订了促进发展的优惠政策,支持制造业的加快振兴计划。在国家振兴装备制造业的推动下,工程船舶研发迎来新的高潮,参与研发的机构增多,并找到了一条既符合国情、又瞄准国际先进水平,既贯彻国家方针政策、又能满足用户需求的,开展工程船舶和海洋工程装备的研发途径。

面对大型涉水工程急需专业装备的形势,又有国家强大工业制造能力的支撑,以及研发措施、设计手段提升的有利条件,我国工程船舶研发团队怀着建设海洋强国的信念,充满信心,继承传统,不懈努力,持续攻坚克难,紧紧抓住这一有利时机,在这新世纪的前 20 年中研发出许多令国际瞩目、且进入世界先进行列的新型工程船舶:以最大起重能力 12 000 吨,回转起重能力 7 000 吨,吊重能力位居世界第一的"振华 30"号起重船为代表的起重船;以 10 万吨级、足以轻松地托运航空母舰的"新光华"号半潜船为代表的系列半潜船;以深水敷管起重船"海洋石油 201"号为代表点的海底油管敷设船;以"深潜"号深潜支持母船携带我自主研发的成套深水饱和潜水设备系统作为综合表征的深潜水支持母船;以能单月完成 7 台 7 兆瓦风机吊装的"福船三峡"号为代表的系列多型海上风电安装船等。

当人们在观看港珠澳大桥建造过程中巨型起重船吊起几千吨海底隧道段时;在看到大型海上钻井装备被半潜船举起进行远洋运送时;在看到耸立在海上的油气田通过海底管线源源不断向陆上输送油气时;当看到数以百计、高达百米的海上风电塔风扇高速飞转将绿色能源输入电网时,新型高效的工程船舶与它们紧密相连。

每一类型的工程船舶都有其独特的发展过程,在这过程中研发团队、建造单位都坚持创新的理念,艰辛地探索,贯彻绿色环保、智能和人性化的设计理念,以国际上最先进的同类船舶为标杆,努力赶超。所研发的每类船舶都在涉水工程中发挥相应的作用。

大型起重船为适应海上油气田建设和大型桥梁、港口建设工程日益增多的需要以及世界海上大型工程船舶租赁市场的发展,我国几大海洋工程作业部门开始投资建造大型起重船。起重量从 2003 年的 2 600 吨陆续提高到 4 000 吨、7 500 吨到 12 000 吨,屡创亚洲乃至世界纪录;作业功能从单一到综合发展;移动能力从拖航向自航演变;定位由锚泊定位发展至锚泊和动力定位组合。在短短十几年时间已进入世界先进行列。

2004 年广州打捞局瞄准国内海上工程建设急需大起重量起重船的趋势,委托中国船舶及海洋工程设计研究院设计,上海振华港口机械(集团)有限公司(以下简称"振华重工")建造 4 000 吨全回转起重打捞船。这是我国起重船研发从中、大型向高效能、超大型发展的重要节点,是当时国内最大的、包括船舶和起重机构均是完全自主研发的全回转多功能起重船。为充分发挥该船的作用,除起重、打捞功能外还预留了布置铺管作业设备的部位,船舶性能、结构设计均作综合考虑,只要需要就可在短期内安装,并投入海底大管径油气管道铺设作业,从而提高船舶的使用效率,增加经济效益。

2016 年,振华重工利用一艘 30 万吨级旧油船改装成 12 000 吨全回转起重船,同时安装 DP‐2 动力定位系统。该船甲板面积为 18 000 平方米,约等于 2.5 个标准足球场大,具备超大物件的吊运安装能力,被誉为"海上大力士"。

该船交船后参加了举世瞩目的超级工程——港珠澳大桥最终连接段的安装。这次安装是将一个重 6 000 吨的巨大的钢筋混凝土结构,准确安装在 30 米水深的海底,完成港珠澳大桥海底隧道的贯通。要完成这个最终连接段双侧的对接难度相当大,因为水下安装余量仅有十几厘米,即使水面风平浪静,海底涌动的洋流也会形成巨大的扰动。6 000 吨重的最终连接段吊装工程要确保扰动平衡,任何倾斜都将是灾难性的。安装的误差只允许在 1.5 厘米以内,这在世界水下安装领域是史无前例的,无异于海底穿针。该船成功地完成了这一作业,为我国海洋工程事业的延伸提供了强大的装备支撑和技术支持。

随着我国水下设施安装、检修和水下应急救援等深水作业工程发展的需要,饱和潜水技术逐步发挥作用。2016 年振华重工承建了当时全球最先进的潜水工作船"PLEAG"号。该船配有 DP‐3 动力定位和全球最先进的 24 人全自动双钟饱和潜水系统,可分批次不间断地进行最大深度 300 米的饱和潜水作业。配置的潜水钟由具有升沉补偿功能的收放系统通过两个月池放入水中;设有两座水下机器人基座,用于搭载大型作业级机器人等。

中国船舶及海洋工程设计研究院组建的详细设计团队对挪威的基本设计

进行分析研究,吸收其优点,同时修正了基本设计存在的问题,在维持技术指标的同时,完成了全船总布置、设备配置、节能环保等优化工作。振华重工以雄厚的船舶制造能力,按期顺利交船,打破了深潜工作母船设计和建造技术被挪威、美国、法国几个工业发达国家垄断的局面。

随后,中船黄埔文冲船舶有限公司和上海佳豪船舶设计院合作完成了一艘ST-246型饱和潜水作业支持船"海龙"号设计建造,于2019年顺利竣工交付。

海底输送油气管线是海洋油气开采生产的重要一环。进入21世纪,海洋石油工程股份有限公司为承揽这一重要且经济价值高的工程项目,开始组建铺管船船队。

铺管船为促进我国自主研发设计铺管船,打破美国、欧洲国家的垄断局面,中国海洋石油工程股份有限公司于2006年委托中国船舶及海洋工程设计研究院自主设计潜水铺管船"海洋石油202"号,委托上海船舶研究设计院按荷兰GUSTO公司提供的基本设计进行深水铺管船"海洋石油201"号的详细设计。

"海洋石油202"自2009年7月投产后旋即进行渤南二期、锦州25-1、金县1-1、渤中19-4、渤中25-1油田应急复产、曹妃甸二期、渤中26-3油田等海底管线敷设,作业性能良好,获得船队和船员的好评。该船各项性能、作业指标均达到世界先进水平,其研发建造成功开启了我国自主设计该类船的进程。2011年获得中国船舶工业集团公司科学技术进步奖三等奖等多项荣誉。

上海船舶研究设计院(以下简称"上海船院")会同船东对荷兰GUSTO公司的"海洋石油201"号铺管船基本设计进行审查,提出多项修改意见,完善基本设计。该船是当时海洋工程领域中第一艘铺管作业水深可达3 000米,配DP-3动力定位系统,装有3 500吨全回转起重机的敷管船。该船于2012年4月交船。其敷管能力高效,2013年在南海荔湾3-1项目深水段作业中,将78.9千米的6英寸管道铺设在1 405米水深处,在陵水17-2项目E3至E2段铺管作业水深达到1 542米,已成为我国深海海洋油气开采的重要装备。该船荣获上海市科学技术进步奖二等奖等多项荣誉。

铺设海底管线工程中的一环是开挖埋管沟,长期以来均由非专业工程驳船携带开沟机作业,效率低下。为改变这一现状,2015年9月海洋石油工程股份有限公司委托中国船舶及海洋工程设计研究院设计动力定位管道挖沟船。船上配置自行式挖沟机、浅水射流挖沟机和深水挖沟机,可根据作业海域的水深、底质情况进行挖沟、膨胀管安装、清管试压等作业,还可承担管道应急抢修、潜水作业、遥控无人潜水器(remode operated vehicle,ROV)支持和海底电缆敷设等作业。该船由中船黄埔文冲船舶有限公司建造,于2017年交船。经作业效果证实,该船挖沟与起重铺管匹配作业,实现了海底管道挖沟、敷设同步进行,有力提升了敷管效率。

在"十五"期间,交通部于2003年3月"全国救助工作会议"上确立了海上救助系统工作以海上人命救生为主,并由国家投资建造一批海洋救助船。上海船舶研究设计院2002年6月开始研发8 000千瓦、14 000千瓦海洋救助船。该船以人为本,强化海上人命救生能力,既要充分提高救助船在恶劣海况中救助的可能性,也要考虑救助船及船员的自身安全。中船黄埔文冲船舶有限公司于2005年交付首制船。从2005年到2015年期间建造8 000千瓦海洋救助船7批22艘,14 000千瓦海洋救助船2艘。该项目荣获中国船舶工业集团公司科学技术进步奖一等奖。

半潜船运送超长、超重等大件物品的特点引起国内海洋工程作业、海上打捞作业部门的关注。2014年5月中国船舶及海洋工程设计研究院受中远航运股份有限公司(以下简称"中远航运")委托设计10万吨级载重量自航半潜船。该船最大潜深达30.5米,配DP-2动力定位系统,服务航速14.5节①,续航力20 000海里②。该船是当时吨位为世界第二、沉深世界第一的半潜船。开敞的甲板面积达到13 500平方米,装载能力突出。2017年2月中旬成功下潜托起我国为国外海洋油气开发公司建造的大型圆柱形浮式生产卸油平台,航行1万

多海里运往荷兰鹿特丹港。顺利到港之时引起欧洲同行的惊叹。我国也由此打破欧洲公司对超大型海工装备远距离交付市场的垄断。该船于 2019 年荣获中国船舶工业集团公司科学技术进步奖一等奖。

　　风力发电是提供绿色电源中较为成熟的一种发电方式。我国于 2009 年开始海上风电场建设。安装海上风机必须依靠工程船舶进行作业。如东海大桥海上风电场建设时，采用起重船进行风机吊装。同期建设的江苏洋口滩风电场则利用在驳船上停放陆用履带式起重机进行吊装。这样的作业方式时间长，安装效率低。为提升作业效率，南通海洋水建工程有限公司于 2009 年 8 月委托中国船舶及海洋工程设计研究院设计专用的风机安装平台。该院以设计海洋工程装备的理念，通过现场调查，根据风电场海域的环境和海底地质条件，仅用一年时间，就完成了我国最早的非自航坐底式风电安装船和自升式风电安装平台的研发。此后，多艘多型风电安装船或平台如雨后春笋纷纷通过改造或新建投入海上风电场建设。设计方包括了中国船舶及海洋工程设计研究院、振华重工、上海船院等，建设方有江苏韩通[①]、厦门中远[②]、启东中远[③]等。典型的一代代新型风电安装船包括："福船三峡"号、"顺-1600"号、"龙源振华三号"、"铁建风电 01"号等，为我国兴起的海上风电场的建设起到了重大的作用。这些船舶装载量越来越大，装载甲板面越来越宽阔，能装运越来越多的组合风电大件。起重机吊装能力强，吊高已经超过 100 米，可满足 10 兆瓦级大型风机吊装要求。船舶或平台定位能力强，使风电安装的安全性、效率大为提高，同时船舶设备国产化也上了新台阶。

　　仅用 10 年时间，我国的风电安装船舶研发就赶上了西方工业强国用时 30 年的发展历程，攀登上大型化、大水深、能自航、多功能的风机安装船的技术高峰，为海上风电场建设提供了最有力的技术保障和装备支撑。到 2020 年全国

---

① 江苏韩通船舶重工有限公司。
② 厦门中远船务工程有限公司。
③ 启东中远海运海洋工程有限公司。

海上风电累计装机规模达到 900 万千瓦。

在这 20 年里,其他工程船舶亦都随涉水工程的发展而升级换代,创建新船型,融合新技术,装置新设备。

一艘艘新颖、硕大的工程船舶建成下水,百舸争流。在中国盛世船队大军中,呈现出别样的灿烂。

第二章
我国起重船的研发历程

第一节 概 述

一、起重船简介和种类

起重船，特别是大型起重船在多个领域具有重要用途，涉及海上结构物安装或拆除、打捞救助、海洋工程领域作业等。其具体包括如下几个方面：一是起重作业。在海洋油气装备的建设中，需要大型起重船吊装导管架、采油平台等的上部结构；二是铺管作业。大型起重船甲板面积大，承载能力强，可以用于海上铺管作业；三是打捞作业。大型起重船具有强大的深水起重能力，可用于海底打捞作业；四是打桩作业。大型起重船在配备专用的打桩设备后，可用于沿海及港内大型桥梁及高桩码头等水工工程桩基施工作业，成为一型施工能力强、作业效率高的打桩船；五是平台施工居住舱室的支持。大型起重船定员较多，一般为 300～400 人，最多达 700 人。除了满足船员居住需要外，还可提供居住舱室支持，以满足大量其他施工人员居住生活需要。

按照起重机形式和作业方式，起重船可分为扒杆起重船、固定臂架起重船、全回转起重船以及其他新型起重船，如浮力举升式起重船。按照起重机的数量，又分为单扒杆起重船和双扒杆起重船，以及单起重机全回转起重船和双起重机全回转起重船。扒杆起重船和全回转起重船是目前市场应用十分广泛的两种船型。

1. 扒杆起重船

扒杆起重船上起重机的起重臂一般由桁架或两根大杆组成 A 字形,一端铰接在船首甲板上,另一端被一组通向后支架或人字架的缆索支持,调节缆索长度可使起重臂俯仰而变幅(吊幅变动)。图 2.1 所示为典型的扒杆起重船。

图 2.1 典型的扒杆起重船

扒杆起重船的起重机不能回转,从满足稳性的角度来看,船宽可比回转起重船适当取小。扒杆起重船基本采用方驳船型,具有制造简单、船体加工制造成本相对较低、稳性较好等优点。但受自身的干舷、耐波性等条件所限,扒杆起重船仅适合在港口、内河及海况较好的浅海海域作业。

扒杆起重船由于其起重系统和船型的特点,性能具有很大的局限性,主要表现在以下方面:

扒杆起重船的起重系统由臂架、人字架、绞车系统等组成,整个系统在船长和船宽方向分布范围很大,需占据大量的甲板面积。与此相适应,船体采用方甲板的方箱船型以满足起重系统布置的需要。箱型船体的耐波性较差,使其只能在内河、港口以及风浪平缓的沿海区域作业。

扒杆起重船作业时的船舶方向取决于被吊物件的位置,无法根据作业水域的风、浪、流等环境条件选择较有利的船舶定位方向,因而对海况的适应能力较差。

通常扒杆起重船的干舷较低,艏部升高不满足载重线公约的要求,无法安全地进行无限航区拖航调遣。

大型扒杆起重船的起重臂较长,拖航调遣时无法将臂架转到船内放在专门的搁架上固定,其臂架只能伸出舷外。当船舶在恶劣海况下航行产生纵摇、横摇和升沉运动时,臂架需承受剧烈的加速度载荷,较易造成损坏。

2. 全回转起重船

全回转起重船,系指起重船上装设了独立的船用回转起重机。与扒杆起重船相比,全回转起重船的最大优点是起重机能够回转。全回转起重船可在水平面上作 360 度旋转,作业灵活性好。

全回转起重船的起重机主要有基座回转式和桅杆式两种,均设有旋转、起升和变幅机构,臂架多为桁架式。基座回转式起重机主要通过回转基座与船体连接,由于其重量和倾覆力矩较大,回转支承机构大多采用多排滚轮式,其支柱为焊接在船体主甲板上的大直径圆筒,并从主甲板往下延伸,形成坚固的船体框架＋圆筒框架,便于巨大的力与力矩的传递。与基座式起重机相比,桅杆式起重机最大的区别在于它是围绕桅柱回转吊臂。桅柱固定在甲板基座上,不再需要旋转轴承,这在很大程度上降低了起重机的尾摆幅度,使起重机具有较小的空间占用率和尾摆空间,同时可以节省甲板面积。由于桅柱式起重机是通过框架式结构与船体相连,连接部位相对简单,不需要特定的筒形基础,也不需要配重。同时,各部件连接相对简单,便于快速安装。

全回转起重船主要包括普通船型起重船和半潜式起重船两种船型。普通船型起重船的船体制造难度相对驳船型较大,但运动性能较好,船体阻力低,深、浅水域均可适用。半潜式起重船船体排水量较大,吃水深度大,运动性能好,多用于深海和环境较为恶劣的海域。图 2.2 和图 2.3 分别为典型的全回转起重船和半潜式全回转起重船。

图 2.2　典型的全回转起重船

图 2.3　半潜式全回转起重船

表2.1列出扒杆起重船性能与全回转起重船性能的比较。

表 2.1　扒杆起重船性能与全回转起重船性能的比较

性 能 比 较	扒杆起重船	全回转起重船
起重机系统集成度	低(臂架、人字架、绞车分散布置在从船首至船尾的整个甲板面上)	高(全部装置安装在一个筒体基座上)
起重机占用甲板面积	大	小
起重机设置对船型的要求	艏、艉宽甲板的箱型船体	各种海洋船型均可设置
作业时船体艏向是否可选择	不可选	可选
作业时对海洋环境的适应性	差	好
航行时臂架可否在船内固定	不能	可将臂架转至船内,置于搁架上固定
远洋调遣性能	不适合远距离调遣	可无限航区调遣
远洋工程作业	不适应	适应
造价	低	高

二、我国起重船研发历程

14 世纪欧洲就已经出现用于码头作业的起重船,但都是装设扒杆起重机的驳船。1920 年美国在一艘工程船上加装 250 吨回转起重机,这是第一艘回转起重船。1949 年,欧洲一些国家的船厂建造了 150 吨回转起重驳船,开创了大件模块化安装的先河。20 世纪 70 年代,全球出现了起重能力达千吨以上的起重船,1974 年相继建造了起重能力为 2 400 吨和 3 080 吨的大型单体起重船。1978 年,建成了半潜平台船型起重船,装设 2 000 吨和 3 000 吨起重机各一台。1986 年 Micoperi 公司投资建造半潜平台起重船,船上设有两台7 000 吨起重机。1997 年,Heerema 公司建成起重机能力 2×7 100 吨世界起重能力最大的半潜平台起重船。

我国起重船起步较晚,20 世纪 50 年代开始建造起重船,早期的起重船一般采用扒杆式驳船,吨位较小,起重能力较小,主要用于内河、码头、港口等浅水区域,固定扒杆吊起重船在我国初期的基础建设、水下清障打捞、港口建设等涉水工程作业中都发挥着重要作用。20世纪60年代,由中国船舶及海洋工程设计研究院设计、江南造船厂建造的我国第一艘60吨回转起重船,装设了我国自行设计制造的四连杆回转起重机。1966年由该院设计、重庆民生船厂建造了一艘内河起重船——重庆港180吨半回转式起重船,并自主设计建造了一台限制回转角度的转柱式起重机。随着涉水工程的发展,回转吊机得到较多应用,我国建造全回转起重船的能力也日渐扩展。20世纪末,由于跨海大桥的建设一批具有特殊用途的固定扒杆起重船开始兴建,其中有代表性的就是起重能力为2×1 300吨的双扒杆起重船"四航奋进"号,是中铁大桥局的专用起吊装备,用于杭州湾大桥和东海大桥等大构件起吊工作,该船也在多座跨海大桥建设中担当主力。

大型起重船特别是全回转起重机船既是保障大型工程建设的海上装备,同时也是国家经济发展实力和大型海洋装备制造能力的体现。20世纪末,全球3 000吨以上全回转起重机的起重船仅有6艘,全为欧美国家所拥有。进入21世纪,随着国民经济的快速发展和综合国力的不断提高,崛起的中国拥有自己的大型海洋起重船已不再是梦想,特别是随着我国和东南亚地区海上工程建设不断增多,包括南海及东海的油气田开发、海上风电场的建设、跨海大桥和人工岛建设,以及一系列大型打捞工程的开展,我国大型起重船的建造掀起了一个小高潮。

初期我国采取国外设计和国内建造的方式发展大型起重船,如2001年中国海洋石油集团有限公司(以下简称"中国海油")投资建造了起重能力3 800吨的非自航起重/铺管船"蓝疆"号。随着我国自主设计能力的急速提升,2007年,广州打捞局投资建造了具有"亚洲第一吊"美誉的4 000吨起重船"华天龙"号。此时,国内完全自主设计和建造大型起重船的能力在"华天龙"号起重船的开发过程中得以充分体现。4 000吨全回转起重船"华天龙"号建造成功,掀开了国内自主研发大型起重船的新篇章。2008年交付的最大起重能力

7 500 吨的"蓝鲸"号起重船成为当时国内起重能力最强的全回转起重船。2016 年,振华重工自主建造的单体全回转起重船"振华 30"号交付使用,其最大固定起重能力 12 000 吨,回转起重能力 7 000 吨,吊重能力位居世界前列。该船在港珠澳大桥岛隧工程海底隧道的沉管安装中发挥了重要作用。另外值得一提的是,上海打捞局投资建造的 3 000 吨起重船"威力"号。该船是国内第一艘自主设计建造的既能自航、又具备 DP - 2 动力定位系统的起重船,从而改变了以往起重船依靠拖船远距离调遣的状况。

值得骄傲的是,我国起重船的研发始终与国家海上交通,特别是海上桥梁的快速发展保持密切关联和互动,为我国海上基础设施跨越式发展提供了坚实的装备保障。1991 年前,我国仅建造了 3 艘起重船,我国大桥总长度为 5.5 万米。2018 年,我国起重船建造数量累计达到 42 艘,排名跻身到全球前三,我国大桥总长度 1 136 万米,排名世界第一,相当于第二名的 10 倍。2020 年,全球前 100 座桥梁中 80 多座建于中国,世界排名前 10 跨海大桥中国有 5 座。总而言之,起重船在中国大桥建设中发挥了主要作用。

第二节　我国研发的典型起重船和相关研究课题

一、180 吨半回转桅杆式起重船

20 世纪 60 年代我国大西南三线建设迅速推进,大批重型机器设备需通过长江航道逆流而上运达重庆港,再转陆上运输,运往新建厂址。这些重型机器设备中不少部件重量超过百吨,在由船上吊到陆上时,需要具有起重能力超过百吨的浮吊来完成。由于重庆港口无相应能力的起重船,导致超过 60 吨以上的设备部件均无法通过水路内运,严重影响三线新厂的建设进度。

1965 年 1 月交通部在重庆九龙坝召开现场会。中国船舶及海洋工程设计研究院派员参会,经过现场勘察双方拟定了"150 吨半旋转桅杆式起重机设计

图 2.4　重庆港的 180 吨起重船

任务书"。鉴于设计任务书中注明起重机有效跨距在 5 米以内时,吊重可达180 吨,后将该船名称定为 180 吨起重船(见图 2.4)。为争取时间,该院在设计合同尚未正式签订之前就开始研究,故在短时间内完成了扩大初步设计。1965 年2 月长江航运公司召开审查会议,认为扩大初步设计已解决了所有在施工设计前必须解决的技术关键问题,如主尺度、稳性、设备选型、结构、电机控制等主要技术问题,可直接进行施工设计。紧接着派出研发团队到造船厂进行施工设计,造船厂也派出技术人员协同工作。为保证不因赶工而影响设计质量,院总工程师亲自到现场检查和指导。

重庆民生造船厂船台是建在长江唐家沱岸坡上的,受长江潮汛影响,在建船舶每年只能赶在 5 月 20 日潮汛时漂墩下水,来不及就得等来年。因此排水量1 400 吨的 180 吨起重船从 3 月 7 日开始施工设计,至 5 月 20 日要漂墩下水只有短短的两个月时间。要抢在洪水前面完成设计、建成船体,顺利下水。否则,未建完的船体就有被冲走的危险。再不然就要推迟一年。为争取时间,研发团队在 10 天内拿出主要船体结构图纸,确保造船厂 5 月 20 日前完成了船体建造。机械设备主要图纸,也在 5 月底全部交给协作厂,保证了年内陆续安装上船。

该船设计的关键是主尺度的确定和起重机设计:

1. 主尺度

该船起重能力达到 150 吨×8 米,要满足作业时船在横倾情况下,船宽要求足够大,但受到川江急流狭道拖航的限制,船宽要尽可能小,船长也宜小,根据水域情况,最大吃水深度不得超过 2.2 米。在主尺度受限的情况下,研发团队对船体结构精心设计,减轻自重,降低排水量,并进行合理组合以满足使用要求。

2. 起重机

该船起重机为半旋转式,其最大吊重 180 吨,在 20 世纪 60 年代国际上超过百吨级吊重能力的起重船很少见,更没有这样大起重能力的起重机采用半旋转的。由于当时没有专业的起重机研发机构,研发团队在担负船舶设计任务的同时,还承担了起重机设计任务。起重机起重量大,受力也大,如 1.2 米 ×1.2 米的箱型立柱根部受集中力达 850 吨,还要能旋转。对起重机的全部金属结构和机械零部件,均须进行详细计算,计算中充分估计到各种不同受载情况,例如起重机,就计算了 7 种工况,选择最大的受力情况,做到心中有数,万无一失。对起重机施工中的技术关键——臂杆、斜杆、主柱与转盘如何焊接,翻身,控制变形,消退焊缝内应力等,均结合船厂设备及施工能力加以周密考虑。

为赶在潮汛期顺利漂墩下水,该船边设计边施工。由于精心设计,精心施工,下水后经各方面分析,建造质量相当好。后续的起重机构亦全面开工,机械设备陆续到厂后,安装工作旋即展开,亦如期完成。

起重机机构安装到位,零部件调整完毕后进行严格检查。其中上、下支承跑合试验时,因润滑油牌号选用不当,产生振动现象,后采用二硫化钼粉剂加齿轮油的办法,解决了该问题。上支承垫片油槽数量不够,后增加槽数及注油点解决了问题。上支承安装在立柱的顶部,距甲板高度 30 多米,要拆下上支承垫片谈何容易,故专门设计小吊架安装在立柱顶部,才将其拆下,进行油槽的修改加工,确保吊重试验顺利进行。

该船于 1966 年 11 月初竣工,其总长 56.2 米,型宽 20.4 米,型深 3.0 米,平均吃水 1.3 米,排水量 1 380 吨,稳性符合长江 A 级。起重机吊重 150 吨时,最大有效吊高为 20 米(自甲板算起),有效跨距为 8 米(自舷边算起),吊钩能放到水线下 2 米;吊重 180 吨时,有效跨距为 5 米。

1966年11月进行吊重试验。起重机从小载荷起试,逐级加载到198吨进行从左向右、从右向左旋转的多次操作(左右共旋转200度)非常顺利。吊重试验后,研发团队会同船厂、检验、使用部门进行了全方位检查,未发现任何问题。180吨起重船建造成功,当月交船。

180吨半旋转桅杆式起重船投入营运后,为实现重型装备水运入川,支持三线工厂建设起到了重要作用。由于该船设计合理、建造质量好,历经半个多世纪仍在使用。

该船在20世纪60年代期间当属世界上乘水平。在该时期国际上没有超百吨起重能力的半回转起重船,有该起重能力的起重机均为固定式。该船设计指标超过民主德国的相近产品,造价也比他们低。

该船设计建造过程中,厂、院密切配合,研发团队面向实践竭诚服务于国家需要,在短时间内完成设计,获得国家有关部门赞扬,因此中国舰船研究院也将其作为设计工作典范进行宣传推广,并荣获1978年全国科学大会奖。

二、60吨港内回转式起重船

20世纪50年代,经济建设对交通运输装备提出新要求,包括50吨级的起重船。在此之前,如上海港,也只有美国多年前建造的、已经陈旧的30吨回转式起重船。

1960年上海港等港区和某基地建设急需起重船,用户参考了苏联某型50吨起重船技术设计的图纸,委托中国船舶及海洋工程设计研究院承担研究设计一型全回转起重船的任务。该院按"船体部分基本上不做重大修改;轮机部分及起重机构部分,则参考原设计的技术参数,重新进行技术设计;所有机电设备及船体材料均采用国内产品"的原则进行设计。

用户提出的技术任务书要求该船起重机采用四连杆门式起重机,为便于过桥、拖带出海,要求四连杆构架可以放倒。主钩最大起重量为50吨,最大回转半径为27~28米,最小回转半径为9~9.5米,甲板面以上最大吊高为27~28米,最大起吊速度约 4.7 米/分,旋转速度约 0.25 转/分,变幅时间 4～5 分钟。该船配一具副钩,起重量为 10 吨。要求该船在起重机上设置安全保护信号装置。

主机初选两组 8160 柴油发电机组。电力系统采用直流电源,起重机构采用变流机系统控制,照明可接岸电。

要求利用为起重作业设置的动力作为推进动力,以便靠离码头,港内短距离移船,要求在 2～3 级风时航速为 3.7～4.2 节。全船定员为 35 人,生活、救生等设施按人数配备。

技术设计之初,研发团队就起重机构提出了两个方案:第一方案为四连杆、钟架塔柱式;第二方案为单硬杆、转台式,采用钢索变幅,配以普通吊钩。经过分析对比,认为在起重能力相同,起重机重量大致相同情况下,第一方案稳定,可靠性高,机械部分机构简化。获得用户认可,并按其进行技术设计。

1961 年 11 月,用户对技术设计进行了审查,提出了施工设计中应注意和改进的事项,要求提高起重机构架的安全系数,加强起重机构的安全措施。在总布置上力求经济合理,适当降低舱室、舾装设备的标准,使之与当时国内一般辅助船舶标准相适应,合理调整舱室布置。

由于用户建造计划的变更,中国船舶及海洋工程设计研究院于 1964 年进行施工设计,并根据用户的要求,对设计作了一些变动。设计变动主要有主钩的最大起重量为适应使用需要,由 50 吨提高到 60 吨(幅度 22 米),主机机型由于用户不希望采用 8160 型柴油机,而且该型柴油机在当时质量尚未完全过关,故改用两组 6135 型柴油发电机组,配以两组 4135 型柴油机发电机组作为辅机。为此,对轮机部分的一些装置和系统作了变更,电气部分也相应作了调整。

将技术设计确定的 50 吨起重机改为 60 吨四连杆起重机,它是一种在港口机械中使用的门式起重设备,当时在船上很少采用。其优点是起吊过程比较平稳,重物平移(变幅)时,不像常规单臂杆起重机,依靠臂杆摆动进行重物平移,平移过程中重物会上升或下降。上升时机构要做功,下降则要制动控制以免碰撞,总之变幅机构的功率比较大。四连杆起重机的最大优点是重物平移(变幅)

时,各连杆相应摆动,吊钩的运动轨迹是一根平线,没有上、下运动,因此变幅机构不做功,配置的功率相对就小。另外运动比较平稳安全。这种四连杆起重机,当时比较先进,却没有参考资料,需要研发团队自行设计60吨四连杆起重机。这是我国工程船研发早期的一种特殊情况,研发团队和船厂既要研发建造船舶,又要研制与之配套的工程机械。因为当时刚刚建立的我国机械工业体系中,还没有专门研发制造各种船用特种机械的部门。

为了承担特种工程船机械设备的研究设计任务,原九局船舶设计院第五船舶产品设计室组建了两个特种机械组,分别负责挖泥船特种设备和船用起重机(单件)的研发设计。船用特种起重机研发团队刚建立时基本人员是一群20多岁刚毕业的学生,几乎都是船体和轮机专业,对起重机专业基本上是外行。

在党组织的领导下,由中年技术骨干带领,从头学起。专业科开办技术讲座,由技术骨干以培训的形式,向青年成员系统地讲解起重机械理论知识和设计方法,并走出去,带着问题向专业设计院所的专家请教。在承担船用起重机设计任务时,运用学到的知识,勇于开拓,并且做到干中学,逐步提高。

在承担设计60吨四连杆起重机前,研发团队在技术骨干带领下,尽管之前完成了新型航标起重机——回转式甲板起重机(俗称克令吊)的设计和在船上的应用设计,开发设计了180吨半回转桅杆式起重机,但是设计四连杆起重机还是第一次,特别是研制特种受力构件、各杆件及铰轴、钟架、塔柱等的受力分析计算,大拉力起重绞车设计,螺旋传动变幅机构分析设计,针轮行星齿轮传动回转机构设计,新型上、下支承设计等。但研发团队一一克服困难,完成了这首次设计。江南造船厂负责制造安装,试验达到设计要求的指标,取得了良好的使用效果。

在完成了60吨四连杆起重机设计后,又开发设计了一些特种工程船专用起重机,填补了当时国内的空白:如中型打捞船的15吨液压折臂起重机(吊深

100 米），"远望 1"号的 6 吨吊幅为 14 米的折臂式起重机，万吨级打捞船"863"号的 56 吨双曲臂回转起重机，300 吨扒杆起重机，"南天马"号起重船的 300 吨组合臂杆起重机等。

直到设计 900 吨"南天龙"号起重船时，起重设备才由专业起重机企业提供起重机产品直接装船。该院特种机械科光荣地结束了船用特种起重设备研发设计的任务。

特别要指出的是，这个团队除了多项首次研发工程船的特种起重机外，还完成了多项其他工程船的特种设备的研发任务。其中最值得称道的是完全自力更生成功研究设计了"渤海 1"号自升式钻井平台的桩腿、支承架强力结构件和液压驱动升船机构。

1964 年完成了 60 吨起重船的施工设计，江南造船厂于 1966 年建成多艘交付用户。

60 吨起重船船型为长方形、单甲板、平底，艏、艉削斜的非自航船。船上设有四连杆式、环形支架下接转柱的起重装置。长途航行时，四连杆可放倒在搁架上，其转动部分则系结于船体上。该船总长 40.50 米，垂线间长 40.00 米，总宽 20.00 米，型宽 20.00 米，型深 3.40 米；设计吃水 1.62 米，不吊重时平均吃水 1.51 米，排水量 940 吨。吊 50 吨时平均吃水 1.58 米;，排水量 990 吨；最大起重能力 60 吨；定员 30 人。全船总高：四连杆放倒后起重机在水面以上的最大高度 20 米，四连杆最小幅度（翘起时）起重机在水面以上的最大高度为 46.70 米。

稳性符合浮吊稳性衡准。在配备全部设施及 10% 的燃料和淡水的情况下，当吊钩跨距为 28.15 米、舷吊 50 吨时，横倾角为 3.32 度；当吊钩跨距为 22.0 米，舷吊 60 吨时，横倾角为 2.6 度。

该船为全钢质焊接结构。采用纵、横混合骨架形式结构，主甲板与船底为纵骨架式，舷侧、舱壁及艏、艉封板和甲板室为横骨架式。

起重机采用四连杆式大杆结构臂架，转柱式旋转支承，螺杆式变幅机构（见

图 2.5 典型的四连杆起重机

图 2.5)。变幅时所吊的货物基本上按水平轨迹移动。主吊钩的最大起重量为 60 吨。主要联合操作为起重变幅,亦可进行起升和回转的联合操作。该船采用 220 伏直流电源,各工作机构均采用发电机-电动机系统拖动,调速性能良好。起重机上设有各种安全保护装置,能在六级风力以下安全操作。60 吨四连杆起重机主要参数如表 2.2 所示。

表 2.2　60 吨四连杆起重机主要参数

项　　目	单　位	钩　别		副　钩
		主　钩		
最大起重量	吨	50	60	10
自回转中心量起的最大幅度	米	28.15	22	30.6
自护舷木前量起的最大幅度	米	17.9	11.75	20.35
自回转中心量起的最小幅度	米	9.5		10.9
最大幅度时水面以上的最大吊高	米	28		30.0
最小幅度时水面以上的最大吊高	米	28		26.5
最高起升速度	米/分	4.7	4.0	25
最低起升速度	米/分	0.5		
360 度回转时间	分	4		
最大幅度到最小幅度的变幅时间	分	10		

　　主、副起重绞车和回转、变幅机构采用变流机系统控制,在操纵室集中操纵。起重机上设有主钩力矩限制器,副钩起重量限制器,主、副钩吊高限制器,变幅行程限制器,旋转安全摩擦离合器等安全保护装置,起重机能在 6 级风力以下安全操作。四联杆臂架可以放倒,放倒后在水面以上高度约为 20 米,以便

过桥或拖带出海。

交船前进行了航速测量,船舶回转试验,倒车试验,起重机空载试验,主、副钩吊重试验,升降等试验均满足技术任务书的要求。

1966 年交船后主管部门召开鉴定会。鉴定小组听取了设计建造和试验结果的汇报,并参观了全船和起重机的空负荷运转,一致认为该船设计是成功的,建造质量是优等的,使用部门是满意的(见图 2.6)。

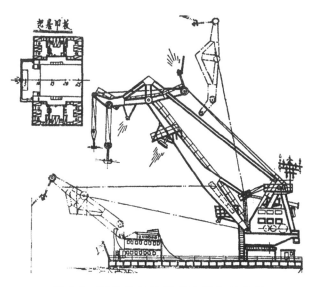

图 2.6　装设了四连杆起重机的起重船

该船建造交付后,分别在东海、南海和北海港区作业,在基地及港区建设中发挥了作用。后来,该船由江苏新华船厂建造多艘。这一时期,该院还研发了当时国内起重机能力最大的 500 吨固定式起重船,获 1978 年全国科学大会奖。

三、300 吨固定式起重船

固定式起重船又称为固定臂架起重船,行业中俗称为扒杆起重船。300 吨固定式起重船的设计目标主要是用于筑港起重作业,1992 年青岛港务局委托中国船舶及海洋工程设计研究院进行技术设计。1993 年 2 月设计审查会后,该院按技术任务书和技术设计审查会议纪要完成了施工设计,交由青岛某船厂建造,于 1995 年建成交船。

该船主要创新点如下:

1. 优化主尺度

该船为非自航、箱型、单甲板钢质全电焊起重作业工程船。除机舱部分设置双底外,其余均为单底结构。甲板室位于主甲板艉部。在主甲板前部设有非旋转、可变幅、人字型扒杆型起重机一台,扒杆顶部设主、副、小吊各一具。主钩最大吊重为 300 吨,舷外跨距 16 米,最大吊高甲板以上 25 米。舷外跨距 30 米时,副钩的最大起重量为 100 吨,最大吊高甲板以上 30 米。小钩吊重 5 吨,最大舷外跨距 24 米,最大吊高甲板以上 30 米。本船的主要任务为在我国沿海各港口进行起重作业,稳性满足了近海航区调遣的要求。

该船的起重能力设计首次贯彻了海上起重设备安全作业负荷的新规定。由于船舶对波浪作用的响应,会产生摇摆和升沉运动,其加速度对起重机吊重物产生了附加的动载荷。显然海上起吊重物的重量要加上动载增量,即起重机的额定起重量必须包含动载荷。因此,剩余的起吊能力低于额定起重量,这就是有波浪海域的安全工作负荷。

额定起重量(在遮蔽水域)主钩起吊为 300 吨;在沿海有波浪水域,主钩起吊为 180 吨。这种设计理念指出了起重船既能在沿海波浪水域作业,又限定了安全工作负荷,保证了作业和起重船的安全。

2. 设计了可变幅起重机

该船的起重机由中国船舶及海洋工程设计研究院设计。起重机为单臂杆,非回转可变幅的固定式起重机。安装于甲板艉部,供筑港起吊大型水泥块用。起重机由臂架、变幅门架、固定拉索、变幅上、下滑轮组等部件构成。臂架为一人字型结构,头部为一鹰嘴型伸出支架。中间设有三档横梁,基本构成一空腹钢架结构。鹰嘴架处及弯曲部分别装有 100 吨吊钩、300 吨吊钩及 5 吨吊钩各一具。臂架下部与甲板铰接,上部装有固定拉索滑轮。变幅门架为一门字型结构,中间无横挡,门字架的上部横梁上装有固定拉索滑轮,下部与甲板铰接。臂架上部固定拉索滑轮与门字架上部固定拉索滑轮之间借助固定拉索连接。变幅下滑轮组安装在主甲板上,变幅上滑轮组与门架上部横梁连接。变幅上、下滑轮组之间借助变幅钢索相连,最后连接到变幅绞车上。在变幅绞车的驱动下,改变变幅门字架与水平面之间的夹角,从而达到起重机的变幅目的。

在起重机作业于港区或遮蔽水域时,起重机参数如表 2.3 所示。

表 2.3　起重机参数(港区或遮蔽水域)

项　　目	主　钩	副　钩	小　钩
最大起重量/吨	300	100	5
舷外跨距/米	11.50～16.00	16.50～21.50	11.50～24.00
吊深(水线以下)/米		5	
吊高(甲板以上)/米	25	30	25
满载起升速度/(米/分钟)	0.25～2.00	0.40～3.00	2.26/5.02/10.5
空钩升降速度/(米/分钟)	0.25～4.00	0.40～6.00	2.26/5.02/10.5

当起重机在海况为 1 级,有义波高为 0.6 米的沿海作业时,起重机参数如表 2.4 所示。

表 2.4　起重机参数(沿海水域)

项　　目	主　钩	副　钩	小　钩
最大起重量/吨	160	80	5
舷外跨距/米	11.50～16.00	16.50～21.50	11.50～24.00
吊深(水线以下)/米		5	
吊高(甲板以上)/米	25	30	25
满载起升速度/(米/分钟)	0.25～2.00	0.40～3.00	2.26/5.02/10.5
空钩升降速度/(米/分钟)	0.25～4.00	0.40～6.00	2.26/5.02/10.5

3. 合理匹配机电设备

起重船设计须考虑到建港作业需要高效率。在移船的同时,可以进行起升作业。为确保在两种作业同时进行的情况下，不损坏动力系统，电路设计中有自动控制环节，使起重的速度为额定速度之半，也即是起重所须功率限制到额定功率之半，以保证移船有足够的能力。

起重机的直流电传动系统由3台90千瓦直流发电机和6台直流电动机组成，在所需的三种作业工况下，均可以进行主钩、变幅和副钩其中一项作业。设备能相互转换和互为备用，以提高设备使用效率。直流发电机和直流电动机设计成变流机组驱动，具有良好的调速性能和可靠性。系统中设计有过电流保护、零电压保护、电动机激磁欠电流保护等环节，还设有电流负反馈环节。截止电流为1.3倍主回路额定电流，过电流保护电流倍数为1.5倍，瞬时跳闸停车。

起重机的6台绞车采用了直流电动机的驱动方案，这是比较成熟的起重机械的驱动方法，调速性能较好。但是直流电源在船舶动力系统的配置上比较难处理。该船设计时，起重绞车等受力机械的驱动系统设计方案有交流、直流的选用问题。调速、超载性能，直流电动机较好，但系统配置（如最常用的变流机组，需要动用船上电站的交流电驱动交流电动机，用其带动直流发电机发出直流电源，再来驱动机械设备（如绞车）的直流电动机，完成驱动系统运转）、操作过程复杂，初投资大。当时已经流行的液压驱动，调速、超载性能虽能满足使用要求，但系统总效率较低，易漏油使维修保养工作量大，工作环境不佳。交流电动机驱动最为简便且费用少，但调速性能差，当时交流电机变频控制技术尚未成熟。最后该船采用直流电动机驱动起重机械方案，同时，全船动力系统也采用了较好的一机多带系统。

该船是筑港工程船，需要在沿海施工，因此装在船上的起重机设计上引入了SWL的理念（当时，国内规范尚未明确），即起重机在海上施工时起吊的重量要考虑安全系数。

该船是非自航驳船，无推进主机系统，所以动力系统实际上是发电系统——电站。动力电用户较多，而且既有交流电驱动的用户，也有直流电驱动的动力电用户。为此设计了两套电力系统，交流发电系统和直流发电系统，并且设计了当时还比较先进的一机多带的动力系统配置,即一台柴油机带两台(直流和交流)发电机。电气上还考虑了一机多带的"功率分配"设计,这也是比较先进的设计理念。交船后,该船是当时青岛港务局范围内起重量最大的装备,在筑港和港口装卸中发挥了较大的作用。

四、2 600 吨固定式起重船"四航奋进"号

双臂架全液压固定式起重船"四航奋进"号由中港第四航务工程局投资建造,由中港装备工程有限公司设计建造,总投资近 3 亿元(见图 2.7)。2004 年4 月建成,在上海交付使用,主要用于海上工程的大件安装、跨海大桥的架桥工程、海上风电设备安装、水工工程、港口内装卸各类大型重物,以及大型沉船的打捞起重作业。该船是扒杆式、可变幅的大型起重船。船长 100 米,型宽 41 米(面积接近于一个标准的足球场),型深 7.6 米,自航马力 2 300 匹[①],能原地进

图 2.7 "四航奋进"号起重船

---

① 1 匹等于 735.5 瓦。

行 360 度自由调节,其起吊高度 80 米,较相同起重量的起重机吊高多 20 米;其起吊跨度达 76 米,同比提高一倍。该船起重臂架为两套,每套配有两只主钩,主钩额定起重量为:650 吨×4 只,4 只主钩同时工作时额定起重量 2 600 吨。小钩起重量为 2×100 吨。该船队还配套一艘 8 000 吨方驳和一艘 4 000 匹马力拖船,其远航能力大大增强,可以在远离大陆的海域进行大型的海上工程施工作业,对维护我国的海洋权益和加快海洋资源的开发具有重大意义。

在东海大桥建设过程中,"四航奋进"号起重船承担了急、难、重的施工任务,不仅安全快捷地完成了一批临时钢板桩、导管架和栈桥的拆除任务,而且出色地完成了大桥施工难度最大的箱梁安装工程。当时,16 件长 70 米、重 2 000 吨的箱梁要在大、小乌龟岛之间安装,而主通航桥孔两块结合梁的安装遭遇水流湍急、风力大和可移动空间窄等难题。要在此情况下做到起吊平稳、摆放精确,谈何容易。然而,"四航奋进"号发挥稳定性好、起重量大、一次抛锚可完成一个桥墩两侧箱梁安装的优势,圆满地完成了 2 000 吨箱梁安装任务,在国内海事工程施工领域崭露头角。

2010 年 10 月,2 600 吨起重船"四航奋进"号将最后一片 60 米预制箱梁精确吊装到位,圆满地完成青岛海湾大桥主体衔接,提前完成用户节点工期目标,为 2011 年上半年大桥正式通车奠定坚实基础。青岛海湾大桥 60 米整孔箱梁吊装高度为目前国内最高,无论是施工海域,还是在冰冻期进行海上破冰情况下安装箱梁,均需克服许多国内、外首次遇到的难题。在施工的两年期间,"四航奋进"号船队克服吊装重量接近最大起重载荷、施工区域水浅、趁潮夜间作业、北方气候寒冷和冬季海面结冰等诸多困难,坚持施工。特别是在大桥主通航桥孔主跨钢箱梁结构采用了"单塔双索面连续梁协作体系"斜拉桥,含有"不等边跨、单向坡"设计,给吊装施工增添了许多不确定因素。"四航奋进"号船队共同努力,提前做好施工预案与技术交底,将所有困难一一克服。箱梁安装从最初的每件耗时 5 小时、一天仅能安装一件,到后来每件耗时仅 2.5 小时、一天能安装 4 件,刷新了箱梁吊装纪录,并以零事故安全的成绩完成了青岛海湾大桥 60 米箱梁和主辅通航桥孔钢结构箱梁的安装任务。

2019 年 4 月 18 日,宁波舟山港主通道连岛跨海大桥迎来激动人心的时刻,长 70 米、宽 12.55 米、重达 1 800 余吨的巨型箱梁被"四航奋进"号起重船缓缓提升,经过加载起吊、搅锚摆渡、精准落梁等几个回合,终于安全、精准地安装在桥墩上,至此,舟岱大桥首榀预制箱梁成功完成架设,大桥建设又一次取得了阶段性的胜利。担任首架任务的"四航奋进"号在此之前从未架设过如此之长的预制箱梁,此次任务是一次巨大的挑战。"四航奋进"号的船员针对架设过程中的难点,齐心合力,反复模拟安装过程,认真落实施工方案,严格按照起重操作规程操作,对如何精确操纵绞车进行多次讨论和沟通,优化箱梁安装方案。经过认真负责地操作,完成了这一具有挑战性的任务。

五、回转式起重打捞船"华天龙"号

为适应我国海洋开发和港口建设发展的需要,广州打捞局规划建造一艘具有起重、打捞与铺管(铺管设备与系统缓装)作业功能的 4 000 吨全回转起重打捞工程船。2004 年广州打捞局投资,振华港机[①]总承包(采用 4 000 吨回转起重机)4 000 吨全回转起重打捞工程船项目设计招标,曾经开发设计过国产最大全回转起重船"南天龙号"起重量 900 吨)的中国船舶及海洋工程设计研究院方案中标,承担该项目设计。2004 年 4 月该船设计方案通过审查,2005 年开工建造,2006 年 3 月下水,2006 年 11 月试验成功,2007 年 3 月交船,命名"华天龙"号,它是当时亚洲第一大起重船诞生了(见图 2.8)。

该船是一艘钢质、全电焊、非自航的大型全回转起重打捞工程船,主要用于海上抢险打捞及海洋工程作业。船体采用流线型艏,艉部,纵向及舷部有圆角,设置舭龙骨。船首设置居住区域及直升机起降平台。稳性满足中国船级社

---

① 上海振华港口机械(集团)股份有限公司,后改名为上海振华重工(集团)股份有限公司。

图 2.8　4 000 吨全回转起重打捞工程船"华天龙"号

(CCS)对无限航区船舶稳性的要求(起重机作业时能抗 7 级风)及起重机操作稳性的要求。抗沉性满足任何两舱不沉的要求。艏部设一台 2 500 千瓦轴隧式侧推装置,艉部设两台 1 500 千瓦全回转舵桨装置。满足起重打捞作业及区域调遣的操纵性要求。船体结构强度在满足 CCS 规范要求的基础上作适当加强,甲板负荷为10 吨/平方米。船尾设置一台全回转吊机,其起重量为 4 000 吨×40 米(船尾固定时),全回转时起重量为 2 000 吨×45 米。起重系统采用交流变频电驱动,起重机臂架长约 106 米,起重机可以带载变幅或加回转。

优良的耐波性能是确保起重船作业能力和提高作业效率的关键。"华天龙"号的研发团队抓住了这一关键技术进行研发,确定主尺度。

大型起重机,约为起重量的1.7~1.8倍,加上起吊荷重,该船总共将有 1 万多吨的重量集中作用在船尾约 1/5 船长区域内。为确保船体总强度和局部强度,研发团队优化船尾起重机附近的结构设计,合理选用高强度钢。对船尾结构进行特殊加强,而船尾结构重量的增加会进一步加剧该区域的局部载荷,从而对船舶的浮态、总纵强度、扭转强度（起重回转作业时）带来不利因素。因此，利用有限元分析工具，对关键结构进行计算分析，为合理有效地进行全船结构优化设计提供依据。

4 000 吨起重船的研发设计是中国船舶及海洋工程设计研究院从中、小型起重船设计跨入大型起重船研发的关键一步，面临众多的技术难点。经过研发团队的潜心攻关，各项技术难点一一终获解决，为"华天龙"号的成功奠定了基础。该船主要技术创新点如下：

1. 优化主尺度、稳性和浮态控制设计

主尺度是决定船舶耐波性的重要因素。该船船长的选定考虑了纵摇性能与船长波长比的关系，取船长 165 米。横摇性能对起重作业来说是至关重要的，但横摇性能与稳性又是相互矛盾的，寻找一种能在两者之间进行有效调控的方法，是主尺度优化研究的主要目标。研究表明，船宽和吃水与横摇性能关系密切。该船船宽的选定以保证稳性为主。适度增加吃水，可降低初稳性高度，增大横摇周期，改善横摇性能。经变尺度船模多方案耐波性试验，结果表明这一主尺度优化方法是正确的。

稳性对船舶的重要性是众所周知的，而大型起重船作业工况的稳性尤为重要，如"华天龙"号起重船的起吊重量达 4 000 吨。当 4 000 吨的重物悬挂在甲板以上约 100 米的高度时，其对全船重心高度乃至稳性的影响是巨大的。并且由于起重机设在船尾，起重机自重加上起吊载荷共 1 万多吨全部集中在船尾，而且船舶作业时要将纵倾角和斜杠倾角控制在起重机工作允许的范围内，因此，对船舶浮态和稳性的控制成为大型起重/铺管船总体设计的关键技术。

只有通过大量的计算论证，才能在兼顾船舶其他总体性能的前提下，确定船舶的主尺度和合适的线型以控制船舶的浮心位置。重量、重心的控制，对浮态和稳性至关重要，尤其是大型起重机重量的影响更是举足轻重的。在线型设计中，起重机设计与船体设计同步进行，起重机的确切重量在其未确定情况下，对空船重量、重心进行起重机重量的敏感度分析，对起重机增重的各种情况考虑了压载应对方案,留有充分余地。最终在起重机大幅增重的情况下,才能确保作业工况的稳性与浮态。

2. 作业工况耐波性优化

耐波性是确保起重船作业能力和作业效率的关键技术和技术难点,亦是船型研究设计的重点。

研发团队通过对不同主尺度与线型组合的多种方案论证分析,采用有效、实用的减摇附体,取得优化的结果,经过 13 种主尺度的船模试验验证,优化作业工况的耐波性,最终确定优化的主尺度与船型方案。

"华天龙"号优化耐波性的另一项措施是设计实用有效的减摇附体。舭龙骨是一种最经济实用的减摇设施,它看似简单,但要获得最佳的减摇效果,第一要与船体线型相匹配,第二其尺度比要适当。该船线型采用圆舭形,合理确定舭龙骨的宽度后,获得了较理想的减摇效果。

3. 船体结构设计优化

通过全船结构骨架制式的合理确定,纵骨间距取值的论证,底舱的设计处理以及边舱结构优化等工作,优化设计节省钢料重量达千吨,约占全船钢材用料的 4%。

采取切实有效措施,确保船舶总纵强度与横向强度满足规范和各种工况的相关要求。

妥善处理重载荷区域的局部强度。诸如 4 000 吨起重机(自重约 8 800 吨)船体支承结构的结构设计与强度问题,4 000 吨起重机吊臂搁架下的船体加强结构,定位锚绞车及导缆滚轮的船体加强结构等。

4. 锚泊定位系统设计

锚泊定位系统设计关键是锚泊系统受力分析及设备布置。该船设计最大工作水深为 300 米。经对水深 50～300 米,8 点锚泊状态的系列计算,求出各个方向环境力作用下锚泊系统复原力,最大锚索张力与位移之间的关系,确定系统的主要技术参数及相关设备与装置的形式、布置等。这既满足了起重打捞作业的要求,也满足了预留铺管作业的要求。

5. 抗倾调载系统设计

全回转起重船在带载回转时,短时间产生巨大的倾侧力矩,因此调载系统在确保起重作业安全方面起着极其重要的作用。经过对调载系统设计方案进行充分论证,采用对特定的两组压载水舱进行横向调载的方案,提高了压载水泵的效率,简化了控制系统,节省了造价。吊重试验表明,该船调载系统可满足起吊 2 200 吨,在 15 分钟内回转 90 度,横倾角不超过 3 度的要求。

6. 中压电力系统设计

该船为国内首次自主设计采用中压电力系统的船舶,设计中成功解决了中压电力等级的选定、中压发电机及接地方式、中压供电原则、中压配电板及其控制、中压电动机软启动、中压变压器预充磁及中压电缆的选择等关键技术,系统地总结出了船舶中压电力系统设计各环节的要点和方法。

7. 空调系统设计

由于需要在无限航区(包括在炎热气候的海域上)作业,且船上人员多、天气变化大、舱室分布范围广,因而该船空调设计要求高,这是其有别于一般船舶的特点。

空调设计参数从气候统计学原理出发,借助于正态分布函数,通过搜集全球最热区域的气候整编统计资料,求取一定保证率的计算干球温度作为夏季舱外的干球温度,以历年最热月份的平均相对湿度作为夏季空调舱外的相对湿度。

在不增加任何额外费用的条件下实现了"船员区域"和"施工人员区域"空调系统的可分合性,节省了船舶营运费用。该船的空调冷却水系统还实现了全封闭式水循环,这在海洋工程船领域亦属首次。

虽然铺管设备与系统暂不装船,但设计时要充分考虑铺管作业的要求,并在船舶性能、总布置、总纵强度与局部强度以及其他诸多方面均予以兼顾,在船东加装铺管设备与系统时,只需作少量的修改,即可成为一艘大型起重、打捞、铺管工程船。

该船的自主开发研制成功,既有利于我国船舶工业拓展海洋工程领域和产业结构调整,还增强了我国海洋工程和船舶行业在国际市场上的竞争能力。

"华天龙"号于2007年3月17日在上海举行交接仪式,随后由中国海油拖航到文昌油气田进行工程作业。

该船投入营运以来,已圆满地完成了"南海一"号宋代古沉船打捞、香港地区海域乌克兰沉船打捞等重大工程。"南海一"号的考古打捞专用钢箱,是非常规钢结构物,长35.7米,宽14.4米,高12.0米,加上装在其中的古船及其附在其周围的泥、水,总重为4 600吨左右。将如此大型结构整体打捞出水在以前是完全不可想象的。2007年由当时亚洲第一吊"华天龙"号,在半潜船"重任1601"号的配合下,将装有"南海一"号的专用钢箱整体打捞出海,为我国的考古事业做出了贡献(见图2.9)。

图2.9 "华天龙"号起重打捞"南海一号"钢箱

该船创造了较好的经济效益和社会效益,2010 年荣获中船总公司科学技术进步奖二等奖。

2017 年,为了解决在特殊海域特殊工况下的就位施工难题,"华天龙"号升级改造为 DP - 2 动力定位起重/铺管船,为此在动力配置和推进器配置上做了重大的改进设计,由起重船原设计单位中国船舶及海洋工程设计研究院承担。

一是保留艏部轴隧式侧推装置,加装两台 3 300 千瓦可伸缩全回转推进器。

二是拆除原来 1 500 千瓦两套舵桨,改装为两台 4 500 千瓦吊舱推进器和一台 3 300 千瓦吊舱推进器(船中)。

三是为新增的 DP - 2 动力定位系统供电,船上加装 4 台 5 760 千瓦发电机组。

六、自航起重打捞船"威力"号

2005 年,中国船舶及海洋工程设计研究院为上海打捞局进行了 3 000 吨自航、动力定位起重船"威力"号的研发设计。上海振华重工承建,2010 年交船。

该船是国内第一艘自主设计的动力定位起重船,技术性能比"华天龙"号又跨进了一步。该船选用自重较轻的美国 Amclyde 的 3 000 吨全回转起重机,并采用了当时世界大型起重船的最新技术全电力推进,自航航速 12 节,设有 DP - 2 动力定位系统和 8 点锚泊定位两套系统。可根据作业水域的特点选择经济合理的定位方式,还可进行动力定位加辅助锚定位的联合定位作业,能在深水海域进行起重吊装和抢险打捞作业,涵盖了世界大型起重船的最新技术和发展方向。"威力"号主要参数如表 2.5 所示。

起重船作业范围遍布世界各地。为了提高调遣效率,自航起重船是发展趋势。此外电力推进技术的成熟,也为大型自航起重船合理进行动力配置,有效

表 2.5 "威力"号主要参数

项　目	参　数	项　目	参　数
总长/米	141	锚泊定位水深/米	150
型宽/米	40	动力定位装置	DP‑2 级
设计吃水/米	8.5	起重机/台	1
总吨位	25 390	主钩起重量/吨	固定 3 000 回转 2 600
定员/人	240		
航速/节	12	主钩吊幅/米	40
主发电机组/千瓦	4×4 320	主钩吊高/米	水上 79 水下 6.7
辅发电机组/千瓦	2×2 195	副钩起重量/吨	700
锚泊定位装置	8 点锚泊系统		

地利用动力设备,减小总装机功率,为降低碳排放创造了条件。但自航功能,对起重船的船型设计提出了新的要求,除了稳性和耐波性外,阻力性能也成了自航起重船的主要性能之一。3 000 吨起重船设计中,在应用"华天龙"号优良的耐波性能船型的同时,着重对航行吃水以下部分船体线型进行了阻力性能优化设计,经船模试验验证,航速达到了设计指标。

3 000 吨自航起重船"威力"号设置 5 台推进装置,其中 4 台为全回转推进器,总功率 15 000 千瓦,在单一故障情况下满足定位能力的要求。作为国内第一艘自主设计的动力定位起重船,研发团队在一无经验、二无资料的情况下,齐心协力、刻苦钻研,解决了推进装置的配置、电力一次系统设计、动力系统冗余设计等关键技术问题,并成功通过了故障模式与影响分析。

抗倾调载系统是保障起重作业安全的重要系统。"威力"号的主尺度从经济性考虑,船长和船宽相对较小,因而回转起重作业时,对调载的要求更高。系统设计时,对压载和调载性能进行了优化,采用双回路压载系统,横向和纵向都能进行压载水的调拨调载,作业工况可按要求在任意压载水舱之间进行遥控调载,确保起重作业时的船舶和设备安全。

从亚洲第一吊"华天龙"号到国内第一艘自航 DP-2 动力定位起重船"威力"号的开发,中国船舶及海洋工程设计研究院在大型起重船的设计领域走出了一条自主创新的道路。"威力"号对标了世界先进起重船的前沿技术成果,配置了 3 000 吨全回转起吊装备,具有自航能力,配备了 DP-2 动力定位系统,可在不抛锚状态下进行深海作业,可自动跟踪目标、设定航迹和通过单手柄实现全船操纵,是我国目前技术最先进、作业能力较强的抢险打捞和海洋工程装备之一,也是行业内先进的动力定位起重船之一(见图 2.10)。

图 2.10　3 000 吨自航起重打捞船"威力"号

七、7 500 吨回转式起重船"蓝鲸"号

7 500 吨回转式起重船是海洋工程"十一五"重大装备建造项目之一,是海洋石油工程股份有限公司继"蓝疆"号之后的又一主力船型。2008 年 7 月,中国海洋石油工程股份有限公司订购的 7 500 吨大型海洋工程起重船"蓝鲸"号交船。这艘世界单吊能力较强的海洋工程船舶正式投产。"蓝鲸"号起重船主要用于油气田开采过程中安装或拆卸导管架和平台模块等,也可兼作大型大跨

距桥梁预制件吊装、打捞及水上重大件吊装之用。

7 500 吨全回转浮吊的建造解决了大型导管架和平台组块的吊重安装问题,有效地缓解了巨型浮吊资源紧缺的现象。该船总长 239 米,型宽 50 米,型深 20.40 米,最高顶点 130 米。最大起重量 7 500 吨,最大起重高度 110 米,自航速度 11 节,调遣航行时续航力约为 12 000 海里,作业满足自持力不少于 60 天。设有直升机停机平台,作业水深 10～300 米。

该船为大型自航式起重工程船,航行于无限行区。它是利用一艘油船改装而成的,主船体结构为单甲板,双底,单壳结构。该起重船具有自航及锚泊定位能力,全船设 4 道艏、艉贯通的纵舱壁,8 道水密横舱壁。艏部主甲板设置一台 7 500 吨旋转起重机。将原主船体艏部从平行舯体附近处至船艏切除,将新制作的圆弧肥胖型船艏与原船相接而成。根据起重机作业要求,船宽加宽至 50 米,船体两侧从 13 号肋骨至船艏增加接宽的箱型浮体。从原船上层建筑前端壁处向船艏更换原主甲板为平甲板,保持型深为 20.40 米。从原船机舱前端至船首之间增设双层底并增加两道纵舱壁。增设主发电机组 3 000 千瓦×3 台,原船机舱内锅炉拆除,并增设辅发电机组 2×1 000 千瓦,新增 1 台 200 千瓦应急发电机。增设 4 台压载水泵用于快速压载水调载系统,艏部增设艏侧推装置一台,功率约 2 500 千瓦;艉部原船泵舱处增设艉侧推装置一台,功率约 2 500 千瓦。本船艏部增加工作锚机 6 台,艉部增设工作锚机 4 台。

7 500 吨全回转起重船由上海振华港口机械(集团)股份有限公司长兴基地建造。由于该船的结构形式和工期要求,研发建造中解决了以下难点:

一是船体由一艘载重量 96 000 吨的单壳油船"TORRES SPRIRIT"号改装而成。起重机部件采用高强度钢板焊接而成,其部件和臂架采用焊接刚架结构,臂架主弦杆和主要受力板采用高强度钢 JFE‐HITEN780 焊接而成。高强度钢板的焊接受焊工技术水平和施工环境影响较大,因此焊接质量控制尤其重要。

二是起重机机构型式的制造和安装。主起升机构是 4 个主钩的驱动机构，每个主钩最大起吊能力为 3 500 吨。变幅机构由两台绞车通过变频电机连接联轴节经减速器驱动卷筒，由钢丝绳牵引臂架进行变幅作业。这些机构型式的制造和安装是该船建造中的重要环节。

三是精度控制。回转机构中的 12 台立式行星减速箱输出轴上各装有小齿轮，这些小齿轮分别与回转支承部分的大齿轮相啮合，在转盘的下部装有滚轮装置，这些滚轮对轨道的表面精度以及相对于甲板的水平度均有较高的要求，因此质量控制和质量保障必须贯穿于整个建造过程中。

四是工期紧。中国海洋石油工程股份有限公司派员于 2007 年 9 月 6 日进驻现场，到 2008 年 5 月 28 日完成交船手续，仅有 262 天。另外该船建造完工后，就直接承担印度 VED 海上安装项目的安装工程。在如此紧凑的工期下，质量与进度的矛盾将更加突出，协调好质量控制与进度控制之间的矛盾有一定的难度。

五是设计与建造同时进行。由于工期紧，船体改建的同时，振华重工的详细设计还在进行，先后提出设计方案 15 种，设计的准确程度将给该船的建造带来不确定性和风险。

鉴于该船在建造过程中存在上述难点以及该船用途的特殊性，又给该船的建造提出了更高的质量要求，所以质量控制是监造工作的中心任务，并贯彻于造船的全过程。

"蓝鲸"号起重船是"中国造"，设计、制造、其主要机电设备（包括电控系统、安全保护系统）的配套，均由我国自主研制，拥有完全自主知识产权。该产品研制阶段的科研攻关，得到上海市科委[①]的支持，其关键技术研究项目被列入"十一五"国家科技支持计划而获得了科技部[②]的大力支持。同时，振华港机与国内高等院校建立起产学研合作模式，攻克了关键技术，展示了中国重大装配制造业的整体研制实力（见图 2.11）。

---

① 上海市科学技术委员会。
② 科学技术部。

图 2.11 "蓝鲸"号起重船

2008 年 7 月 15 日,"蓝鲸"号签订了赴印度海域的作业合同,同年 9 月至 11 月赴印度西海岸,进行 10 个结构物的海上安装工作,其中最大的模块重 3 400 吨。这是中国工程船舶首次进入该海域作业。

世界起重量最大的单臂架全回转自航起重船"蓝鲸"号的建造引起国内、外船舶界广泛关注。在"蓝鲸"号成功交付前的 2008 年 5 月,三星重工与振华重工签订了 8 000 吨浮式起重船的订购合同。经过 30 个月的努力,振华重工研发团队克服众多工艺设计难关,以及制造过程中的难题,圆满地完成了制造和调试任务。2010 年 11 月,在上海长兴岛成功交付韩国三星重工,命名为"SAMSUNG5"号。交付后,已出色地完成多项重大的高精尖海洋工程设备的吊装工程,其安全、稳定、精准、高效的性能得到用户的积极评价。

2014 年 10 月,"蓝鲸"号起重船在渤海油田成功将我国最大的海洋石油井口平台组块吊装就位。此次在渤海湾吊装的海洋石油井口平台组块长 53.3 米、宽 45.3 米,面积等同于半个标准足球场,高约 25 米,相当于 8 层楼高,重约 5 300 吨。该组块与钻机模块、泥浆处理模块采取分块吊装、总装合拢的方式进行海上安装。组装完成后,整个采油平台总重约 6 600 吨。

2008 年投产至今,"蓝鲸"号起重船足迹从浅滩到深海,遍及国内各大海域,并相继打进海外市场。该船累计完成了 50 余项海洋工程项目,先后 6 次打破中国海上单吊吊重的纪录,是目前国际海洋工程领域屈指可数的"举重"高手。

八、12 000 吨起重船"振华 30"号

"振华 30"号起重船,是上海振华重工利用 2009 年 8 月购进的一艘 30 万吨级日产单壳油船改建而成,先后经过两次改造,历时 7 年左右。2016 年 1 月 23 日,该起重船吊重实验完成,1 月 27 日进行海试验,4 月 28 日取得美国船级社(ABS)证书,5 月 13 日正式交船。

"振华 30"号是当时世界上起重能力最大的、我国自主建造的起重船,主要应用于大件重物的装卸、海上大件吊装、海上救助打捞、桥梁工程建设和港口码头施工等多个领域。该船主要特点:

体量大:船长超过 297 米,船宽 58 米,空船重重 4.4 万吨,甲板面积约等于 2.5 个标准足球场。

起重能力强:可以吊起 12 000 吨的重物,吊重 7 000 吨时可以吊起完成 360 度全回转。单机吊重能力位居世界第一。其巨大的起重能力被称为"海上大力士"。

技术先进:该起重船具备自航能力,配置 DP‑2 动力定位系统的船舶,在出现单个故障(不包括一个舱室或几个舱室进水)后,可在规定的环境条件下,在规定的作业范围内自动保持船舶的位置和艏向。与普通起重船相比,节约了拖船拖带的费用和拖航时间,作业行动更加精准自如。

1. 结构强度分析与技术评估

该船由大型油船改装而成,起重机基座位于船首。起重作业时,在船首部

起吊重物,船尾增加压载水,船舶的重量集中在艏、艉两端,静水弯矩与剪力较大,主船体总纵强度的计算和评估显得尤为重要。此外,起重机基座需承担起重机与重物产生的巨大重力与弯矩,局部强度的预报是保证实船工作性能的关键。

船体包括主船体、艉部上层建筑和艏部起重机平台三部分。主船体部分设置有两道艏、艉贯通的纵舱壁,另有两道纵舱壁从 62 号肋位延伸到船首。双层甲板,船底内设置有内底。主船体结构为纵骨架式,包括船底、内底板、上甲板、下甲板、纵舱壁、舷侧均设有纵向骨材。纵向连续构件尽可能自艏至艉连续设置,以保证船体的总纵强度。每个肋位设置横向强框架,包括甲板强横梁、平台强横梁、纵舱壁垂直桁、舷侧强肋骨、底部肋板,每 6 个肋位设置一道水密横舱壁,以保证船体的横向强度。该船圆筒式基座为圆筒与横纵舱壁交叉式连接结构,中心圆筒从上甲板延伸至下甲板。

外圆筒为主要承力结构,有内、外两层筒壁,内筒壁从上甲板延伸至下甲板,外筒壁从上甲板延伸至内底。内、外筒壁间由支撑板相连,筒壁上骨材垂向分布,保证了其垂向强度。

设计时取船中 3 个舱段建立有限元模型,中间舱室为校核舱,校核起重船的总纵强度。该有限元模型是采用板壳元和梁单元组合模型。板材和桁材腹板采用四节点及少量的三节点板壳元模拟,骨材及桁材面板采用两节点梁单元模拟。模型纵向范围为船中 65～87 号肋位 3 个舱段,横向范围为全部船宽,垂向范围为船底至上甲板。边界条件参考中国船级社(CCS)的《散货船结构强度直接计算分析指南》。在模型两端设立多点约束(multi point constrain,MPC),选取中和轴处节点为独立点,端面内其余节点与其 6 个自由度均相关,后端面处约束 3 个线位移自由度,前端面处放松沿船长方向线位移自由度,前后端面仅放松指向左舷方向转角自由度。静水弯矩和波浪弯矩施加在两端的独立节点上。通过计算,应力值均低于许用应力,满足要求,能保证船舶的总纵强度。纵向连续构件如甲板、船底、舷侧、纵舱壁是主要的承重构件,在设计时需要特别关注,并优化结构布置,获得合理的空船重量。

目前超大型的起重机基座主要采用圆筒式,能够承受起重时产生的集中载荷。该船对艏部圆筒基座结构进行了以下结构的加强:① 在圆柱中心处增设一道横舱壁;② 增强平台甲板;③ 肋位中间增设船底肋板;④ 98 号肋位至船首增设横向强框架。有限元模型区域取从船首端部到圆筒基座再向船尾延伸一个舱段,以降低边界条件的影响,范围约为 0.36 倍船长。校核区域为圆筒基座至船首。横向范围为全部船宽,垂向范围为船底到上甲板。在圆筒顶端和辅助基座上分别建立 MPC,起重载荷施加在 3 个 MPC 的独立点上。约束81 号肋位面内所有节点的 3 个线位移。选取不同起吊重量以及不同起重角度下的 15 种作业工况与不同装载情况下的 18 种装载工况(共 33 种装载工况)作为计算工况。该船圆筒基座能够较好地将载荷传递到主船体结构上,强度满足要求,在设计同类型结构时可优先考虑这种结构。从应力云图可以看出:基座周围远离船首部位的上甲板,特别是 90～91 号肋位之间紧靠基座的位置,应力较其他区域大;靠近基座处的纵舱壁和舷侧外板应力亦较大。

结构设计优化方面进行了如下工作:① 纵舱壁的连续性和数量对于总纵强度的保证很重要,船体梁纵向板和桁材尺寸主要由总纵强度决定;② 纵舱壁与舷侧中和轴附近应力较小,向上、向下两端应力逐渐增大,板厚分段设置;③ 由于起重载荷的多样性,基座区域在横向、纵向以及水平方向增设结构进行加强,使圆筒基座所受载荷传递到主船体结构上;④ 基座区域纵、横舱壁应力较大,少开或不开减轻孔,开孔小并避开了高应力区域,开孔角隅设圆角并设加强筋;⑤ 起重载荷集中在基座处,为保证剪切强度,此处的纵舱壁板与舷侧板适当加厚。

2. 重要设备自主研制

该船最重要设备是 12 000 吨全回转起重机,采用电动变频驱动控制这是振华重工自行设计制造拥有完全自主知识产权的新型产品,是振华重工在该领域的核心竞争力的体现。主钩:固定吊重,12 000 吨;幅度,距回转中心 54 米;

旋转吊重,7 000 吨;幅度,距回转中心 44 米。副钩:固定吊重,1 600 吨;幅度,距回转中心 120 米;回转吊重,1 600 吨;幅度,距回转中心 95 米。

该船设置 10 台 140 吨变频驱动电动机定位锚绞车,这也是振华重工自行设计制造拥有完全自主知识产权的优势产品。锚绞车可在机旁控制,也可在驾驶室集中控制。配 10 个 12 000 千克 STEVPRISMK5 型海洋工程大抓力锚,锚索为镀锌钢丝绳,直径 83 毫米,8×41WS+IWRC,破断力 4 800 000 牛顿。

2016 年 1 月 23 日,全球单台机起重船起重量新纪录在上海振华重工长兴基地诞生:13 200 吨,这是 12 000 吨起重船根据吊重试验大纲要求试验其 110%额定负荷而产生的数据。吊重试验从 2016 年 1 月 15 日开始,相继一次性顺利完成了 1 650 吨、5 500 吨、7 700 吨、11 000 吨、12 000 吨及 13 200 吨 6 项吊重量的试验,全部试验结果均由美国船级社(American Burea of Shipping,ABS)验船师现场认证通过。

交船后,"振华 30"号完成了港珠澳大桥最终连接段的安装。这个连接段是一个重 6 000 吨的巨大钢筋混凝土结构,"振华 30"号要将这个巨大的钢筋混凝土结构物准确无误地安装在水深 30 米的海底,完成港珠澳大桥海底隧道的贯通。这个最终连接段,要完成双侧对接,水下安装余量极小。即使水面风平浪静,海底洋流的涌动也会形成巨大的扰动。6 000 吨的最终连接段,整个吊装过程要确保扰动平衡,任何倾斜都将是灾难性的事故。本次安装的误差只允许在 1.5 厘米以内,这在世界水下安装领域是史无前例的,无异于海底穿针。"振华 30"号的成功建造使我国在超大型起重船行业登上了新高地,为我国向深海事业的延伸提供了装备支撑和技术支持。

九、2×8 000 吨半潜式起重/铺管平台研究设计

该项目是国家"十一五"规划时启动的科技重大专项"大型油气田与煤层气开发"中的一个课题,中国船舶及海洋工程设计研究院申请立项,2006 年国家经济贸易委员会批准开始研究设计。

1. 立项申请

立项申请书中提出,随着我国经济的迅猛发展,对能源需求量日益增加,石油消费量不断攀升。到 2020 年,我国的石油需求达到 4.3 亿~4.5 亿吨,而国内陆上和近海的石油产量仅能达到每年 1.8 亿~2.0 亿吨,缺口较大,依赖进口。而深水开发是当今世界油气勘探开发的热点,也是我国具有发展前景的勘探开发领域,我国南海深水区蕴藏着丰富的石油和天然气资源,2006 年中国海油在中国南海 LW13-1 深水高产气田的发现,就提供了明显的例证。我国深水海域辽阔,推进我国深海油气勘探开发,将为我国油气储量增长,适应国民经济快速发展需求,缓解油气进口压力,改善能源结构,发挥重要作用。

为确保我国能源安全,国家启动了"大型油气田与煤层气开发"科技重大专项研发工作。我国南海油气资源丰富,其中约 70% 蕴藏于深水区域。深水海洋工程技术面临复杂的油气藏特性以及恶劣的海洋环境条件,必须加强深水海洋工程技术和装备的攻关。中国海洋石油工程股份有限公司(以下简称"中国海油")已大力投资于深水重大装备,努力形成 3 000 米水深海洋油气开发作业船队,迫切需要解决相关大型装备建造、使用等关键技术问题。

深水起重/铺管平台是开发深水油气必要的装备,而国内还没有满足深水起重铺管作业要求的工程船舶,所以建造深水铺管起重船是开发我国深水油气的迫切要求。2010 年后中国海油将建成深水起重/铺管平台,但只有一艘深水作业船舶难以满足国内外区块的施工要求;同时,深水结构物的显著特点就是大型化,起重能力为 16 000 吨的半潜式起重/铺管平台将可以满足该方面的要求,因此建造深水半潜式起重/铺管平台十分必要。该船建成后将有效地提高我国深水油气田自主开发的能力,为我国深水油气资源的开发和利用提供有力的支撑和保障,也为我国海洋工程企业走向国际提供技术和装备支持。

该重大专项以形成我国深水起重/铺管平台研发设计能力为总体目标,开展研究工作。

（1）课题目标。通过对一艘起重能力为 16 000 吨的深水半潜式起重/铺管船的总体技术研究和设计,结合我国南海深水区域的环境条件,开展各项配套技术研究工作。在引进、消化国外先进技术的基础上进行自主创新,完成目标船型的基本设计,在工程项目实施并满足进度的条件下完成目标船型的详细设计,培养我国深水起重/铺管平台的研发设计人才队伍,构筑设计体系,形成我国具有自主知识产权的设计技术和能力,填补国内深水起重/铺管船的研发设计能力的空白。

（2）课题的技术方案。通过对深水半潜式起重/铺管平台工程设计以及计划管理,质量管理之程序、步骤、方法的研究,形成以深水半潜式起重/铺管平台工程设计指导性文件为主,以及计划管理、质量管理实施细则为考核指标的该类型船舶的设计体系,加上课题研究中锻炼培养的专业人才,形成深水半潜式铺管起重船的研发能力。

通过对一艘用户需要的目标船型工程设计的实际操作,完成满足用户使用要求的,满足法规、CCS 和 ABS 规范要求的基本设计和详细设计,为深水半潜式铺管起重船工程项目上马建造提供生产图纸的技术基础。

2. 课题要解决的重大问题

（1）构筑深水半潜式起重/铺管平台这样的海洋工程重要装备的工程设计(包含计划管理,质量管理程序、步骤、方法等内容)体系。

（2）延续并深化课题在"十一五"期间的成果,优化形成目标船型的技术方案,固化技术状态和技术指标。

（3）确定应用法规和 CCS、ABS 规范进行目标船型设计。

（4）完成目标船型基本设计和审查。

该院按审批的课题任务书,组织了近 40 名科研人员和技术管理人员的课题组,分两个阶段开展研究设计工作。第一阶段,通过方案论证基本确定的目标船型 2×8 000 吨起重/铺管平台的主要参数,在任务书规定的环境条件下,分专业开展攻克关键技术的研究和进行必要的模型试验。第二阶段,在解决关键技术的基础上，按最新的规范、法规，进行了初步设计（基本设计），包括对主要设备的调研选型。例如，主要关键设备起重量 8 000 吨回转起重机，课题启动时，振华重工已经完成了 7 500 吨回转式起重船"蓝鲸"号的建造，其中超大型 7 500 吨回转式起重机即为振华重工自行设计制造，这是与课题目标船型中同级别的超大型起重机。

3. 研究攻关的主要关键技术有下列各专业及分项

（1）2×8 000 吨半潜式起重/铺管平台风、浪、流模型试验。2×8 000 吨半潜起重/铺管船风浪流模型试验于 2007 年 10 月在上海交通大学海洋工程国家重点实验室海洋工程水池进行。试验针对半潜式起重/铺管平台的 5 种不同载况进行了模拟，分别为起重作业空钩状态、起重作业尾吊重状态、铺管作业状态、生存状态和航行状态。试验内容包括静水衰减试验、静水阻力试验、波浪中的运动性能试验及拖航试验，测量了模型在风、浪、流条件作用下的 6 个自由度运动、模型所受到的环境力、气隙和模型指定两个位置的加速度，得到了该模型在不同作业工况下运动的固有周期、阻力曲线以及在风浪流作用下的时历。

试验结果如下：

一是 2×8 000 吨半潜式起重/铺管平台模型试验是国内首次对该类船型进行的较全面的水池试验，此次试验内容充实，涵盖了静水阻力、静水摇摆衰减、静水起吊失重摇摆衰减、规则波 RAO 试验、风浪流运动试验等研究内容。试验结果为半潜式起重/铺管平台的性能研究和开发设计提供了如下有力的技术支撑和可靠的数据：① 试验得到的半潜起重船纵向、横向和斜向流阻力以及各方位角的风浪流环境力，对类似船舶的锚泊定位和动力定位分析研究有较实用的参考价值；② 风浪流组合试验，气隙测试结果表明，该半潜式起重/铺管平台的型深、上平台的高度、各作业工况吃水的选定满足设计海况下波浪中运动气隙的要求。高于设计海况时的试验，产生负气隙的现象，为上平台底部形状设计的改进提供了有益的启示；③ 试验证实了半潜式起重/铺管平台可提供高效海上工程作业的优良运动性能，可确保大型起重机海上作业的倾角限制要求,其耐波性能是任何其他形式的起重船所无法比拟的。

(2)半潜式起重铺管平台的水动力性能分析研究。主要关注运动性能和气隙两个方面。对起重铺管平台来说,不论是起重作业,还是铺管作业,都对平台运动性能有着极为苛刻的要求。在起重作业中,平台运动幅度过大,会导致吊缆断裂甚至平台倾覆事故的发生;在铺管作业时,过大的平台运动,会导致出现管线断裂现象。因此,运动性能的好坏,直接影响到起重/铺管平台的起重或铺管作业的有效工作时间。对于半潜船型,上平台底部的气隙是一项重要的性能指标。若气隙为负,上平台底部会发生波浪砰击现象,对该区域结构强度造成不利影响。

结合实例分析、研究了半潜式起重铺管运动性能与气隙分析的方法和流程,得出了一套适用于该类船型作业能力和结构安全评估的解决方案,为优化船型和主尺度提供了一条技术途径。理论研究和数值分析还得出如下结论:

一是理论预报的半潜式起重铺管平台船体运动在固有周期附近会远大于实际值,这是由于势流理论未考虑黏性阻尼造成的,需要结合模型试验手段对运动的黏性阻尼进行修正。

二是对于气隙分析为负的区域,应进一步分析该位置的船舶与波浪之间相对速度,并与显著碰击发生的临界速度进行比较。

(3)半潜式起重/铺管平台动力定位环境载荷计算方法研究。以普通船型动力定位环境载荷计算原理为基础,考虑多立柱半潜起重/铺管船定位环境载荷计算的特点,对半潜平台船型动力定位环境载荷的计算方法进行了探讨,编制了风、流载荷的计算程序,并以 $2\times8\,000$ 吨半潜起重/铺管平台为例进行了实例计算。

(4)半潜式起重/铺管平台动力定位能力计算方法研究。动力定位能力系指在给定的环境条件下一艘动力定位船舶保持位置的能力。对于动力定位能力分析,目前,各船级社都研究制定了各自的分析程序和评价标准,普遍认可的是以动力定位能力曲线作为评价动力定位能力的有效工具。有些国际组织如美国石油协会(American Petroleum Institute,API)、国际海事承包商协会(International Marine Contractors Association,IMCA)等在其标准或规定上也明确给出了动力定位能力曲线的计算要求。动力定位能力曲线计算软件有著名的动力定位控制系统生产公司 Kongsberg 的 StatCAP,MARIN 水池的 DPCAP,MARINTEK 的 Station Keeping 等。不同的软件各有所长,但也会产生一些误差。为了弥补这一缺陷,研发团队研究试编了一套动力定位能力(曲线)计算程序。程序的动力定位能力计算结果与 Kongsberg 的 StatCAP 软件的计算结果相比存在一定的差异,但建模思路却比后者更接近实际情况。通过实例计算,再对照实际数据进行修正,将可以作为设计前期方案时的动力定位能力的初步分析和所需功率配置估算,具有一定的工程实用价值。

(5)大型半潜式起重/铺管平台结构设计研究。随着当代深海油气开发的需要和起重、铺管技术的不断提高,半潜式起重/铺管平台作业水深已经扩展到 3 000 米,作业环境也要求适应世界上大部分海域的环境条件。对其结构的相应要求也随之提高,开发研究有许多难点和关键技术,主要表现如下:

一是作为结构设计主要依据的国内、外现行规范相关章节的论述较为粗略;二是缺乏相当等级的大型起重/铺管平台结构设计和强度分析的可供借鉴的技术资料;三是起重/铺管平台的立柱设置较多,立柱与上平台及连接节点类型及数量均较庞杂,平台的疲劳强度问题较为突出;四是为减轻结构钢料重量,需采用高强度钢和有效的结构设计措施;五是上平台内布置 S-Lay 铺管系统,其通畅性要求导致沿铺管系统纵向分布的横舱壁被开穿,确保平台的横向强度至关重要;六是平台承受的作业载荷大,固定尾吊时最大起重能力达 16 000 吨;定位锚绞车、张紧器、A&R 绞车等拉力较高,作业中受力情况较为极端,平台总强度与局部强度问题均十分复杂。

在对大型半潜式起重/铺管平台结构设计的研究中,通过对在役大型半潜式起重/铺管平台的调研,运用最新的半潜式平台(主要是钻井平台)设计规范标准,结合起重作业的特点,考虑到起重、铺管的最新技术进步及发展趋势,结合实例采用有限元建模,详细计算分析了该大型平台的结构设计和关键技术,得出如下成果:

一是针对平台安装 S-Lay 铺管系统,其通畅性要求导致沿铺管系统纵向分布的横舱壁被大面积开穿,上平台高度的设定将成为核心问题。二是减少撑杆数目和管节点,降低疲劳现象产生的概率;结构关键节点需作疲劳分析。三是采用高强度钢、甚高强度钢和 Z 向钢,减轻钢料重量,特别是减轻大型全回转吊基座及其加强区域的重量;提高甲板的可变载荷。四是使平台主体的自振频率避开主要目标海区的浪频,获得较优的平台运动性能。五是采用先进的软件与分析技术,进行波浪载荷、总纵强度和局部强度的预报、冗余度分析、屈曲强度校核等。

通过对以上关键技术进行的探索、归纳与总结,得到的结论将在大型半潜式起重铺管平台结构设计时提供有益的建议。

(6) 半潜式起重/铺管平台的锚泊定位系统设计研究。海洋工程作业船舶及平台有相当一部分需要进行定位作业。多点锚泊则是一种使用非常广泛的定位方法。随着技术的发展和提高,锚泊定位所能适应的环境条件越来越严峻,工作水深越来越大。该课题以 2×8 000 吨半潜式起重铺管平台为依托工程,采用动力定位和锚泊定位系统的组合配置,为此进行了锚泊定位系统外力计算、系统组成和关键技术的分析研究。

2×8 000 吨半潜式起重/铺管平台采用 12 点锚泊定位,配置了 12 台锚绞车。锚绞车作为定位系统中一个重要的设备,功能上必须满足各种使用工况的要求。锚是定位系统中的关键设备之一。配置 STEVPRIS 大抓力锚,据有关资料介绍在淤泥里其抓重比可达 40 倍,在黏土里达到 60 倍,在硬土里更是达到 80 倍。多点锚泊系统采用通常的准静力法分析系统受力和参数。还采用动力分析法,动力分析法又分为时域法和频域法。采用一些比较成熟的软件来进行分析计算,作为设计的依据。

（7）超大型起重船压载调载系统设计研究。大型起重船的起吊、回转作业会引起船舶的纵向、横向倾斜，继而影响到船舶自身的安全，因此，对其压载调载系统的研究设计就显得尤为重要。一般需在反向加载大量压载水以部分或全部抵消吊重产生的倾覆力矩。为了迅速地调载，大型起重船的压载舱及压载系统设备容量都相当大。

该平台的压载调载要求的量级超大，又需在短时间内调驳，以致所需压载泵的排量巨大。即使装设 4 台超大型的压载泵，也难以满足要求。因此，课题研究使用压缩空气排放压载水，可以免除使用水泵排放所必须安装的压载水泵组并简化压载水管系统，减轻船舶的自重，提高经济效益，也可以减少今后船舶使用过程中对压载水系统的维修保养工作。

（8）装设 DP‐2、DP‐3 动力定位系统的起重/铺管平台电力系统设计研究。船舶动力定位是一种全船性的综合自动化系统，包括动力系统、推力器系统、测量系统、遥控推力控制系统和计算机控制系统。由于各种船舶对于在单个重要设备故障情况下的动力定位系统的保持船舶位置和艏向的要求不同，国际海事组织（International Maritime Organization，IMO）定义规定了三种设备级别，即 1 级、2 级和 3 级，即 DP‐1、DP‐2 和 DP‐3 三种入级附加标志。简而言之，DP‐1 的船舶无须冗余度设计，即单个重要设备故障时不能保持其功能；DP‐2 的船舶有冗余度设计要求，但仅针对设备本身，故障设备可进行操作转换；DP‐3 的船舶除了有冗余度设计要求外，还要求进行舱室分开的布置，以应对由于失火或进水造成一个舱室的完全损失，实际上涉及多个设备的同时失效的情况。

该平台采用 DP‐3 动力定位系统，电力系统设计考虑了以下的特殊措施。从推力器配置要求确定电力系统单线图。DP‐3 系统要求除了发电机组及推进器有冗余和有功率管理系统外，还要求至少有两块配电板和不间断电源（uninterruptible power supply，UPS），并要求发电机组、配电板、推进器和UPS 至少在两个舱室分开布置，且需达到 A‐60 分隔标准。由于失火或进水造成一个舱室的完全损失一般可能涉及多个设备,所以采用 DP-3 设计的转换可能也是多个设备,为了减少转换数量,可能采用增大功率的办法。从动力定位性能预报计算电力负荷。DP-3 动力定位系统要求在一个机舱失效情况下,即可能失去一个以上推进器时也能定位,通常选择去掉最大组合功率的发电机舱或最大组合功率的推进器供电配电板来分析。

(9) 大功率电力系统的起重/铺管平台电气设计研究。以大型海洋工程船为代表的具有大功率电力系统船舶的出现,正在创新的船舶电气设计理念。自从 4 000 吨起重/打捞工程船设计建造营运以来,对于具有大功率中压电力系统的一些船舶设计理念,正在体现在一些新颖的船舶设计中。

目前船用大功率电力系统,通常采用中压电力系统,与常规船舶的低压电力系统有着天壤之别。

2×8 000 吨半潜起重/铺管平台采用的是典型的船用大功率电力系统,工作机械负荷加船舶运动负荷就需要近 80 000 千瓦,实际选用 12×7 760 千瓦。

大功率电力系统性能分析及对策包括参数、电制、冗余、电能质量指标(谐波电压、电压跌落)、功率管理、电力系统设备分析与布置,还有大功率电力系统中的低压电力系统的设计等关键技术问题。

(10) 2×8 000 吨半潜起重/铺管平台铺管系统设计研究的要点。

一是铺管系统参数研究确定。管径范围(钢管外径):4~30 英寸。单节管的管节长度(名义):(12.2±0.1)米。双节管的管节长度(名义):(24.4±0.5)米。管子堆场:600 根 30 英寸(含配重层),长度 12.2 米管子。

二是铺管系统设备的布置:铺管作业线设于主甲板下,沿船体中心线按自艏向艉的作业流程布置。

三是铺管张力计算按"DNV OS-F101Submarine pipeline systems"(2000 年 1 月)软件进行计算并满足规范要求,铺管静态、动态管线最大总应力不大于 72%~96%规定的最小屈服应力。

四是铺管设备配置与选型。这是铺管系统配置的基础,经过调研参考装备资料、调研市场、论证系统后确定计算参数和布置设计等。

五是研究了影响铺管作业流程的关键因素。研究了铺管系统的作业流程及效率受许多因素的影响,明确铺管作业流程包括管子从运管船往铺管船上吊运开始,直至管子通过托管架下放至海底为一个大的工作循环。铺管作业线就是一个在船上布置的一套作业流水线,流水线的作业效率高低取决于整个流水线的设备配置、工艺流程的编制,以及船舶定位等的影响。

4. 目标船型的初步设计(基本设计)

在完成了各专业关键技术和半潜式起重/铺管平台设计原则、方法、技术路线的研究的基础上,进行了选定的目标船型(建议的依托工程)的初步设计(基本设计)。

研发团队完全按照常规基本设计的要求,以最新版本的规范、法规,分专业设计绘制包括总布置图、总说明书、基本结构图、机舱布置图、电力负荷计算书、铺盖系统布置图等主要图纸及技术文件、计算书等30余份,包括振华重工研发的8 000吨回转起重机总图和技术文件,这是2×8 000吨半潜式起重/铺管船设计所必需的技术资料。其主要参数如表2.6、表2.7所示。

表2.6 2×8 000吨半潜式起重/铺管平台课题概览

项　目	说　　　明
船型	半潜式起重/铺管平台
船名	科研课题K24189
船旗	中国
船级	ABS: ✠ 1A1 ✠ AMS　Column-stabilized Crane Unit, Accommodation, Helicopter deck, Ice Class D0DPS-3 CCS: ★ CSA ★ CSA　Column-stabilized Crane Unit, Ice Class B, Accommodation, Helicopter deck, DP-3
研究设计单位	中国船舶及海洋工程设计研究院

表 2.7　2×8 000 吨半潜式起重/铺管平台主要参数

项　目	参　数
总长/米	225.00
型宽/米	90.00
型深/米	47.00
设计吃水/米	12～27
作业水深/米	3 000
定员/人	750
航速/节	12.0
发电机组/千瓦	12×7 760
动力定位装置	DP‑3
起重机/台	2
主钩起重量/吨	固定 8 000/回转 8 000
主钩吊幅/米	50
主钩吊高/米	水面上 130/水面下 5
副钩/(吨·米)	1 000×150
副钩吊高/米	水面上 160/水面下 150
铺管系统	J‑lay 铺管系统
铺管能力/英寸	4～32

2×8 000 吨起重铺管平台项目,在研发的当时是全世界最大的,到目前为止,其技术指标还是世界第一。从另一个角度也表明了这种巨无霸产品的建造配置,是少之又少,它太昂贵,造不起;而非它不可能,承接的任务也较少,从经济效益分析,项目的依托工程没有最终落实,因此没有进行下一步研发。但项目的研究为"海上大力士"神器积累了充分的技术储备,组织、锻炼了一支专业齐全的研发队伍。待到我国要创建新的海上奇迹之时,2×8 000 吨半潜式起重/铺管平台必将会有用武之地(见图 2.12)。

该课题 2010 年完成,2011 年中国船舶工业集团公司按照国家要求组织验收,认为课题研究已达到申请立项确定的目标,其研究成果为中国超大型半潜式起重/铺管平台研发做了技术储备。

图 2.12 2×8 000 吨半潜式起重/铺管平台效果图

第三节 起重船发展趋势

一、起重机及起重船大型化、特型化要求

由于海洋开发规模的不断扩大,海洋石油勘探开发装备的作业能力不断增强,模块化、大型化成为海洋工程装备发展的主要趋势。许多大型生产模块的重量从 2 000～3 000 吨增大到 10 000～12 000 吨。同时随着深海开发的深入,要求大型起重船具有较强的深水作业能力。因此,这些都要求未来的大型起重机不断向大型化方向发展,起重能力大、深水作业能力强、吊高大等特点将更加突出。常规起重船的船型已不能满足重型起重机搭载的要求,半潜型起重船未来有望搭载更重型的起重设备,特别是深水油气装备对于水下设施和设备的安装吊放,要求起重机吊深也达到超深水深度,甚至达到 3 000 米以上,因而带来起升绞车容绳量的极大化,乃至形式的创新等均是大型海洋起重船的发展趋向。

二、作业范围走向深海与极地

随着国民经济的发展对油气需求的增大,全球各大石油公司逐步加大对深水石油勘探开发的力度。北海、墨西哥湾、巴西、南海、西非等海域纷纷成为相关国家的开发重点。这些海域要求海洋工程作业船具有作业水深大(一般要求作业水深为 2 000～3 000 米)、抗风浪能力强、适应恶劣海况等特点。因此未来起重船必然向深水方向发展。同时,随着人们对极地资源利用意识的增强,大型起重船必然要走向地球的南、北极,为开发两极做出贡献。

三、大型起重/铺管船多功能化

大型起重/铺管船作用虽然非常重要,不可替代,但是作业量并不多,设备空置率高,而维修保养费用高。因此,配置大型起重/铺管船经济性并不好。用户希望从多功能的角度提高其经济性。现在的大型起重船的业务不单单是水上起重,已逐步扩大到打桩、打捞、铺管、敷设海底动力电缆、海洋工程施工的居住舱室及后勤供应、潜水支持,因而其趋向可能是深海开发的母船功能。另一方面,传统的铺管船,特别是 S 型铺管作业船也与大型起重船功能趋同,能承担海上起重、敷设动力电缆、铺管、打捞、潜水支持等等。因而起重/铺管船将成为一种新船型是大概率趋势。

四、更关注安全和环保

由于海上开发逐渐向深海推进,海上环境条件更趋恶劣,同时海上施工项目技术要求高,时间要求紧。为了提高大型起重船作业的安全性以及全年作业率,增强其盈利能力,因此未来大型起重船必然要求有良好的水动力性能以及抗风暴能力。

同时,由于大型起重船排水量大(最大排水量可达几十万吨),动力定位以及作业设备所需功率大,因此全船总装机功率大(一般可达 15 000～

40 000 千瓦),同时船上人员众多(一般为 200～400 人),使整艘起重船俨然成为一座小型海上城市。同时国际海事组织对该型船的安全、环保提出了更加严苛的要求。因此,未来起重船必然要求进一步提高其安全性,更加关注节能和环保。

第三章
我国潜水工作船的研发历程

第一节　概　　述

一、潜水工作船的简介和种类

人类在征服海洋的活动中,有一些工程是在水下进行的,一般称之为潜水作业。由于人类必须借助潜水装备才能实现水下活动,能搭载潜水装备并支持其工作的船舶,就是潜水工作船。潜水工作船随着海上油气开发的蓬勃发展而被广泛应用于海上作业,该型船被赋予了其他功能之后行业内以"潜水支持船(DSV)"命名。所谓潜水支持,主要有以下内容:

一是对潜水员工作的支持。搭载,协助入水、返回母船,生命气源供应,指挥/联络信息传递,减压,紧急救援等。

二是对潜水器(潜水钟、救生钟、ROV、深潜器、救生小潜艇)的支持。搭载、吊放、回收、生命气源供应、指挥/联络信息传递、能源供应、紧急救援等。

潜水员和潜水器的用途很多:海难船和沉入水中物件的搜寻、打捞,困在沉船内人员的救援,水下工程的设备、管线、电源的协助安装、布放、检查、维修,科学考察中的海中/海底自然界、环境、生物,水文的探索、勘查、调研等。对独立潜水器(如潜水艇)的支持:水面援潜保障、事故救援、艇员救生等。

近年来,饱和潜水被广泛应用于援潜救生、海底施工与作业、水下资源勘探、海洋科学考察等领域。尤其是在海洋工程方面,海底管线与电缆的铺设、检测与维修,FPSO^①单点系泊系统安装、弃置,海上钻井平台水下部分修理等,处处留下了饱和潜水员的身影。常规潜水时,潜水员在水下作业时间很短,一次下水工作最多 20 分钟,就要出水减压休息,潜水工作的效率非常低。这种状况在应用饱和潜水技术后才有了很大的改善。饱和潜水和常规潜水在作业方法、设备体系上并无二致,只是利用了人类生理特点产生的一种更好的潜水作业方式,其核心就是可长时间(十几天甚至几十天)地生活/工作在高压环境中。一次减压,而不必工作十几分钟就要减压几个小时,作业效率大大提高。1957 年美国科学家提出"饱和潜水"概念,其原理是: 研究人员发现了在高压气氛中溶于血液中的惰性气体到了一定时间就不再增加,对潜水员不会再产生更大的不利影响。饱和潜水的应用使潜水作业水深达到 300 米以上,20 世纪 80 年代法国饱和潜水创纪录地达到 505 米,使得潜水员能有更多的时间承担更复杂的水下作业任务。

目前海上饱和潜水的深度纪录已达 534 米,是由法国 Comex 公司于 1988 年在地中海的一次科研潜水中创立的。科研实验潜水的最深纪录 723 米,由美国潜水员创造。海洋石油实际作业潜水纪录是 328 米,是 1990 年 2 月巴西石油公司的潜水支持船"StenaMarianos"号饱和潜水员在水下进行脐带安装创造的。

饱和潜水技术是涉及机械、电气、潜水医学、海洋工程等多学科的一门尖端、复杂的集成技术,由饱和潜水设备、设备操作及饱和潜水作业管理三部分组成,是目前世界上唯一一种实现潜水员直接暴露在深水环境内工作的承压式潜水技术。此项作业技术具有作业效率高、局限性小的特点,在海洋油气开发、深水设施安装、失事舰船救援、海洋资源勘探等领域,发挥着各类水下遥控机器人和载人潜器无法替代的作用。

潜水支持船大多数采用近海供应船的船型,一般具备较高的航速(16～20 节),较高的自持力和续航力,较宽敞的甲板,特别是长而宽敞的艉部甲板,

---

① 浮式生产储油卸油装置,floating production storage and offloading。

适用于作业。这类船舶通常要安装较多的特种设备和系统,并按其功能的不同采取不同的配置,例如常规的潜水系统(潜水装具间、吊机、潜水梯、加压舱)、饱和潜水系统(潜水器、加压舱群、吊机及月池系统)、救生钟、救生潜艇等水下救生器具及特种吊放装置、生命支持系统、船上加压舱及对口装置等(见图 3.1~图 3.3)。

图 3.1　300 米饱和潜水系统示意图

二、我国潜水工作船研发历程

潜水工作船从国际上发展历程来看,以海难救援为目的的救援船发展在先,以水下作业为目的的潜水支持船(DSV),则是海洋油气开发兴起之后才日见增多的。我国潜水工作船发展的轨迹也与此相仿。国内自行研发该船型最

图 3.2　300 米饱和潜水的闭式潜水钟

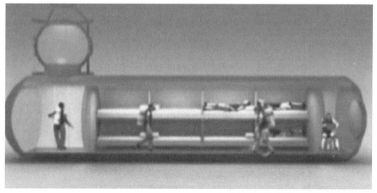

图 3.3　饱和潜水系统的船上其他设备

早在 20 世纪 60 年代,中国船舶及海洋工程设计院开发设计,中华、广州、武昌、江南造船厂建造几艘中、大型打捞救援船。这些船舶以打捞沉船为主,并可实施水深 60 米以内的水下救援,因而具有常规潜水作业能力,配备常服潜水员的潜水站、加压舱、潜水钟、100 米水深以内起重机(小起重量:1.5 吨、6 吨、15 吨)吸泥系统、打捞浮筒及压缩空气系统等。潜水作业范围有限,大多数是捆扎、穿缆、挂钩等起吊索具作业,是基本级别的潜水作业。

我国民用饱和潜水技术研究起步于 1975 年,在进入 20 世纪 80 年代后的 10 年期间得到了迅猛发展。2006 年进行了 93 米商业饱和潜水作业,2010 年进行了 483 米饱和潜水试验,2014 年进行了 300 米饱和潜水实海作业,饱和潜水技术由研究摸索阶段正式步入实际应用阶段(见图 3.4)。

图 3.4　我国实现饱和潜水发展的步伐

20 世纪 70 年代研发设计的"勘察一号",是一艘 300 米深潜器支持船(又称为深潜器母船),才是真正意义上的潜水支持船(DSV)。该船深潜器及专用吊放门架从法国进口,国内开发设计支持船舶,以潜水观测科考为目的。

交通运输部上海打捞局作为国内最大的饱和潜水应用单位,2006 年自行开发了 200 米饱和潜水作业成套技术,并应用该技术成功地完成了南海番禺油田的立管更换工程,作业水深 103.5 米,作业时间 126 小时,实现了我国饱和潜水技术在商业潜水领域零的突破,并形成了 200 米饱和潜水作业能力。2009 年,该局受交通运输部委托,完成了《200 米氦氧饱和潜水作业要求》(GB/T 24555—2009)等国家标准的编制。2009—2012 年完成了 300 米饱和潜水成套技术的研发工作,与澳大利亚 Divex 公司合作设计建造了 300 米饱和潜水系统,由武昌造船厂建造了具有世界先进水平的、具备 DP－2 作业能力,具备 300 米饱和潜水作业能力的深潜器母船"深潜"号。2013 年,下潜深度达到198 米,2014 年达到 313.5 米。2021 年"深潜"号成功完成 500 米饱和潜水陆基载人试验。

第二节　我国研发的典型潜水工作船

一、深潜器支持船"勘察一号"(深潜器母船)

20 世纪 70 年代末,中国船舶及海洋工程设计研究院设计,中华造船厂建造的深潜器母船"勘察一号"采用了中型布缆船船型,是柴油机驱动、钢质、前倾首柱、近似方艉、双可调螺距螺旋桨、双流线平衡挂舵及艏侧推装置的自航工程船。"勘察一号"和"勘察二号"分别于 1981 年 8 月和 1983 年 6 月建成进行海上试航,在 5 级风、3 级浪海况下进行吊放、回收深潜器作业和深潜器水下观察潜水以及潜水员出入水的试验(见图 3.5 和图 3.6)。试验证明该型深潜器母船的性能及其与深潜器的配合良好,试验后交船。

"勘察一号"的航区为我国沿海 Ⅰ 类航区。该船船长 69.9 米,型宽10.5 米,型深 5.8 米,满载吃水 3.68 米,满载排水量约 1 370 吨,航速约 13.6 节,续航力 2 400 海里,自持力 30 天,定员 70 人,主机功率 2×1 100 马力。深潜器为从法国进口的 SAM358－Z,用于水下 200 米范围内饱和潜水作业,以及专用船艉门型吊架一台,起重量 13 吨,工作水深 200 米。

图 3.5　深潜器支持船"勘察一号"

图 3.6　深潜器支持船"勘察二号"

　　该船是我国首次研发设计的深潜器母船。其稳性、压载和耐波性设计：稳性符合我国海船稳性规范Ⅰ类航区的要求。设计中正确处理稳性与耐波性之间的矛盾，满足潜水系统作业时的各项技术要求。

　　深潜器起吊装置是按母船在 5 级风以下，摇摆周期为 6～10 秒，纵摇不大于 3 度，横摇不大于 5 度，升沉不大于 1 米的条件下设计的。为此，该船设计时在确保稳性要求的前提下,适当降低初稳性高度以增加摇摆周期,并加宽舭龙骨以进一步缓和摇摆,使母船横摇周期超过 9 秒,遭遇我国沿海常见波浪(波长 60~80 米,周期 5~7 秒)时不易产生谐摇。设计中采用谱分析法在计算机上进行了波浪中船舶运动响应计算。计算结果表明母船在 5 级风、3 级浪以下安全地进行深潜器收放作业。

在母船研制过程中,因外商提供的深潜器装船参数不断变动,造成母船的横倾及稳性不足,为此采取修改结构构件尺度和在适当部位增加固体压载的方法,确保了满足稳性的要求。

总布置设计:该船前半部为生活区域,后半部为作业区域,这样既有利工作、保障安全,也便于人员适居。原船型的两个电缆舱改作减压舱室、潜控站、电罗经室等工作舱室,机舱长度与位置与原型船基本相同。全船舯部运动幅值小的最佳位置作为深潜器库及其工作舱室。深潜器在此停放并与减压舱对接,深潜器工作人员在此进行维护、操作。在艉部吊放深潜器。整个艉甲板做成水平式,利用船后的水流平缓区,可最大限度地抵御风浪的影响,安全、有效地进行吊放回收操作。艉部设置吊放、回收深潜器的 U 型吊架及其液压系统。设置运载车,使深潜器可在甲板上移动,以使与甲板下的减压舱顺利对接。艏部设置侧推装置,以确保在风、浪、流中收放深潜器时的船舶方位。母船要求工作舱室面积 450 平方米(原船型仅 140 平方米);船员和潜水人员总数为 82 人,要求生活舱室面积 400 平方米(原船型为 62 人、305 平方米);另外,安装空调装置、防污染设施等还需占用面积(原船型无此两项设备)。鉴于上述原因,在不增加上层甲板层数的情况下,充分利用中层甲板,并采用长艏楼,基本上满足了设计任务书中的上述要求。

结构与舾装设计:船体结构按我国钢质海船入级和建造规范设计,考虑 BW 级冰区加强,采用横骨架式,主船体采用 2C 钢材,其余部分采用 A_3 钢材。结构设计中,在确保总纵强度合理的情况下,着重加强 U 型吊架及深潜器轨道下的结构加强。舾装设计中,选用短杆霍尔锚,锚重 1 250 千克,配以交流电动起锚系缆绞盘,设置 16 吨液压锚泊绞车两台。深潜器库采用大型钢质卷帘门,结构紧凑,使用方便。该船设置 30 人玻璃钢机动救生艇两艘,10 人气胀式救生筏 8 具。该船备有橡皮艇 2 艘,供深潜器收放作业时载运人员装拆吊钩卸扣之用。

二、深潜水工作母船"深潜"号

深潜水工作母船"深潜"号是由挪威 VIK SANDVIK 设计公司提供概念设计,上海船舶研究设计院承担详细设计,武昌造船厂建造的深潜水多功能作业支持船舶,2012 年 6 月 28 日交付交通运输部上海打捞局,入级 CCS。

国际上将潜水员直接暴露于水深超过 50 米水下,在高压环境下展开水下潜水作业的方式称为深潜水作业。当潜水作业深度超过 120 米、作业时间超过 1 小时,一般采用饱和潜水方式。饱和潜水是把潜水员送到水下,出舱巡回潜水作业后进入高压舱休息。再出舱深水作业,直到一段作业完成后,进入加压舱一次减压。这是一种适用于大深度条件下、开展长时间水下工程作业的潜水方式,是世界上潜水技术发展的新成果,也是目前唯一有效的潜水员大深度水下作业手段。

该船研究设计工作,酝酿于"九五"期间后期,在俄罗斯潜艇"库尔斯克"号沉没和打捞的氛围触动下,启动了该船型的开发研究工作。先作为"沪救捞 3"号更新型船——大功率救捞工程船,进行了多方案的技术论证,广泛深入调查研究、归纳,分析研究当今国际上发达国家的饱和潜水技术和船型技术,组织研发团队,分成若干专业技术攻关小组,进行技术攻关和专题研究。最后确定该船为电力推进型深潜水多功能作业支持船,航行于无限航区。能在全天候条件下进行作业。该船配置常规潜水系统和 300 米饱和潜水设备系统、90 米管供潜水装备、3 000 米工作型无人遥控潜水器(ROV)。该船配备 140 吨折臂式全回转液压海洋工程起重机,工作水深 2 500~3 000 米;350 吨海上起重 A 字架,水下起吊工作深度 1 000 米;250 吨水平双卷筒液压拖缆机以及起抛锚作业设备。该船设有直升机起降平台、足够容积的油、水舱和面积宽敞的甲板。该船配有DP-2动力定位系统、150米四点锚泊定位系统、被动式减摇水舱、主动式防横倾调载等安全保障系统。

该船具有大深度的水下救生、水下沉船沉物打捞、沉船抽油或油舱封堵、油管和电缆应急修理、失事飞机和飞行器进行探测和打捞等能力,能为300米饱和潜水和常规空气潜水的深潜水作业提供支持。

该船具有海底设施的安装、检查和维修,海底电缆敷设和检修,海底油气管的检修等能力,可为海洋油气资源开发领域提供多种较强的海洋工程作业服务。该船具有拖曳搁浅、触礁船舶脱险,促成机动能力的船舶返回港口的功能。该船具有对遇难船进行封舱、堵漏、排水和对外消防灭火、沉船存油抽除和油污消除作业,应急情况下的航线清理、清除水下障碍物和残骸以及水下抢险打捞等作业的能力,能实施应急情况下的环境保护作业。

该船总长127.7米、型宽25.0米、型深10.6米、设计吃水6.5米。船舶满足中国船级社对打捞船、潜水支持船、洁净船、直升机起降平台、DP-2动力定位系统、一人驾驶、无人机舱的有关规定和要求,同时符合国际海事承包商协会的各种有关导则要求(见图3.7)。

图3.7 深潜水工作母船"深潜"号

该船设两层连续甲板,双底、双壳,电力推进采用6 600伏中压电力推进系统,电站由4台3 860千瓦主发电机组和1台1 230千瓦停泊发电机组组成。发电机组总功率16 670千瓦。艉部设2台3 500千瓦变频电动机驱动带导管全回转推进装置,艏部设2台2 000千瓦电动机驱动轴隧式侧推装置和1台1 500千瓦变频电动机驱动伸缩式带导管全回转推进装置。DP-2动力定位系统,在任何单个故障情况下可不中断保持定位功能。

开发研究设计与应用涉及的众多关键技术,通过5个方面研究掌握当代国际先进的大深度水下潜水作业核心技术和当代深潜水工作母船自主开发研究设计与应用关键技术,适应于我国大深度水下救助打捞作业,包括沉船或沉物打捞、水下障碍物清除、失事飞行器探测搜索、失事潜艇救援,以及我国南海深水海域油气资源勘探开发作业。

一是采用大深度饱和潜水—巡回潜水技术的分析。饱和潜水将潜水员送到水下出舱后,潜水员可继续向更大深度下潜,在一定深度时程范围内返回原深度,可不需要经过减压的程序,这就是巡回潜水的概念。饱和潜水—巡回潜水是人类对潜水技术的一个突破,这使得潜水员在水下的作业范围更广,活动半径更大,潜水工作效率更高。深潜水工作母船"深潜"号配置的潜水舱——甲板高压居住舱式300米饱和潜水作业设备系统就是为实现这种饱和潜水—巡回潜水的作业方式,潜水员出舱向更深的水域巡回潜游进行水下作业。

二是深潜船船型选型与总体布置设计研究。深潜水工作母船是用于多种海底的海洋工程施工作业和水下抢险打捞作业,具有特殊要求的、具备较大甲板面积的大型特种船舶。深潜水工作母船要有良好的稳性、快速性、耐波性、操纵性。"深潜"号配置有饱和潜水设备系统、常规潜水装备、无人遥控潜水器(ROV)、海洋工程起重机、海上起重A字架、双卷筒液压拖缆机,设有潜水月池和工作月池、减摇系统和防倾调载系统、直升机起降平台等,总体布置需充分考虑工程作业的特点,尤其是对潜水设备系统布置,确保潜水作业的实施和安全性。

　　三是采用 300 米饱和潜水设备系统配置潜水月池和工作月池。进行深潜水作业需要由潜水作业的专用装备来完成,深潜水工作母船装载这些潜水作业专用装备,实施多种海底工程施工作业和水下抢险打捞作业。该船饱和潜水系统和常规潜水系统的配置有:一个 3 人潜水钟,甲板上布置 12 人高压居住舱,一个潜水月池和一个工作月池。配置一套潜水深度 90 米的常压管供氦氧混合气体潜水设备系统,主潜水居住舱为 6 至 9 人双舱减压舱,辅潜水居住舱为6 人双舱减压舱,居住舱为 6 双舱减压舱,一个 12 人逃生舱。配置一套潜水员下水的双人开式潜水钟系统,一座 3 人生活舱和一人过渡舱的甲板医疗减压舱,减压舱系统可供 120 米以浅空气和氦氧混合气做常压潜水和训练的减压和减压病治疗。该船配备的多个甲板减压舱和潜水钟,可以支持更多的潜水员进行饱和潜水作业,并同时进行不同水深的饱和潜水作业。

　　四是常规空气潜水作业功能及"深潜"号结构设计研究。为了适应高海况进行饱和潜水作业要求,该船配备了相应设备,潜水作业对通过潜水月池潜放和回收搭载潜水员的潜水钟,可减少船舶摇摆和升沉运动对饱和潜水作业的影响。另设置一个工作月池。潜水月池和工作月池在靠近船中位置的船中心线上前后布置。潜水月池设计为一条从露天工作甲板直通至船底的方形潜水钟吊/放专用通道,其设计关系到潜水员下水和出水的安全,周围采用双层设置,内层设大的椭圆形开孔布置成湿式缓冲舱,减小月池内上下运动的水波会对潜水钟产生的碰击。工作月池也是一条从露天工作甲板直通至船底的方形专用通道,可向潜水员传送工具、器材,支持大深度饱和潜水作业。

　　该船各层甲板与舷侧强肋骨和船底实肋板构成环形强框架。总纵强度计算,确定许用弯矩和剪切力,选取典型横剖面确定甲板和船底构件尺寸,特别注意考核月池区域的船体梁强度,选取了 10 个典型横剖面校核船体梁强度,得出许用静水弯矩和剪切力。波浪弯矩和剪切力采用挪威船级社(Det Norske Verits,DNV)结构分析软件 SESAM 中的波浪载荷计算模块 WAVESHIP 和响应后处理

图 3.8　潜水钟从船上月池中入海

模块 POSTRESP,基于切片理论方法,结合具体波浪谱和波浪散布图进行直接计算。

　　为确保潜水员水下工程作业的安全,该船采用电力推进和具有冗余度动力定位技术。电力推进采用中央电站,可按不同负荷启动不同数量的发电机组,投入运行的每台发电机组始终处于接近满负荷状态,而其他未启动的发电机组作为备用,这大大提高了动力设备的冗余度。DP-2 动力定位能力是深潜水工作母船所必须拥有的一个重要性能指标,按规范要求动力定位等级不能低于DP-2 级,是深潜水作业的关键安全保障设施。

　　由于深潜水工作母船作业的特殊性,如饱和潜水作业、常规空气潜水作业、ROV 遥控探测作业等,船舶基本上是在低速航行或定位状态下作业。饱和潜水作业涉及潜水钟潜放出和回收,潜水钟与甲板减压舱要在高压条件下进行分离和对接,减少潜水钟在水下升沉运动,以及满足深潜水和深水大吨位起吊等作业要求,为此深潜水工作母船应具有良好的减摇性能。"深潜"号船舶以矩形平面被动式减摇水舱技术为基础,设置矩形平面被动式减摇水舱减摇系统,有效地减小船舶横摇的幅度。

　　该船虽然设置动力定位系统,但为确保潜水员在 60～120 米水深较浅水下常规空气潜水作业的安全,不受船舶动力推进系统干扰和伤害,另按满足工作水深 150 米定位要求设置 4 点锚泊定位系统,。采用锚泊系统定位,还可有效地节省动力推进能源消耗,节约工程作业费用。

　　"深潜"号所涉及的关键技术众多,项目研究突破和掌握了当代国际先进的具有大深度、高海况下作业能力深潜水工作母船的关键技术,填补了我国同类船型技术空白。"深潜"号在哈士基-荔湾工程项目饱和潜水作业时最大深度达到了 313.5 米,创造了当时我国大深度饱和潜水作业新纪录,叩开了通向世界"潜水高峰"的大门,标志着我国在深潜水领域已向世界先进水平迈进。深潜水领域的成功打破了大深度氦氧饱和潜水工程作业被少数西方发达国家垄断的局面。我国初步掌握了深潜水作业的核心技术,发展和壮大了我国大深度水下救助打捞、搜索、探测等作业能力,也实现了救捞系统"大吨位打捞""大深度打捞"和"快速打捞"的目标。深潜水作业的成功能对我国南海深水海域油气资源勘探开发,及多种海洋工程作业提供深潜水支持服务。"深潜"号研究设计与应用项目获得了中国船舶工业集团公司科学技术进步奖二等奖,2015 年度中国造船工程学会科学技术奖一等奖。

三、"海洋石油 286"号深海工程船

　　"海洋石油 286"号是海洋石油工程股份有限公司委托挪威 Skipsteknisk 公司提供基本设计,上海船舶研究设计院进行详细设计的我国第一艘深水多功能水下作业船,于 2014 年建成交船。

　　"建设海洋强国"是我国重大战略之一,未来的海洋资源开发将从近海向深远海拓展。2010 年我国深水系列船队已基本成形,然而仍不能完成深水项目的整体开发,原因就在于缺乏关键的水下结构物填装、脐带缆铺设等深水水下作业的海洋工程船。而"海洋石油 286"号的建造填补了国内这方面的短板,其

设计和建造使我国打破了国外深海能源开发技术壁垒和垄断。

"海洋石油286"号是海洋深水油气田开发、建设和运行的重大装备,它是集水下结构物安装、柔性管线(包括海底油管、海底电缆、立管、脐带缆等)铺设、水下机器人作业、饱和潜水作业支持、水下检验、维护和维修、深水锚系布置等于一体的深水多功能水下作业工程船,可以满足我国南海、东南亚、中东、西非、巴西和墨西哥湾等世界主要海区作业的要求,总体作业能力在国际同类船舶中处于一流水平。该船的建造成功是我国海洋工程走向深水、走向国际市场、实现长期稳定发展具有重要意义的一步。

该船营运中各主要系统和设备运行稳定,达到设计、建造的要求,多项技术指标已达到国际同类船舶的先进水平,取得良好的经济效益和社会效益。"海洋石油286"号的设计和建造,是国内掌握水下工程作业关键技术的重要尝试,是中海油打造深水船队的重要一环,对实现海洋石油开采由浅水向深海转移的战略目标具有重要意义。

该船总长约140米,型深12.8米,载重量11 000吨,作业甲板面积1 900平方米,作业水深3 000米。船舶按照DP-3动力定位系统要求设计,配有深水柔性管立式敷设系统、具有主动升沉补偿功能的400吨海洋工程起重机、2 500吨卷管盘、250吨深水绞车、作业水深3 000米的水下机器人、工作月池和直升机起降平台等装备(见图3.9)。船舶定员150人,满足国际劳工组织的有关要求,并取得了相关的舒适性船级符号。

该型船设计与建造技术相当复杂,难度较大。在设计过程中研发团队利用在工程船设计方面积累的经验及攀登科技高峰的研发设计态度,解决了全船总布置、空船重量准确控制、耐波性、逃生方案、大型设备如立式敷设系统和400吨海洋工程起重机对船舶稳性的影响、卷管盘舱进水对船舶稳性的影响、船体振动和噪声优化、一人桥楼值班、DP-3动力定位系统设计、6 600伏实船短路及电压骤降穿越试验、绿色船舶和船舶航行作业安全等关键问题。

图 3.9　"海洋石油 286"号深海工程船

　　在该型船研制的过程中,围绕着深水作业船舶对海浪环境条件适应性要求高的技术特点,采用先进的数值模拟手段及船模试验技术,对船舶的水动力性能进行深入研究和优化,最终设计出适应我国南海恶劣海况下的水下作业支持船舶。针对该船配置众多大型深水作业装备,在设计过程中从大型设备的选型、设备的布置、对稳性的影响、结构振动和疲劳设计等方面进行优化,充分保证船舶作业的可行性和安全性。面向船级社对 DP‐3 动力定位系统的最新安全技术要求,在设计过程中创新地提出了无切换双路供电技术和电压骤降穿越技术,并通过实船 6 600 伏短路试验得以验证。该船具有中国船级社和挪威船级社双重"清洁船舶"附加标志,实现生活污水和油污水的海上零排放,生活垃圾集中处理。二氧化硫排放达到欧盟 0.1% 硫含量的要求,严格控制温室气体排放,不采用造成温室效应的制冷剂和灭火剂。对设备中的油水界面进行了严格的监控,防止可能的油类污染事故发生,绿色环保设计达到了国际先进船型的要求。

　　研发团队对每一件事情都以"第一次"的态度去面对,做每一件事情都要求做到精益求精,以自己扎实过硬的技术和严谨的科学态度投入研发工作,规避风险,保障设计质量。

为确保空船重量、重心数据测量的准确性,研发团队提前到达船厂进行倾斜试验,在试验全压载水泵故障、压载水舱积水时,坚守岗位,通宵达旦奋战,抱着电脑提前将框架搭好,准备试验报告。每次调拨压载水试验后,抓紧时间进行分析,确定数据是否正确,然后再进行下一组试验,直至试验顺利完成。最终计算得到的倾斜试验结果与设计值偏差小于 1‰,为项目顺利交船奠定了扎实的基础。

设计建造过程曲折艰辛,技术攻关也是困难重重,只有不断进取才能找到突破口。作为一艘集多项功能于一身的深水工程船,它有三个突出的特点:一是配置了最高等级的 DP‐3 动力定位系统;二是自动化程度高;三是特种甲板机械作业功能强。该船配置的 DP‐3 动力定位系统运用卫星、罗经、水声定位、微波定位等多种手段监控船舶状态,实时精确计算船舶所受外力,并自动控制推进器的推力大小和推力方向,以抵消风、浪、流等对船体的作用力,从而保持船位和航向的稳定。在安全冗余方面,需要保证在设备系统单个故障下的安全性,还要保证在机舱失火、进水等事故情况下的安全性,所以设备、管系和电缆需物理分隔布置,独立性强,安全性高,为船舶安全作业提供性能保障,但技术难度就高。为了实现这些先进功能,研发团队先后攻克了多项技术难关。针对"一人桥楼"的要求,研发团队在驾驶室布置上经过多次论证,最终满足对前、后驾控台面板上的推进遥控设备及通信设备的布置要求。在此过程中,研发团队还采用一套双冗余、全集成的船舶管理和控制系统,借助自动化平台,为全船安全、管理、人员配置方面提供了更为便捷的条件。这些先进的设计得到了船东的认可,获得了 DNV GL 和 CCS 的认证。2014 年 10 月 9 日,该船完成 DC‐LINK 配置方案的电压骤降穿越试验,试验结果正常。该项试验是世界范围内首次在船舶系统中进行,证明了该船配电系统和推进器的设计和制造符合 DNV GL DP‐3 规范的要求,为今后同类船舶的设计和建造提供了良好的参考范例。

　　该项目的实施通过，填补了国内该船型的空白，使项目承担单位具备了深水多功能水下工程船相关船型的自主研发设计能力。

　　"海洋石油286"号自2014年交付业主使用以来，从东海到南海、从深海装备海上试验到南海重大项目的水下工程作业，一直处于高频度的作业状态，船舶及其设备系统在海上作业过程中充分体现了其船舶性能优异，设备使用安全可靠的特点，受到用户方的好评。完成的水下作业包括：海上试验过程中，将五星红旗插入3000米海洋深处的海床，属国内首次（见图3-10）；南海海域铺设两条海洋平台到海底的国产软管管线（6英寸直径、总长13.2千米），南海海域损坏海洋管线的维修，钻采平台立管的架设，80千米长的海底电缆敷设，均属国内首次；东海海域的海洋油管施工中，利用船上的国产吊机、绞车等设备系统与遥控ROV，以及饱和潜水设备系统，完成海底油管和海底电缆覆盖水泥压块状态的检查、管线膨胀弯与水泥压块的下放脱钩等作业。

图3.10　五星红旗插入3000米深处海床的屏幕显示

2016 年,该船荣获中国船舶工业集团公司科学技术进步奖特等奖;2017 年,荣获中国石油和化工自动化应用协会科学技术进步奖一等奖;2018 年,荣获中国造船工程学会科学技术奖一等奖。

四、饱和潜水支持船"PELAGIC"号

2015 年由上海振华重工(集团)股份有限公司总承包建造的,挪威 SAWICON 公司的饱和潜水支持船"PELAGIC"号是当时全球先进的多功能饱和潜水支持船。基本设计由该公司提供,详细设计由中国船舶及海洋工程设计研究院承担。2019 年交船。

该船总长 145.9 米,型宽 27 米,最大吃水 7.65 米,入级 DNV GL,配有全球最先进的 24 人全自动化双钟饱和潜水系统,可同时搭载 24 名潜水员分批次进行最大深度 300 米的饱和潜水作业,完全满足 IMCA 标准及挪威科技标准协会的 NORSOK 潜水系统标准。主甲板装有 400 吨主动波浪补偿起重机,最大工作水深可达 3 000 米。船上甲板作业面积达 1 850 平方米,除潜水系统月池外,船上设置一个大型工作月池,可布设柔性铺管(缆)系统或修井系统。在舷侧还同时配备两套工作级 ROV 收放系统和一套空气潜水系统。该船同时满足 SPS 和 MODU 规范,满足 DNV GL 最新的 DYNPOSAUTRO(DP - 3)船级符号和 DYNPOSER 船级符号,动力定位能力是业界最高标准。该船自全船失电至恢复动力定位能力仅需 43 秒,为全球首艘同时满足 MODU 规范和 DYNPOSER 船级符号的多功能潜水支持船。

该船为前倾艏柱带球鼻艏、艏楼、方艉、综合电力推进,配 DP - 3 动力定位系统的钢质海船。艏部设有一台隧道式推进装置和两台伸缩式全回转推进装置,艉部设有三台全回转式推进装置。六套主发电机机组,两套应急发电机组。

该船装备全自动双钟饱和潜水系统,其安全性和舒适性均达到目前全球最高水平。潜水钟由具有升沉补偿功能的收放系统通过两个月池放入水中,即使

在浪高 4～5 米的海况条件下也可以保证潜水作业安全进行，作业效率高。

该船配备了一套常规潜水系统，包括三个潜水站位、一套氦氧混合空气系统、一个小型减压舱、潜水员控制台、A 字架绞车及收放系统，用于 70 米水深的潜水作业。

该船甲板搭载两台带有"升沉主动补偿"功能的海洋工程折臂起重机，其中主起重机可起重 400 吨并支持 3 000 米水深的作业，辅起重机可起重 25 吨并支持 600 米水深的作业。该船配置了两套受控的可控式减摇系统，保证船舶作业时具有良好的耐波性，同时还设置了一套抗横倾系统，协助吊机作业。

该船舯前部设有两套水下机器人机库，用于搭载大型作业级 ROV，从舷侧吊放 ROV，最大下潜深度为 3 000 米。

甲板承重为 15 吨/平方米，加强甲板区域的承重则可达 50 吨/平方米，能够有效支持运输和布设重型设备以及各种施工项目所需的特种机械。

该院为国内首次承担 DP－3 级饱和潜水支持船的详细设计单位，无参考范例，研发团队在设计思路上大胆创新，合理并充分研究基本设计的优缺点，克服和修正了基本设计中存在的问题。该船配置的 DP－3 级动力定位系统、300 米饱和潜水装置、400 吨主动波浪补偿起重机、双套主动减摇系统、一套抗横倾系统，均为国内首次使用。该船建成后已完成海上试验，各项性能指标良好，达到设计任务书要求，其中 DP－3 级动力定位系统设置合理，400 吨主动波浪补偿起重机与船舶配合较好，饱和潜水部分待实际海上作业的验证。该船满足船级社、特种用途船规范和 MODU 标准的基本要求，可无限航区水下作业，包括在任何国家的近海作业（见图 3.11）。

该船共配置了 6 台由德国 SCHOTTEL 公司提供的柴—电混合动力推进装置。其中两台 2 680 千瓦的艏侧推装置（T1 和 T2），一台 2 500 千瓦的折叠式全回转推进装置（T3），艉部布置了三台 3 000 千瓦的全回转主推进装置（T4～T6）。每台推进装置均布置在采用 A60 防火分隔的独立的舱室内。该船并配有单独的滑油系统、液压油系统、压缩空气系统和淡水冷却系统。该设

图 3.11 饱和潜水支持船"PELAGIC"号

计同样满足 DP‑3 的要求。

DP‑3 级动力定位系统的冗余设计,除了推进器配置的保障外,在电力系统设计中严格按照 DP‑3 级的冗余要求考虑。

该船配备了两套 6.6 千伏的高压配电板,分别布置在两个 A60 防火分隔的机舱内的独立的配电板室。其中 1♯ 高压配电板(HVSB1)由 1♯ 机舱内的三台发电机(G1、G2、G3)直接供电;2♯ 高压配电板(HVSB2)由 2♯ 机舱内的三台发电机(G4、G5、G6)直接供电;1♯ 艏侧推装置(T1)和 6♯ 艉侧推装置(T6)由 2♯ 高压配电板(HVSB2)供电;3♯ 艏侧推装置(T3)和 4♯ 艉侧推装置(T4)由 1♯ 高压配电板(HVSB2)供电;而两套高压配电板都可为 2♯ 艏推进装置(T2)和 5♯ 艉侧推装置(T5)供电。即使任何一套高压配电板失效导致 3 台主发电机、1 台艏侧推装置和 1 台艉侧推装置同时失效的情况下,该船仍然可以满足 1 套主配电板、3 台主发电机、2 台艏侧推装置和 2 台艉侧推装置同时工作,配电系统的设计完全满足 DP‑3 的要求。

为满足 DP‑3 的要求,该船的罗经、运动参考单元、风速及风向仪要求配置不同的类型。该船配置了 4 台罗经,其中一台是光纤陀螺罗经,3 台是机械旋转式电罗经;配置了4台运动参考单元,其中3台是三轴式,1台是双轴式;配置的4台风速及风向仪中,其中3台是超声波风速风向仪,1台是机械式风速风向仪。风速风向信号被直接传输到艉部控制台、艏部控制台和应急DP备用站,防止任何一路遥控传输失效。

在潜水系统投入使用前,需要对为潜水员提供生命支持的气体管道和潜水员居住作业的高压密闭舱室进行泄漏试验检测,保证相关管道和舱室无泄露风险,潜水系统能够保证潜水员的生命安全。在泄漏试验中,管路连接的设备和阀件较多,施工单位一般只检查自己安装的设备或管道,一般不检查设备厂商提供的设备和临时加装的工装件,一旦保压不合格且未找到泄漏点,将不得不再次检查和再次保压,导致工作效率降低和成本增加。该项目的试验,脐带缆绞车和脐带缆一起进行泄漏试验,足足花了两天时间,仍有泄漏还耗费了大量氮氦混合气体和人工,潜水系统海试又延误了一天。最终查出是由于意大利潜水设备厂商提供的脐带缆绞车内部的两块连接模块之间不密封。发现问题后进行了改进处理,顺利地完成了试验。

五、饱和潜水作业支持船"海龙"号

由中船黄埔文冲船舶有限公司、上海佳豪设计院共同研制的ST-246型饱和潜水作业支持船"海龙"号,于2015年9月签订建造合同,2016年3月开工,2019年12月,在广州交付给用户。

该船总长124.0米,型宽24.0米,型深10.2米,设计吃水6.5米,甲板面积900平方米,航速约14.5节,自持力45天,定员120人。

"海龙"号是一艘主要由潜水钟、高压居住舱室、过渡舱、生命保障系统以及潜水钟收放系统等组成的专业深水海洋工程船(见图3.12)。该船采用潜水系统与船体一体化设计,饱和潜水系统设置了4个居住舱室以及两个水平过渡舱和两套潜水钟。4个6人高压居住舱室,可同时减压24名潜水员,大大提高了作业效率。300米水深设计是世界商业营运最大作业水深,整体可实现潜水作业规模化。

图 3.12　饱和潜水作业支持船"海龙"号

　　除了饱和潜水系统之外,"海龙"号还配备了空气潜水装备,用于最大 50 米水深的潜水作业。此外,两台 3 000 米深水工作级的水下机器人,可以在危险区域以智能方式代替人工作业。"海龙"号突出的潜水功能,使其可以在各海区承担全天候、高强度饱和潜水任务,可以执行多目标、多深度的综合潜水任务。配备了双潜水月池和固定式 24 人双钟 300 米水深饱和潜水系统,能够实现潜水作业规模化;配备了 DP-3 动力定位系统,满足在风速 25 节、流速 1.5 节海况下定位作业的要求;配备了 250 吨主动式升沉补偿船用吊机,波浪补偿精度±5 厘米;配备了减摇抗横倾系统,较大地提高了船舶的安全性、舒适性。整体能力达到国际先进水平。

　　"海龙"号能够在除南、北极以外的全球海域满足多种作业需求,包括饱和潜水作业、深水勘察作业、ROV 作业、海底施工作业,以及进行海洋工程支援服务,综合能力较强。

　　"海龙"号设计建造跨越不少难关,其中一道就是要确保饱和潜水系统安装精度。国内兄弟船厂都在这方面遇到困境,甚至发生过潜水钟卡在月池、居住舱室漏气的情况。这套系统安装,涉及 205 台(套)设备的布置、如何对中、如何构成一个密闭的整体,并承受 30 个大气压的压力而不泄漏等技术,是行业公认的顶尖工程技术难题。中船黄埔文冲船舶有限公司自强不息,以两个月池的中轴线为初始原点,布置、安装整个饱和潜水系统。由于潜水钟在月池只要有轻微的晃动,就有可能造成高压气体泄漏,所以两个月池 8 条垂直轨道的同轴度偏差不能超过 1 毫米,平行度偏差也不能超过 1.5 毫米,而这些轨道每条长达12 米,用常规的组装办法是难以满足这一要求的。经过不断研究,研发团队为"海龙"号首创了"井"字形垂直轨道方案。先在月池四角安装三脚架,再在三脚架上安装 4 条直角向内突的角钢,角钢的直角边就是轨道面,这样就满足了支撑强度的要求。此外还发明了"井"字形垂直轨道加工铣车,对轨道面进行精加工。经过试验,潜水钟通过滚轮在轨道上行走时上下自如、不摇不晃,圆满地解决了潜水钟在月池中的滑移难题。

该船是我国当时设计建造交付的最先进、作业能力最强的饱和潜水支持船,总体作业能力达到国际先进水平。它是一艘同时具备饱和潜水和空气潜水能力的专业潜水支持船。能够满足多种作业需求,是助力探索深海秘密的利器。其建成交付标志着我国在大深度饱和潜水装备和深水装备领域取得重大突破,深水工程作业能力迈向世界水平。

六、深海载人潜水器海试保障船"探索二号"

2018 年 12 月,海南省深海技术实验室选择了一艘福建马尾造船股份有限公司刚竣工的工程船,改装为深海深渊智能装备作业与全海深载人潜水器海试保障船,定名"探索二号"。"探索二号"历时一年半在福建马尾船厂完成适应性改装建造。

2020 年 7 月,我国首艘全部配备国产化科考作业设备的载人潜水器支持保障母船——"探索二号"抵达三亚崖州湾科技城南山港并正式入列(见图 3.13)。

图 3.13　潜水工作船"探索二号"

1. 改装情况

"探索二号"原先是一艘其他用途的工程船,载重吨位大、操作性能好、推进与定位能力强,特别适合改造成海上试验保障船。福建马尾造船股份有限公司对工程船进行了适应性改造,包括船舶改建、加装潜水器收放系统、CTD 吊机①、折臂吊、绞车系统等。

"探索二号"船不仅保留了原船的功能,还增加了深海作业的能力。该船总长 87.2 米,型宽 18.8 米,型深 7.4 米,满载排水量 6 832 吨,采用船舶综合电力推进系统,续航力大于 15 000 海里,自持力不低于 75 天。

"探索二号"船不仅可以支撑深海、深渊无人智能装备进行各项海试任务,同时还可搭载万米载人深潜器"奋斗者"号和 4 500 米载人深潜器"深海勇士"号完成布放和回收工作。

该船配置两台全回转舵桨和两台艏侧推装置,采用全电力推进,具有

---

① 投放温盐深仪测量万米深海环境的专用装置。

DP－3级动力定位能力，可依靠自身的测位系统和推进控位系统，将船稳稳地定位在作业区域。

中国的载人潜水器是深海科技的集中体现。此前已经投入使用的"深海勇士"号、"蛟龙"号，为全海深载人潜水器奠定了中国制造的基础。全海深载人潜水器建成投用后，将创造新的"中国深度"，进一步提升我国海洋探测能力与研究水平。

2. 深海装备向国产化方向挺进

作为全球当时最大作业水深的作业型载人深潜装备和我国首艘悉数配备国产化深潜作业设备的载人潜水器支持保障母船，"探索二号"最大的亮点在于关键装备的国产化。

有关资料显示，几十年来，我国工程船的部分水面支持装备一直被欧美国家所垄断，而"探索二号"的交付，改变了这种现象。从伸缩折臂吊、CTD吊机，到全海深地质绞车、6 000米光电缆绞车，再到水声通信、水声定位、多波束等深海声学设备，"探索二号"共安装14台国产化装备，彻底摆脱了长期以来对水面支持装备国外设备厂商的依赖，标志着我国在全海深海作业装备能力方面再上一个台阶。

以CTD吊机为例，它是投放温盐深仪测量万米深海环境的专用装置。中国船舶集团上海船舶设备研究所研发团队研制的CTD吊机的伸缩臂行程达到415米，是目前世界上单节伸缩行程最长的吊机产品，符合水面投放安全可靠性要求，尤其是能满足5级作业海况紧急回收等特殊要求。

与此同时，因该船后甲板面空间狭小及CTD吊机轻量化设计要求，该吊放装置采用紧凑结构形式，布置于舷侧，通过曲柄摇杆摆动机构、矩形截面伸缩臂以及浮动滑块结构设计，实现能承受大的横向载荷。

3. 匠心独具助力远洋探测

除了需要技术支撑之外，用户也对船舶保障能力提出了新的要求。改造后的"探索二号"船在甲板承载能力、工作室面积、储存能力、居住舱室舒适度等方面都更加符合远洋探测作业的要求。为了给作业队员提供种类丰盛的一日三餐，船上设置了大小两个餐厅，以及"煎炒厨房"和"面点厨房"，可以全时段提供种类齐全、营养丰富的食品，充分保障船上所有人员的饮食所需。为保证科考队员长时间出海能吃上新鲜的蔬菜，船上配备了冰温保鲜系统，通过精确的温度控制，使各种蔬菜保鲜期从20天左右延长到45～70天。同时，船上的居住舱室内基本生活设施也是一应俱全，能满足船员和作业人员长期海上作业的生活需求。

"探索二号"的入列标志我国深海产业再添利器，将提升我国深海潜水设备的整体水平，对我国深海工程技术产业和国际合作支援具有积极促进作用。2021年4月21日3时左右，印度尼西亚海军"KRI Nanggala－402"号常规柴电潜艇在巴厘岛附近进行鱼雷演习时突然失联。4月24日，印度尼西亚军方发现海面上漂浮的油污和漂浮的部分残骸，确认该潜艇已失事沉没。随后印度尼西亚紧急向新加坡、澳大利亚等国求援，希望参与失事潜艇的搜救工作。新加坡、澳大利亚、马来西亚等国也相应派出搜救力量协助印度尼西亚救援工作，潜艇被证实沉没至850米深的海沟，失事潜艇在巨大的水压破坏下断成三截，艇上搭载的53人无一人生还。随后印度尼西亚军方邀请中方协助对残骸进行打捞，中方当即派出了"探索二号"远洋深海科考船为主的打捞船队，包括"863"远洋救援打捞船和远洋拖船"南拖195"号。借助"探索二号"搭载的载人深潜器和高清设备，在水下残骸勘察的过程中已经基本确定了潜艇的沉没原因，而潜艇残骸打捞的重要原因之一就是对照残骸进行事故分析。6月2日，印度尼西亚军方与中方搜救队举行新闻发布会，宣布此次失事潜艇搜寻及残骸打捞任务结束，潜艇部分残骸已被打捞出水，印度尼西亚军方再次感谢了中方搜救队的协助。

第三节　潜水工作船发展趋势

潜入水中探索海洋、征服海洋是人类自古以来的愿望，但由于人类生理特征和技术的原因而困难重重。工业革命以后,在现代科学技术的支撑下,人类才真正地借助潜水器潜入水中。潜水器在不断地进步,从潜水艇、ROV、深潜器到正研发中的水中基地(如深海空间站之类),潜水技术和装备已经到达了相当成熟的高度。但到目前为止,潜水工程还不能成为一个封闭的自我循环系统,它需要系统外的支持,如水面母船的支持,因而潜水支持和救援船就成为潜水系统必备的载体。潜水器具的不断发展,对母船的要求也是"水涨船高"。

（1）搭载平台多样化,减少对专用母船的依赖。新一代潜水救生装备均摆脱了对专用搭载平台的依赖,可由多种平台搭载以提高救援响应能力和救援效率;缩短救援系统部署时间,尽快到达失事船舶的现场,实施救援。有些潜水器救援系统可搭载在多型船的甲板上,有些救援潜水再加压系统不需要专用的母船或改装潜艇搭载,这些救援系统均可在多种平台上完成调度和安装,减少了对专用母船的依赖,提高了救援响应能力和救援效率。

（2）自动化程度高,控制更灵活。新一代潜水救生装备自动化程度高,可以高效、灵活操控各种援潜救生装备。有些救援潜水再加压系统的承压救援模块系统自动控制功能包括自动定深、自动定向、自动定高、自动定位、对接裙自动角度复位、巡航控制、纵横倾和偏航控制以及均衡调整等。深潜器系统的状态显示在主图形用户界面的屏幕上,驾驶员或导航员选择的任意显示可以实现视频叠加。

第四章
我国铺管船的研发历程

第一节 概 述

一、铺管船的简介和种类

海洋工程建设中,无论开采的油气田选用何种集输形式,海底管线都是海洋工程中必不可少的组成部分,也是海上油气田开发生产系统的重要环节。通过海底管道把海上油气的生产、集、输和储运系统联系起来,也能使海上油气田和陆上石油工业系统联系起来。并且,海底管线也是连续输送大量油气最快捷、最安全和最经济的方式。海底管线按输送介质可划分为输油管道、输气管道、油气混输管道和输水管道等。从结构上看可划分为双重保温管道和单层管道。按工作范围可分为油气集输管道和油气外输管道。油气集输管道,用于输送汇集海上油气田产出的物质,包括油、气、水等混合物。通过连接井口平台(或水下井口)至处理平台,处理平台(或水下井口)至单点系泊,油气外输管道一般用于输送经处理后的原油或天然气,通常用来连接海上油气田的处理平台至陆上石油终端。海底管线的铺设及专用装备,一直是海洋石油工程领域中的重点研究内容之一。

铺管船是用于铺设海底管道专用的大型海洋工程船舶,多用于海底输油管道、海底输气管道、海底输水管道的铺设。

1. 铺管船种类

铺管船根据水深可分为深水(>300 米)铺管船和浅水(≤300 米)铺管船两种,根据航行能力分为自航式和非自航式。深水铺管船大多为自航式,浅水铺管船大多为非自航式。

海底管道的安装,是通过专用的浮式安装装备即铺管船进行的。以常用的管线铺设方式划分,即 S-lay 铺管船、J-lay 铺管船和 Reel-lay 铺管船之分。常用的管线铺设方式如下:

1) S 型铺设

S 型铺设是目前铺设海底管线中最常用的方法,不仅稳定而且具有较高的效率。铺设时,管线在铺管船托管架的支撑下,自然弯曲成 S 型,因而得名(见图 4.1)。采用 S-lay 铺管船,一般都具有较多的管线焊接站,往往具有较高的管线预制速率。根据 S-lay 铺管船铺设的海管线的受力分析,S-lay 铺管船为了拉住管线受控逐段下滑铺设,必须装设具有较大张紧能力的特种设备——张紧器。

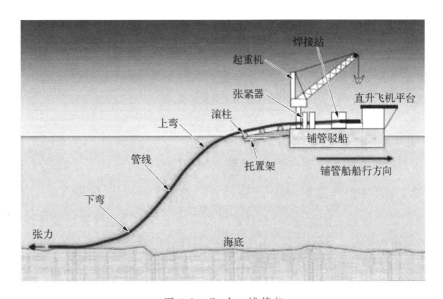

图 4.1 S-lay 铺管船

2）J型铺设

海底管线通过J-lay铺管船铺设时，几乎垂直入水，在水中形成J字形，因而得名（见图4.2）。此种铺设方法，需在铺管船的J型塔中完成管线的预制，并且通过垂直安装的张紧器给予管线提供相应的张力，使其稳定铺设在海床上。此种铺设方式，管线脱离角度接近90度，管线的张力较小，并且铺设过程中，不需要像S-lay铺管船那样，需托管架对管线提供相应的支持。由于J型塔中焊接站较少，管线预制速度较慢。

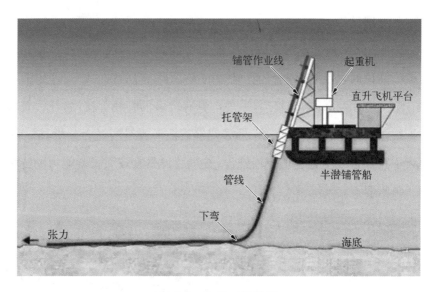

图 4.2　J-lay铺管船

3）卷筒型铺设

铺设管线在陆地上完成预制，卷装在铺管船专用的滚筒上。铺设时，通过铺管船J型塔中的张紧器，将固定在铺管船卷筒上的管线，铺设在海床上（见图4.3）。此种铺设方法速度快，并且管线的焊接工作在陆地可控环境条件下完成，焊接质量较高。该铺设仅适用较小管径，且需要岸上支持。

按船体形状，Reel-lay铺管船可分为驳船型、普通船型和半潜型。总的来说，驳船型铺管船比较适合较浅水域施工，如在滩海和浅海；普通船型铺管船吃

图 4.3　Reel-lay 铺管船

水深度相对较深,适合需要承载较重设备或高起吊力时使用;半潜型船体大,吃水深度大,稳定性高,多用于深海和海况较为恶劣的海域。

按定位方式分类,Reel-lay 铺管船可分为装设动力定位系统及装设多点锚泊定位系统的铺管船。深水铺管船大多为自航式且带动力定位系统,即自动控制船舶多个的推进器进行定位;浅水铺管船大多为非自航式,采用多点锚泊定位。

随着深海油气田的陆续发现,后续开采工作提上议事日程。适合深水油气田的钻井船、采油平台等已相继建成,然而能满足深水铺管作业的铺管船在国内的建造才刚刚起步,铺管装备的严重缺乏已经影响到油气田开发的连续性。近年来,国内加大了铺管船的研发和建造力度,已有多艘船舶建成投入使用。

2. 铺管设备

铺管船的船体是铺管设备的载体,铺管船的核心是铺管设备和铺管工艺。铺管设备有钢管滚轮输送及对中站系统、搬运吊机、张紧器、弃管/回收绞车、船舷吊机、开坡口机、对中器、探伤器、消磁器、加热器、电焊机、行车系统及其他主要辅助系统和设备等。铺管工艺是根据综合的理论分析,铺管的环境、管子规格等要求,结合实践经验,应用先进的计算机软件,做出较切合实际的分析报告,制定铺管施工工艺流程。

主要铺管设备和系统如下:

(1)托管架。托管架是海底管道S型铺设中的重要装备之一,悬挂在铺管船的艉部,起到管道在下水过程中在托管架上控制管线曲率的作用,防止管线因为在上弯段的弯矩过大而导致屈服或者破裂。目前,利用托管架的深水S型铺设方法已经可以将海底管线铺设到水深2 500米的海底,而且铺设速度远高于J型铺管法,在未来的海洋管线铺设中具有广阔应用前景。

图4.4 托管架

(2)张紧器。张紧器是铺管船管线铺设系统中关键的设备。在作业线上的管线经过开坡口、预热、根焊、填充焊、盖面焊、无损检测和补口后,由张紧器夹持管线产生一定的拉力,防止管线由于风、浪、潮作用引起管线振荡、弯曲而导致管线损坏。张紧器的类型取决于待铺管的类型以及铺放系统的外形,张紧器一般被划分为水平和垂直张紧器。水平张紧器系指张紧器夹持系统处于水平方向,利用水平方向的夹持力作用于管子,来完成铺管任务。垂直张紧器系指张紧器夹持系统处于垂直方向,利用垂直方向的夹持力作用于管子,完成铺管任务。

图 4.5　张紧器

（3）弃管/回收绞车。该绞车主要用于铺管船铺管施工过程中海底管线的临时弃置与回收,即在正常铺设海管的开始与结束阶段、遇到恶劣天气无法作业时,或卷管铺设海管过程中,一个卷轴上的海管铺设完毕,需要更换新的带线卷轴等特殊情况下,将海管弃置于海底停止作业以及打捞到海面继续作业的过程。

（4）铺管作业系统。铺管作业系统是整个铺管船铺管作业的核心系统,铺管作业线包括管端处理区,双节点预制区及检验返修区,主作业线对中区,一般4～5个气体保护焊接站,一个探伤检验及返修站,两个防腐处理站,两个节点填充站等。管子的焊接及铺设全部运输流程均由该系统来实现。该系统大部分都是液压设备,应配备独立的液压站,部分电器设备还需配备变频器来驱动其变频马达。铺管作业系统由下列设备及功能组成：LCFI,纵向、无动力的被

动传送机;LCFD,带驱动马达的纵向传输机;FPS,起固定管支架的作用;PEL,
垂直运送管子的电梯,根据管子长度至少两台配合使用,通过液压阀及液压单
元提供动力;LUT,管子抬升传送器;PSTT,张紧器和托管架之间的管线支撑
和引导器;BS,可手动/液压升降垂直托举管子的滚轮;PSRR,支撑引导管线的
支撑轮。

二、我国铺管船研发历程

我国海底管道的铺设,因受海洋工程发展缓慢,且装备与技术相对落后等
因素影响而起步较晚。20 世纪 80 年代初,我国尚只有对海洋管道的维护作
业,且出海多是乘坐小渔船,船小、稳性差,稍有风浪就晃得厉害,许多船员和工
人都晕船。我国在进入海洋工程铺管领域之初,处境非常艰难。国内海洋工程
设备市场基本被国外的公司所垄断,国内企业建造的起重/铺管船还是以"造
壳"为主,铺管设备大多需要引进国外先进的设备。国内企业在建造的起重/铺
管船上配备了荷兰 SAS 公司、意大利 REMACUT 公司提供的包括张紧器在内
的 S‑lay 铺管设备。通过与国外同行的沟通与学习,提高了自身对海洋工程
铺管领域的认识,积累和掌握了海洋工程设备制造的生产技术和经验,培养了
相关的技术人才,为我国在后续自主研发创造了条件。经过 20 多年的自主设
计、施工,我国海底管道铺设技术有了长足的进步。其中最有代表性的崖城
13‑1气田工程中长达 778 千米海底输气管道,是国内铺设的最长海底管道。

我国建造的第一艘现代的铺管船"蓝疆"号,是中国海油投资,美国 FGH 公司
设计,烟台莱佛士船厂建造的,于 2000 年 12 月 27 日下水,于 2001 年 3 月底交船。

大型起重/铺管船"蓝疆"号是一艘集起重、铺管作业功能于一身的大型海
洋工程船,其起重能力在当时位居亚洲首位。该船具有 ABS 和 CCS 双重船
级,适用于无限航区拖航,设计环境温度为−20 摄氏度,作业水深 6～150 米。
该船总长 157.5 米,型宽 48 米,标准排水量 28 000 吨,固定作业最大起重量
3 800 吨,全回转作业最大起重量 2 500 吨。

　　我国高技术船舶,包括大型工程船的研制,由于种种原因,有不同的模式,其中国外公司设计(或基本设计),国内科研机构承担详细设计,国内船厂建造的实例不少,如"五月花"号风电安装平台、"蓝疆"号起重/铺管船等。由于国内科研机构、建造厂不同程度地参与合作,在设计理念、项目管理、规范应用、设备选型、研制技术路线、设计建造方法、关键技术(包括建造技术)等领域都有所了解,为今后自行设计建造这些高技术船舶起到了很好的借鉴作用,加强了技术储备,锻炼和培养了设计、建造、项目管理人才。

　　"蓝疆"号是按国际最新技术标准、规范进行设计的。该船的建成和投入使用标志着我国在海底管道工程建设领域,关键施工装备能力和技术水平已跻身世界先进行列。2002年该船服役以来,在我国海上油气田开发建设中发挥了重要作用。2002年11月23日开始在东方1-1气田铺设海底管线。2003年6月,完成了东方1-1气田海底管线铺设工程。其中包括两条海底管线,一条为平台之间的海底管线,钢管直径12英寸,全长3.4千米;另一条是平台至东方市陆上终端站的外输管线,直径22英寸,全长约105.5千米。由于海底管线所处海域的海况十分恶劣,沿途海底像一座大沙漠,有大量的砂流、砂坡、砂脊,铺设好的管线经常出现悬空,给管线铺设造成很大的困难。南海气温较高,船上作业线上的气温高达40摄氏度。为早日完成铺管任务,安装作业团队克服了重重困难,每天铺管200多根管段,使铺管工程如期完成。6月8日,全部完成了105.5千米海底管线的铺设。

　　作为我国海洋石油领域的领先者,中国海油,根据海底管线铺设工程的需要,在20世纪末就大力发展海底管线铺设及配置专用装备铺管船,至今已具有5艘专业铺管船,分别是"海洋石油201"号、"海洋石油202"号、"蓝疆"号、"滨海106"号、"滨海109"号和"中海油19"号。其中"海洋石油201"号是我国首艘深水铺管起重船。除"海洋石油201"号外,其余铺管船作业水深都为浅水段,总体铺管能力还比较弱。此外,中海油也拥有两艘铺管船,分别是"中油管道681"号和"中油管道601"号。中国石油化工集团有限公司拥有两艘铺管船,分别是"胜利901"号和"胜利902"号。

目前我国现有的铺管船采用的铺管形式均为S型,且都装备有较大吊重能力的海洋工程起重机。纵观国际上铺管船的发展历程,通常将S型铺管船的发展划分成4个阶段。第一个阶段中的铺管船,一般为非自航的平底船,直立型船艏,方形船尾。海管的存储、管线的预制及管线的铺设均在船的甲板上完成。船舶的定位方式是通过定位锚与索链的系泊方式来实现,管线的铺设能力有限。

第二个阶段中的铺管船,其主尺度比第一代要大了许多,增加了单节海管的存储能力及作业线工作站的数量,以加快管线的预制速度。并且一些铺管船已具有自航能力,其外形也采用了前倾型船首,但大部分铺管船采用半潜式,以便工作中获得更好的稳性。

第三个阶段中的铺管船,吨位相对于第一代更大,其宽大的船体使其获得更好的稳性。半潜式的船体更适应恶劣的海况。为了适应海底管线的铺设曲率,铺管船的艉部设计成斜坡式,并且铺管船作业线出现双节点预制区,主线为双节管的焊接,大大提高了管线的预制速率。

第四个阶段中的铺管船为船式动力定位铺管船。其动力定位系统,相比多点锚泊定位系统,定位精度高,并且不受水深的限制。多台大功率推进器安装在船上,并与全球卫星定位系统相连,以保持铺管船在预设路径上航行。其铺管能力可与J型铺管船相媲美,并且具有双节点预制区,主作业线上配备4个以上的焊接站,并配备相应数量的无损检验及防腐涂敷站。

我国的铺管船,"滨海106""滨海109"属于第一代S型铺管船,"海洋石油202"号及"蓝疆"号,属于第二代S型铺管船,"海洋石油201"号,属于第四代S型铺管船。目前中国海油海管铺设能力实现了从2英寸到48英寸海管的全尺寸覆盖,并涵盖了单层管、双层管、子母管等全部海管类型,推动我国海管铺设能力实现了全方位跨越。

2015年5月,"蓝疆"号在文莱海域进行导管架吊装,这是我国海洋工程装备首次在文莱海域进行海上安装作业,两国在油气田开发方面合作将日益深入。"蓝疆"号此次承揽的文莱壳牌石油公司运输＋安装项目位于文莱Champion 油气田,离岸约 35 千米,工作区域水深约 40 米。这是海洋石油工程股份有限公司第一次真正意义上的高标准总承包项目,包含两座导管架、8 个模块、一个功能平台、两个压缩机模块及若干散件的海上运输、安装工作。这是该船第三次远赴国外作业,此前"蓝疆"号曾在韩国海域、阿拉伯海等海域进行过海上施工。

从 2006 年起,我国敷管船进入自主研发阶段。海洋石油工程股份有限公司分别委托中国船舶及海洋工程设计研究院和上海船舶研究设计院研发浅水和深水敷管船。

铺管船"海洋石油 202"号是国内首艘自主设计的 1 200 吨浅水铺管船。作业水深 300 米以内,敷管能力 3 千米/天,主要用于浅海海域海底管线铺设和起重作业,采用驳船型,为非自航在无限航区作业的大型起重/铺管船。

铺管船"海洋石油 201"号主要用于深水油气田海底管线铺设和海上设施的吊装作业,最大作业水深可达 3 000 米,甲板堆管能力达 9 000 吨,设计的铺管能力为 5 千米/天。

铺管船"中油海 101"号可在水深 5～50 米的海域铺设管径为 114～1 219 毫米的海底管道。该船先后完成中缅管道香港段海底管道项目、舟山金塘大陆引水三期海底管道项目、舟山册子岛至金塘海底管道等国内项目,长期活跃在国内海管铺设市场。

海洋铺管船作为一种高技术船型,其装备和系统研制都代表了工程船舶中的技术制高点。目前我国铺管船研发能力虽然还很有限,但是研发团队经历了10 年、20 年的长期拼搏付出而取得很多的成果。如 2007 年交付广州打捞局的起重船"华天龙"号(铺管预留),中国船舶及海洋工程设计研究院设计,上海振华港机建造;中国船舶及海洋工程设计研究院为上海打捞局设计的 3 000 吨起重/铺管船"威力"号(铺管预留);上海船舶研究设计院为中国海油详细设计的深水铺管船"海洋石油201"号;太平洋造船斯迪安船舶设计公司设计的4 000吨起重敷管船;振华重工建造的3 000吨浅水起重/铺管船、3 500/5 000吨打捞起重/铺管船。国内也有其他造船企业投入建造铺管船,如南通亚华为Sapura Acergy公司建造的"Sapura3000"号,Sea Trucks Group公司在江苏一些船厂建造4艘铺管船等。我国海底管道敷管船的研发建造进入高潮。

随着改革开放的不断深入,我国海底管道技术体系也逐渐建立。中国石油大学、船舶检验局和中国海油选派技术人员赴英国著名的JPKENNY海底管道工程公司学习培训8个月,在这段时间里,培训人员在试验室里刻苦学习。从英国回来后,正赶上开发渤中34-2/4油田工程项目。这个项目涉及4条总长8.4千米的管道,是我国第一次设计的海底管道。我国专家利用这次难得的机会,把从英国学习的技术应用到实际工程中,克服了重重困难,最终获得成功。该项目荣获1991年度国家优秀工程设计铜质奖。随后的锦州20-2油田、绥中36-1一期、绥中36-1二期等铺管工程项目都是我国自主设计的成功案例,我国的海管设计技术实现了飞跃式发展。

从事海洋工程和工程船的研制是一项非常艰苦的工作,他们要经常出差和海上试航。有些刚参加工作同志沉不下心,想坐在办公室里搞设计、做计算,他们不了解实践在科研设计中的重要性,其实应该趁着刚入职的几年多"出海",看看平台怎么拖拉就位,海管怎么铺设安装,海上出了紧急状况如何应急抢修,海上作业的工人多么辛苦不易……掌握实际安装铺设的方法才能更好地指导今后的设计工作。如今,我们有了"海洋石油201"号,"海洋石油202"号这些双节点、深水、浅水铺管船、"蓝疆"号、"蓝鲸"号这些大吨位起重吊装船,1.6千米的海管可以在半天内铺设完工,上万吨的平台组块都可以精准吊装到位。

目前我国海底石油管道设计技术已经掌握从浅水到1 500米水深的设计能力,技术水平得到了极大提升。也正是老一辈石油工人在那个年代用最简单的设备、最认真的态度一点一点地铺设坚固的基石,才成就了我们今天走向深海、走向世界的实力。

第二节　研发的典型铺管船

一、"海洋石油 202"号浅水铺管船

2007 年，一场自主研发、拥有完全知识产权的起重/铺管船设计有序展开，"海洋石油 202"号浅水铺管船的研发设计，是我国开拓大型起重/铺管船设计领域的新起点。作为我国"十一五"期间海洋工程重大投资项目之一，"海洋石油 202"号浅水铺管船不但填补了我国在该领域的空白，更为我国大型起重/铺管船自主开发研制奠定了坚实的基础。

"海洋石油 202"号浅水铺管船由中国海洋石油工程股份有限公司委托中国船舶及海洋工程设计研究院进行方案设计、详细设计，上海振华重工建造，2009 年 7 月交船。为非自航浅水铺管船，设计铺管能力为（20 英寸钢管）3 千米/天，能够铺设水深 300 米的海底管线。在主甲板右舷设有铺管作业线，在主甲板左舷设置管线储存区，艉部设有固定式托管架。主甲板上能储藏约 5 000 吨管子。管子的装卸和移动由舷侧一台搬运吊机和多台滚轮传送装置完成。设有全回转 800 吨的重型起重机（固定起重能力 1 200 吨），安装在艉部纵向中心线上的基座上，具有进行海洋工程起重作业的功能。

该船总长 168.3 米，型宽 46 米，结构吃水 9 米，总吨位 40 529，定员 340 人，主发电机组 4×2 865 千瓦，12 点锚泊系统，作业水深 10～300 米；铺管管径范围 6～60 英寸，管节长度 12.2 米、24.4 米；焊接站 5 个，无损检验和返修补站 1+1 个，节点涂敷站两个，铺管速率 48×1.25 英寸 6 根/小时，60×0.62 英寸 18 根/小时，起重机一台，起重量固定起吊 1 200 吨，回转起吊 800 吨。

该船的研发团队由近 30 名成员组成，各专业主任设计师以青年技术骨干为主，他们深感历史重任在身，认识到自主创新是新船型研制的必然之路，为此他们潜心研究。设计中缺少可借鉴的母型船资料，通过搜集、整理、消化国际上铺管船的技术形态、设计理念，加以融会贯通。运用本单位起重船设计的经验和科研课题成果，并结合前期研究，形成了既能体现当今世界起重/铺管船发展

趋势和先进技术,又具有自己特点的技术方案,并充分考虑了我国用户的特殊需求,打造出了具有完全自主知识产权、适合我国国情的大型起重/铺管船。对船型、主尺度及总布置、船体结构、压载和调载系统、电站配置、锚泊系统、起重及铺管等各个关键技术进行分析论证。经过 3 年的努力奋战,与用船单位、起重机设计单位密切协作,完成了技术形态合适、指标先进、起点高的"海洋石油202"号浅水铺管船的设计。

技术方案研究中,如何合理选择船宽,成为该船设计的关键。增大船宽是确保稳性和提高抗衡倾能力的主要措施,但船宽的选定必须适度,过大的船宽有诸多不利因素。为了确保稳性并留有一定裕度,又要使船舶作业时具有良好的横摇性能,为此,研发团队发挥集体智慧,反复研究探索,并经过对比分析后,采用变船宽进行起重作业稳性和横倾角计算,得到倾角与船宽的关系曲线。在横摇性能与船宽的关系上,通过不同船宽的船模耐波性试验后得到结果,再综合平衡稳性和耐波性,最终确定船宽。在整个船舶设计过程中,重点关注到起重机的重量重心。虽然在设计前期对起重机的重量做了充分估计,但考虑到国内首次开发该吨位的起重机,有可能会超重,研发团队便对起重机重量从增重 $10\% \sim 50\%$ 的情况都作了估计,并考虑了压载应对方案,留有充分设计余裕。从该船实际建造情况来看,研发团队这一思路是切合实际的。

在充分论证的基础上,研发团队还积极跟踪当今世界大型起重/铺管船的发展趋势,在采用先进技术的同时,注重体现自身的特色,最终使"海洋石油202"号达到了当今起重/铺管船的国际先进水平,在起重和铺管两种作业工况下均获得了良好的作业性能,首次在国内独立自主完成铺管船铺管系统的设计,通过铺管张力和铺管作业效率的计算分析,合理配置了铺管系统的设备;首次在国内完成起重机筒体和托管架与船体连接处加强的结构设计,通过建立有限元模型进行分析和校核的方法来调整、优化结构的加强形式,满足起重和铺管作业工况下对船体结构的强度要求;首次在国内完成起重/铺管船锚泊定位系统的设计选型,确定了 12 点锚泊的定位方案。

　　通过船型功能定位包括铺管能力、起重能力等有关衡量起重/铺管船的性能指标的参数对比,证明该船技术指标堪与当今世界上同类型起重/铺管船媲美,性能优良,既满足了环渤海海湾管道的铺设施工要求,也满足了国内绝大多数大型导管架平台的安装要求。

　　大型综合铺管船是中国海油"十一五"期间重大投资项目之一,它的成功建造填补了我国在该领域的空白,结束了多年来国外垄断铺管船设计的局面,提高了我国海洋工程作业能力,同时为我国研制更大型的铺管船系列,以及海洋铺管设备等海洋石油工程关键设备国产化奠定了基础。该船交付后,在辽东半岛海域的渤海油田铺设长约 87 千米的双节双层海底管线。该船具有优良的作业性能,投资成本低,得到船东和船员的好评。自 2009 年 7 月建成后即投入作业,先后完成了渤南二期、锦州 25 - 1、金县 1 - 1、渤中 19 - 4 曹妃甸二期、渤中 25 - 1 复产、渤中 26 - 3 等油气田的海底管铺设以及曹妃甸 18 - 1、渤中 26 - 3 油气田的起重吊装作业。在沿海油气田开发、港口等各种起重,以及铺管作业中发挥了重要作用(见图 4.6)。

图 4.6　"海洋石油 202"号铺管船

二、"海洋石油 201"号深水铺管船

"海洋石油 201"号铺管船的基本设计由荷兰 GUSTO 公司提供,详细设计由上海船舶研究设计院承担,南通熔盛重工建造。2006 年 7 月签订详细设计合同,2007 年 6 月签订建造合同,2012 年 4 月交船。

"海洋石油 201"是全球第一艘深水铺管能力达到 3 000 米级、动力定位 DP‐3、装设 4 000 吨海洋重型起重机的铺管船。其铺管作业线也是当时同类铺管船中先进的双节点预制线,具有高效的管线预制能力。铺管作业线布置于船上的 A 甲板及主甲板上。双层甲板的面积给予作业线较大的作业空间,增大了该船的储管能力(9 000 吨)及管线工作站的数量。

该船总长 204.65 米,型宽 39.20 米,至主甲板的型深 14.00 米,结构吃水 11.00 米。主要工作区域是我国东海、南海和东南亚海域,能在全球海域作业。该船在主甲板纵向中心线设有铺管作业线(主作业线),艉部设有托管架。主作业线两侧分别配备一条双节点管线预制线(预制线)。设计铺管速度为 5 千米/天(48 寸,双节管)。主甲板上层是储存管线的 A 甲板,A 甲板上能储藏 9 000 吨的管段。管子的装卸和传送由两台可移动的甲板龙门吊、滚轮和传送装置完成。在艉部布置一台起重能力 4 000 吨(固定)/3 500 吨(回转)大型海洋工程起重机。舱室布置满足 380 人在船上作业的要求(见图 4.7)。

为了开发出适应世界主要深水海域环境条件和南海、东海特殊环境条件的深水铺管起重船,实现集专业 S 型铺管船高效作业所需的,具有良好船舶运动性能以及 4 000 吨大型起重船安全作业所需的良好船舶稳性于一体的优化船型,研发团队对几种深水铺管起重船船型方案进行筛选,结合当代深水油气开发的需求和设计理念,完善了由荷兰 GUSTO 公司提交的基本设计。通过潜心攻关,针对南海和东海海域波浪特征,在船型设计中设定船舶固有横摇周期在任何作业工况下不小于 14 秒,通过总布置、减摇水舱设置和目标海域铺管作业能力评估,大幅度提升了船舶的运动性能和可作业率。

"海洋石油 201"综合考虑了深水海域作业安全和效率对船舶总布置、运动

图 4.7 深水铺管船"海洋石油 201"号

性能、稳性、定位系统和压载系统等的影响和技术要求,深水铺管起重船设计成独特的具有双层强力甲板的自航狭长船型,双层甲板密集布置众多复杂的特种作业设备和系统。沿主甲板中心设置了主铺管作业线和一台(3 段)长达80 米、重达 1 200 吨的超大型深水托管架系统,两侧各配有一条双节点管道预制线。主甲板上布置有 A 甲板,设 9 000 吨储管区、两台 40 吨多功能管子装卸机、管道输送系统;艉部设一台全回转起重能力 4 000/3 500 吨大型海洋起重机;艏部设一台 400 吨弃管/回收绞车。在大型起重船的基础上,该船考虑了3 套(S 型、J 型以及 R 型各一套)深水铺管系统的总体设计,以满足各类深海开发项目的施工作业需要。

通过对铺管作业系统的研究,研发团队成功地研制了集铺管核心技术与创新技术相结合的深水 S 型双节点铺管系统,其中包括布置于 A 甲板的两台40 吨多功能管子装卸机、9 000 吨储管区、纵向输送装置、横向移管装置以及两台管子升降机;主甲板两侧各配有一条双节点管道预制线,其由管端处理区(含横向输送装置、支架、开坡口机、金属压实机、纵向输送装置)、双节点管道预制区(含横向输送装置、消磁器、预热单元、内对中器、两个埋弧自动焊外焊工作站和一个埋弧自动焊内外焊工作站、纵向输送装置),以及双节点检验返修区(含自动超声波探伤装置、纵向输送装置)等组成;沿主甲板中心线设置了主铺管作业线,其由主作业线对中区(含横向输送装置、支架、开坡口机、消磁器、预热单元、内对中器、纵向输送装置)、4个双节点气体保护自动焊接站、一个自动超声波探伤检验和返修站、两个防腐处理站、两个节点填充站、管道收放系统(含两台200吨张紧器和一台400吨弃管/回收绞车,并预留第3台张紧器位置),以及履带可调支撑和侧向滚轮等组成。艉部设有一台深水托管架系统。自主研制的全电力变频驱动多功能管子装卸机,其集成和创新了吊、送、运一体化的特点,提高了作业效率,节省了甲板空间,降低了噪声,实现了低碳排放,达到国际先进水平,并获得专利授权。同时还研制出具有自主知识产权、国内首创和国际先进水平的超大型深水托管架系统和国内首套深水托管架调整绞车系统,其适用水深范围广,曲率半径在73～365米之间可调节,可大量应用于铺管监测和检测控制系统。

根据深水大型起重作业和铺管作业对动力定位级别、电力负荷需求和各系统的冗余要求,创新地采用DP-3+DP-2动力定位的组合系统,实现大型起重作业工况满足DP-3动力定位要求、铺管作业工况满足DP-2级动力定位要求或限制条件下的DP-3动力定位要求,在有效地控制作业成本的基础上实现更大程度的冗余。

"海洋石油201"号配置6台5 760千瓦主柴油发电机组,分别布置在两个独立分隔的机舱内,另设独立分隔的3个高压配电间和一个高压转换开关间;配置7台全回转推进装置,分别是位于艉部的两台4 500千瓦全回转主推进装置以及位于艏部及艉部的5台3 200千瓦全回转可收缩推进装置;配置4型7套位置参考系统和3套电罗经、3套风速风向仪和3套运动参考单元;通过布置在DP控制室的两台动力定位控制台以及压载控制室的一台备用动力定位控制台,对船舶实施动力定位控制。船舶可以在损失一个机舱和最多损失两台推进装置的情况下,满足DP-2级动力定位要求;在损失一台发电机和一台推进装置的情况下,满足恶劣海况和大电力负荷下的 DP－2 级铺管作业要求。同时,采用最新技术的深水铺管作业动力定位模式(动力定位系统深水铺管模式与张紧器/弃管回收绞车系统深水模式匹配)和高精度起重作业动力定位模式,有效提高不同作业工况的动力定位精度、作业效率和作业安全。

通过电力系统设计研究,开发出复杂的功率管理系统逻辑控制关系,创新性运用单线母排设计方案解决了 DP－3＋DP－2 的技术难题。"海洋石油201"号高压配电系统由 3 台高压配电板 1MSB、2MSB、3MSB;在正常操作模式下,3 台配电板通过联络开关互联成单线母排系统,以实现发电机最高效率地运行。通过船舶电力系统设计研究,为有效节约成本,本着经济可靠的原则,研发出复杂的功率管理系统逻辑控制程序。针对 DP－3＋DP－2 以及 DP－2 的多种复杂的可能故障模式,进行详细分析并制定相应的程序,解决了 DP－3 或 DP－2 模式下电网运行稳定的技术难题。通过实船验证,船舶功率管理系统的逻辑是可靠和敏捷的,保障了船舶和设备运行正常。

船舶推进系统采用 7 台变频器驱动 7 台推进装置,铺管系统中 4 台变频器柜控制两台张紧器的 8 台电机和一台弃管回收绞车的 8 台电机,管道输送系统的 6 台变频器柜控制了近百台电机,管子装卸机配置两台变频器柜,主起重机的 4 台变频器控制了 23 台电机。由于每台变频设备都是谐波源,而谐波对电网和电气设备的影响非常大,谐波控制成为重要课题。通过对系统配置的研究,采用变压器移相技术,推进装置、主起重机、管子装卸机尽量少采用 12 脉冲输入,一般在系统运行时输入的脉冲为准 24 脉冲;管道收放系统采用 AFE 变频器。通过对大型设备系统的谐波仿真计算,确保配电系统的总电压谐波畸变在任何工况下均不超过 5％,任何单次谐波不超过 3％,以确保每个设备的谐波得到控制。三次航行试验期间和作业期间的电站谐波测试证实了设计结果:高压配电板总谐波值小于 2％,任何单次谐波小于 1％;低压配电板总谐波值小于 1.5％,小于任何单次谐波小于 1％,保证了船舶电网的稳定运行。

通过深水铺管起重船总体设计方案优化和精度控制技术研究以及大型分

段和特种分段吊运方案设计研究,显著提高了船舶建造的质量和建造效率;通过对大型电力推进设备(含可伸缩式动力定位推进器)、DP-3动力定位控制系统、深水S型铺管作业系统和管子装卸机等大型复杂特种设备的安装工艺、专用工装、仿真技术和调试工艺研究,大幅度提高了深水铺管起重船建造过程中的大型复杂特种设备的安装及调试质量,形成了完整的深水铺管起重船建造工艺技术体系。在国内,首次开发了大型可伸缩式推进器船坞安装技术,研制出新型管段进口之间风雨密舱口盖和特种带线型风雨密的舷波门,并应用于深水S型铺管作业系统,填补了国内此类海洋工程设备及安装技术的空白。

应用故障模式影响分析法,通过对动力定位系统专用和相关的设备、电缆及管系布置的生产设计研究和安装工艺研究,研发出DP-3+DP-2动力定位系统生产设计、安装和调试技术,成功完成101项动力定位系统用户验收试验项目以及133项故障模式影响分析验证试航试验项目,确保了船舶全面满足铺管作业工况和起重工况的要求。

海管铺设是检验一个国家海洋油气工程行业整体水平的重要标志之一,大于1500米的深水区海管铺设核心技术一直被少数国外石油工程公司所垄断。"海洋石油201"号作为中国海油第一艘从事深水铺管、起重作业的工程船舶,也是国内进行详细设计和建造的第一艘具有自航能力并满足动力定位要求的深水铺管起重船,建成后填补了我国大型深水铺管船的空白。

2013年,"海洋石油201"号铺管船在南海荔湾3-1项目深水段作业中,将78.9千米的6英寸海底管道铺设在1405米水深处。经测量,弃管封头所处位置与设计位置的偏差仅为0.431米,远远小于5米的设计要求,标志着我国正式成为具备深水海底管道铺设能力的国家。对于24英寸及以上的中、大管径海底管道,"海洋石油201"号在荔湾3-1项目中"首秀"深水铺管作业,最深铺设水深纪录为700米,宣告了中国深水铺管能力正式形成。该船先后20多次打破我国海管铺设纪录,成为我国自主开发深海油气资源的关键装备。2017年5月22日,随着12英寸海底管线终止封头入海,中国海洋石油集团有限公司陵水 17 - 2 项目 E3 至 E2 南侧海底管线铺设工作顺利完成,(该次施工最大水深达 1 542 米)创造了我国海底管线铺设水深的新纪录,标志着我国深水油气资源开发能力再获新的突破。该船荣获上海市科学技术奖二等奖,江苏省科学技术奖二等奖,中国造船工程学会科学技术奖二等奖。

三、4 400 吨起重/铺管船"OCEANIC5000"号

该船由国外船东委托,由我国太平洋造船斯迪安船舶设计公司承担设计,由上海驰舟船舶科技有限公司承担施工配建,由振华重工建造,于 2007 年开始设计建造,于 2011 年 10 月与西班牙 ADSA 公司在上海举办交船签约仪式。

4 400 吨起重/铺管船是一艘大型全回转推进、配置甲板起重机和铺管设备,运用于海洋工程的船舶(见图 4.8)。该船的起重能力:固定起吊作业时为 4 400 吨,回转作业时为 3 000 吨,铺管水深为 8～300 米,管子外径(包括腐蚀包覆)6～60 英寸(150～1 500 毫米)。该船适用于南、北极区水域以外的广大海域,主要工作区域为地中海、东南亚、印度洋和西非海域,也可用于墨西哥湾、中国东海和南海、北海,以及巴西沿海海域。

图 4.8　4 400 吨起重/铺管船"OCEANIC5000"

该船为全电力推进,配备 DP-2 动力定位系统和大型起重机的铺管船,入级德国劳氏船级社,并满足国际上 20 多项国际公约、规则、规范和准则。该船总长 185.6 米,型宽 48 米,型深 19.9 米(至 A 甲板)、14.3 米(至主甲板);设计吃水(航行时)6.60 米,铺管时约 7.10 米,最大起重量作业时约 10.50 米;航速11.5 节;定员 327 人,其中船员 129 人,作业人员 198 人;主甲板和 A 甲板为连续甲板,A 甲板之上设有 B~E 等 4 层甲板和罗经平台。

A 甲板上的居住舱室位于艏部,回转式起重机布置在艉部,其基座直通船体底层,居住舱室前驾驶甲板视线下面设置直升机平台,中部为管子堆放、转移和管子开焊接坡口加工区域。主甲板上设置单节管(12.2 米长)焊接成双节管(24.4 米长)的管子预制加工区域,主管线焊接加工区域和小管线焊接加工区域。

单节管焊接成双节管焊接加工区置于主甲板两侧,包括对中、焊接、检验,不合格管堆放区域等。主管系包括双节管与焊接管线对中焊接区域,第二、三道焊接区,张紧器工作区域,焊接接头处防蚀层涂覆区域位于主甲板中心线处。该铺管船也允许单节管直接上主管线焊接,此时焊接站有 5 个,船尾还设有约70 米长托管架。

托管架一端搁在船尾,还通过铰链与船体连接,另一端没入海水中,呈一定的斜度,以免管道入水时过度弯曲造成损伤,斜度的大小可根据管子直径大小进行调节。

小管线直径 24 英寸(50~100 毫米),在主管线的涂覆站后部与主管线会合,固定在主管线上适当位置,随主管线一起经过托管架入海,小管线内用于安放信号管线。

主管线和小管线的结合体按一定的时间间隔,通过张紧器驱动有节奏地将24.4 米长的管线一次一次送入海中。

因 A 甲板面积有限,只能堆放约 400 根单节管,所以,经一定时间,需要管子输送船运输后续管子,由铺管船上的小吊车,吊至主船上堆放整齐。

　　该铺管船具有自航功能,为满足 DP-2 动力定位性能,船上配有多台推进装置,2 台全回转主推进装置,推进功率为 5 500 千瓦,置于艉部,4 台 2 200 千瓦可伸缩推进装置,分别设置于船的前后左右,2 台侧推装置装于船的艏部,保证船舶在各种情况下保持所需船位,在预定的海底位置铺设管线,并以每天约 4 千米的速度前进。为使这些推进装置能正常工作,船上配置了 7 台 4 345 千瓦的柴油发电机(柴油机功率 4 500 千瓦)和 1 台 1 200 千瓦停泊发电机。

　　在设计建造的过程中攻克了很多难点,主要有铺管设备的布置和满足DP-2 动力定位所需的动力设备配置以及推进装置的布置等。

　　对铺管设备这一特殊设备,设计人员开始是不熟悉的,一节节管子如何保质保量地焊接,焊接后如何入海,并安全地铺设在海底预定位置上,铺管船的作业速度是多少都不甚了解。研发团队发挥刻苦学习、善于钻研的精神,通过查阅资料和向有关人员学习调查,以及与设备厂商进行技术交流,逐渐了解和掌握了各项设备的功能,将它们组合成一个完整的系统,并落实在船的布置上。例如:通过查看一份海洋石油方面的杂志,了解到铺管船的作业速度每天约4 千米;通过向有经验的人员了解,管线的入海一端是封闭的,入海后若没有措施,空心的管线将浮在海面上,所以在管子外的防蚀涂层要有一定的厚度,单位长度的管段达到一定的重量,使管段能在离船后逐步下沉呈横 S 型沉到海底;为防止管线在下沉时过度弯曲造成损伤,从托管架供应厂商处了解到,管子离船入海,先要通过呈一定斜度的托管架,使管子弯曲一步一步地前行,直至安全沉入海底;从张紧器供应厂商处了解到张紧器的功能,它能以一定的夹紧力夹紧管子,既保证焊接工作的正常进行,又能在外力过大时释放管子,让其能做少量移动;又从弃管/回收绞车供应厂商处得知,在大风暴来临前,须将整个管线抛入海底,并在管子末端加装封口,连接上重新吊起管线的钢索和信号绳,以便风暴过后重新捞起,回到铺管船上重新开始焊接和铺管工作。设计人员也从国外设备厂商处了解到,铺管设备的整体工作流程、设备的功能及部署,须达到正常作业流程畅通,废品故障能有效处置,主管线的窜动对焊接的影响得以控制等。通过这一系列的研究成果使该船铺管设备得到适当正确的选型,订货后能适当加以布置,实现正常的铺管作业。

如何满足 DP‑2 动力定位是铺管船的一大技术难点。DP‑2 动力定位的要求是在动力系统发生单个故障的情况下,铺管船正在进行的焊接铺管作业仍能正常进行。这就要求动力定位系统首先是要确定船位,并在设定的海况(风、浪、流)下,计算出船舶的受力和偏移,输入计算机,确定船舶需开动哪些动力推进装置,各个推进装置产生了多少推力,特别是全回转的主推进装置和 4 个可伸缩式推进装置,还需确定其推力方向,以抵消迫使船舶移动的外力,确保船位和艏向。

动力定位系统还要确定推进装置的功率大小和在船上的布置,可从动力定位计算的蝶形图来确定。动力定位系统还要将全船的动力设备(包括柴油发电机及为其服务的燃油系统、冷却系统、润滑系统、配电系统等)进行分组。因为在不分组情况下很可能在其中一个设备或一个系统发生故障停机后,整套系统和设备就会发生故障和停机,不能满足 DP‑2 动力定位的要求。适当分组,就是在分组中的系统或小设备发生故障时,不会影响其他分组的设备和系统工作,且其余系统的设备,仍然能保证动力定位的需要,即保证系统的冗余。

动力定位系统还要进行故障模式分析,也就是对动力系统,包括输电配电系统的每个可能发生的故障造成的影响进行分析。该船的故障模式分析由一家英国公司承担。他们完成一个阶段,就要与我国设计人员来进行讨论预防措施,因此在设计完成前就要预估可能发生的故障及预防措施。在码头和航行试验时,用人工模拟方式试验,确保船舶正常运行。

5 500 千瓦全回转主推进装置的安装,2 200 千瓦伸缩推进装置的安装,也是 4 400 吨起重/铺管船的设计建造中一大难点,例如主推进装置是在船舶下水后从船底向上安装的,主推进装置要在其顶上的各附属设备用罩壳将其密封后吊入水中,再移至船底安装到船内推进装置预定位置的正下方,再连接到从船内伸出的吊索上,将其吊起,定位安装。安装过程中虽有潜水员配合,但要安装正确,防止船外水大量进入船内,并将部分进水排出,都要有一些必要的设备和技术措施。另外,在主推进装置安装孔外一个圆周形基座上,在装拆主推进装置时需装一个大的密封罩,该密封罩尺寸较大,进口带来的是整体式的密封罩,但由于主推进装置的驱动电机很重,安装在上一层甲板上,会引起甲板变形,所以要加支撑,但加了支撑,整体式密封罩就不能就位安装。为此,将整体式密封罩一分为二,并进行加强,因为在密封罩内要充分压缩空气将船外进入的水压出去,然而密封罩需按压缩空气压力来进行压力试验,难度较大,最后通过有限元计算并加以局部加强得以解决。

再如全回转起重机,吊钩高度可达 100 米,当起重机吊起 3 000 吨重物在左、右舷旋转移动时,船舶必将发生倾斜,而全回转起重机在倾斜度太大时,是无法安全回转的。所以必须在船上设置横倾平衡系统。在设计时,先计算出最大的倾侧力矩,然后在此基础上,配置左、右横倾平衡水舱和大容量的横倾平衡水泵及相关管路阀门系统,确保船舶倾斜度在 2 度之内,以保证起吊工作的安全进行。

对于定员 300 多人的船舶,规范规定必须满足客船的防火、防进水等的要求,这给居住舱室的布置带来一定的难度。如船舶的居住舱室必须在开启消防水龙头时,马上就能喷出灭火水柱;舱底水设备和管路必须在舷侧之内 1/5 船宽之内,为此在 1/5 船宽处的机舱设置了左、右二道纵舱壁。为满足客舱要求,该船因个别排气管从主甲板下,进入左、右 1/5 船宽之外,再向上进入烟囱,根据规范要求在排气管上加装了应急耐高温阀门,以防破舱时排气管断裂,海水通过排气管进入柴油发电机室造成柴油发电机故障停机。

2009 年 9 月该船顺利通过航行试验,后又进行铺管、起重试验,于 2011 年 10 月交船。这艘当时亚洲最大的起重/铺管船最终顺利交船,标志着我国在海上工程船领域又有了一个新的突破。

该船是以海上深水起重、铺管、水下安装为主要功能的深海开发装备,配有 DP-3 动力定位系统和多点锚泊定位系统,具有水下 3 000 米打捞功能,是能满足全球范围深水和浅水海域的起重/铺管船。

自 4 400 吨起重/铺管船"OCEANIC5000"交船后,振华重工继续在起重/铺管船领域深耕,取得丰硕成果。

四、管道挖沟船"海洋石油 295"号

"海洋石油 295"号是国内首艘自主设计建造的动力定位管道挖沟工程船。2015 年 9 月,中国海洋石油工程股份有限公司通过公开招标,确定了该项目的设计任务由中国船舶及海洋工程设计研究院承担,内容包括方案设计、基本设计和详细设计。2015 年 11 月进行基本设计,完成船厂建造招标文件的编制,中船黄埔文冲船舶有限公司建造并进行详细设计,2016 年 9 月中船黄埔文冲船舶有限公司开工建造,2017 年 7 月船舶下水,2017 年 11 月交船。

图 4.9 管道挖沟船"海洋石油 295"号

该船是一艘先进的全电力推进动力定位的海底管道挖沟工程船,配备全回转推进装置、DP-2 动力定位系统,自行式挖沟机、浅水射流挖沟机和深水挖沟机等世界主流管道挖沟设备,主要用于我国渤海及东海海域海底管道挖沟、膨

胀弯管安装、清管试压、应急抢修、潜水作业、ROV 支持、海底电缆敷设等作业，并兼顾海洋工程支持功能。

该船是一艘钢质、全电焊、流线型船艏、艏楼、方型艉、宽敞作业甲板管道挖沟船。总长约 95.0 米，型宽 22.60 米，型深 8.60 米，设计吃水 6.20 米，载重量 3 818.5 吨，甲板载荷 10.0 吨/平方米。最大航速（半载吃水时）14.72 节，续航力 12 000 海里，自持力 60 天，经济航速（吃水 6.2 米时）12.29 节。主甲板面积 900 平方米，定员 90 人（船员 30 人＋作业人员 60 人）。主发电机组 4×2 400 千瓦，辅发电机组 1 053 千瓦，推进装置（全回转舵桨带导管）2×2 600 千瓦，艏侧推装置 3×850 千瓦，配 DP‑2 动力定位系统，起重量 100 吨甲板起重机，100 吨艉门吊。

根据《钢质海船入级和建造规范》2015 综合文本的要求，在船舶设计建造过程中，应按照 CCS《船上振动控制指南》与《船舶及产品噪声控制与检测指南》对船上振动与噪声进行控制。《船舶及产品噪声控制与检测指南》中说明，国际海事组织（IMO）于 2012 年 11 月 30 日以"MSC.337(91)决议"通过《船上噪声等级规则》（以下简称"《规则》"），并以"MSC.338(91)决议"通过"SOLAS 修正案"。该修正案中新增 II‑1/3‑12 条噪声防护，将《规则》作为强制要求，并将于 2014 年 7 月 1 日起生效实施。《规则》对舱室噪声限值、舱壁和甲板隔声指数、噪声测量仪器和测量方法等做了规定。因此，该船首次编制了船舶舱室噪声控制图和舱室噪声等级预报计算书。

该船是世界首艘采用低压合排操作的 DP‑2 动力定位系统的工程船舶，电站由 4 台 690 伏、2 400 千瓦的主发电机组，一台 400 伏、1 000 千瓦的辅发电机组及一台 400 伏、400 千瓦的应急发电机组组成。4 段主电站母排大大改善了主发电机的负荷利用率和操作灵活性，有助于提升作业能力和环境生存能力。

为提高作业效率，首次在艏部设置拖缆槽，并根据船东对艏部拖曳作业方式的要求，完全自主设计了拖缆槽线型，并与船东完善了艏部拖缆作业的流程的规划和制定。

基于废气再循环原理,该船主机排放不依靠SCR系统可直接满足Tier-Ⅲ标准要求,具有环保亮点。主发柴油机是世界上第一款不需加装SCR系统就可满足国际海事组织氮氧化合物排放第Ⅲ层标准排放要求的中速柴油机,也是中国船级社第一艘直排标准达到国际海事组织最严排放标准的船舶。在详细设计阶段,研发团队发现该柴油机调速信号为+3V到-3V,与常规柴油机的干触点调速信号不同,同时其所谓的ISO模式也只是单机意义上的功能,并不具备常规柴油机组之间的负荷分配功能。因此,为保证该柴油机在本船上顺利运行,研发团队在其出厂配置基础上增加专门接口装置,用于处理其调速和ISO负荷分配功能。该接口装置的创新应用,为该船的顺利交付提供了可靠保证,也为该机型在全球船舶市场应用提供了成功案例。

此外,为提升环保性,该船采用溴化锂空调系统,溴化锂机组能充分利用主发电机的余热,功耗小,制冷剂无毒无污染,在节能环保方面优势明显,且噪声低、振动小。

在作业能力方面,该船能够搭配主流的自行走式挖沟机、非接触式挖沟机、拖曳喷射式挖沟机,这些挖沟机均作为渤海湾和东海挖沟作业的主力设备,挖沟深度可达3.5米,挖沟速度可达2 000米/天,船首底部开设拖缆槽,首创艏部拖缆方式,可实现高精度、高效率和不同水深的挖沟作业,可提升国内现有海底管道挖沟作业效率30%至50%。其交付,填补了国内该领域专业动力定位船舶的空白。"海洋石油295"号作为专业的具备动力定位的管道挖沟工程船舶,可与起重/铺管船匹配,真正实现海底管线敷设与挖沟同步进行,在海洋工程作业方面具有很大的优势。

该院专注环保型海洋工程船舶的自主创新设计,将功能性实现与节能设计相结合,在保证可靠性与经济性基础上,根据排放控制发展趋势,在主机排气和余热利用等方面首次采用前沿技术,包括Tier-Ⅲ直排柴油机组和溴化锂空调机组的应用,使该船在节能减排方面表现突出。

第三节　铺管船发展趋势

一、浅水铺管船是近期需求量较大的主要船型

未来几年,国内海底管道铺设项目较多,但现有铺管船总量较少,无法满足市场需求。铺管船用船紧张的局面将会持续一段时间。例如:我国江浙海域,尤其是浙江舟山群岛附近海域,因为受到天文大潮和岛屿地形等因素的影响,潮流流速很大,最大流速为5~6节。国内许多大型铺管船因为受流速影响,船舶产生溜锚的现象,船舶风险很大。浅水铺管船的型深和吃水都比较浅,水下船体的湿面积相对较小,船长/型深比相对于大型铺管船较小,船舶受风面积小。因此同样吨位船锚条件下,浅水铺管船更加稳定安全。浅水铺管船相对于大型铺管船的优势有岸拖距离短、近岸浅水段水深适应性好、特定条件海域海上气候适应性相对优秀,在近期内仍有较好的发展前景。

二、深水半潜式起重/铺管船在远海作业方面优势明显

随着未来作业深水化和功能的多元化,深水半潜式起重/铺管船的作业优势明显。该型铺管船可以在深水海域进行大型结构物起重和J-lay铺管作业,且耐波性能优异,在恶劣海况下的可作业时间大幅度高于传统船型的工程船,正是我国深水油气田开发急需的船型。半潜式起重/铺管船设备众多,电力负荷需求量大,总装机功率通常为60兆瓦以上,需要设置4~6个主机舱和8个以上推进装置,造价昂贵、技术难度大。核心技术一直被国外公司垄断的现象正逐步被打破。未来随着科研攻关的深入,以及作业需求的增大,该型船的研制和应用前景更广泛。

三、安全性能将多方位增强

船舶耐波性的优劣直接关系到铺管作业的有效工作时间。在铺管作业过程中,经常会发生管线断裂的现象,主要是由于受海浪等外部条件的影响,船平台的漂移与管线的受力不匹配,使管线受外力超出管线的应力限制水平而导致

的。另外,船舶耐波性的好坏直接影响到船员的施工作业。一般主要应考虑船平台的固有横摇周期与目标工程区域的波浪周期之间的关系,设计上应尽量避免两种周期出现在同一区域内,一般考虑有 2 秒左右的时间差。

未来铺管船为提高安全性能,还需进一步研究海流、波浪、内波及铺管船运动等环境载荷作用下管道的动力响应,以及管道与铺管船之间的动力耦合问题。同时,随着铺管作业水深越来越深,管道承受的静水压力迅速增加,有必要研究铺管过程中管道的局部弯曲、弯曲传播现象及管道止屈器的优化选型。此外,为保证管道安全与铺管精度,需要研究稳定、高效的铺管监测技术及相应设备,实现对管道结构和铺管设备的实时监测与分析,为船员调整铺管作业参数提供参考。

四、提高作业效率

为提高作业效率,改善经济性,未来铺管作业将根据不同铺管条件选择最优计算方法。在满足计算精度的前提下,使计算更有效率,适用范围更广。同时,深水铺管技术发展的趋势是提高铺管速度,缩短海上施工周期,因此应发展新的铺管方法和多功能的大型铺管船。其主要发展趋势是增大卷筒铺管的直径,发挥卷管铺管速度快的优势,且一艘船具有多种方法铺管的功能。另外,新概念的铺管方法也在不断地出现。例如:国外最近提出了一种 O 型铺管方式(见图 4.10),铺管效率较高,每天能铺管 20 千米,不过到目前为止并无实际应用的实例。

图 4.10 新概念铺管系统

第五章
我国打捞救助船的研发历程

第一节 概 述

一、打捞救助船的简介和种类

打捞救助船是对失事的沉船进行打捞救助、清障,或对沉船进行打捞发掘的海上工程船舶。

在大型起重打捞技术出现前,一般利用浮筒打捞沉船。浮筒打捞技术就是利用浮筒内的水排出后产生的浮力进行打捞。打捞时,将注满水的几个浮筒沉入湖底或海底,置于沉船两侧,并将其与沉船捆绑在一起,绑扎固紧后,用打捞船上的空压机往浮筒内充气,将浮筒内的水排出,浮筒就产生浮力,克服了沉船或沉物的重力和海底泥土的吸力而起浮,实现打捞的目的。但是,这种打捞方法存在着许多不足之处:工艺复杂,潜水员和船员劳动强度高,对海况、水深和船况有严格限制,打捞速度慢,无法实现快速打捞。一旦出现需要进行"大吨位打捞""大深度打捞"和"快速打捞"的抢险打捞任务,利用浮筒打捞法难以胜任。

21世纪以来,沉船打捞技术有了较大的发展,以起重打捞为主的现代打捞成为主流技术,很大程度上取代了传统的浮筒打捞技术。起重打捞的实现得益于大型起重船设计、建造技术的突破。起重打捞技术是利用装备在起重船或起重打捞船上起重能力特大的起重机直接将沉船或沉物吊离海底的技术。其施工程序比浮筒打捞要简单得多。其中的关键设备就是要配备起重能力足够大的起重机。由于沉船的重量都是成千上万吨的,因此,打捞用的起重船要装设起吊重量为几千吨至上万吨的起重机。打捞救助船在民用上主要用于海难救助、打捞及海上施工,军用则可援潜(水艇)救生、救助和打捞。

二、我国打捞救助船的研发历程

我国救捞机构具有一支承担着国家指定的抢险救助、打捞沉船等任务的专业队伍,负责船舶和海上设施海上遇险时的救助、沉船和沉物打捞,港口、航道清障等水上突发事件的应急救助服务。救捞系统的主要职责包括:一是承担国家指定的特殊的政治、军事、救灾等抢险打捞任务;二是沉船和沉物打捞,公共水域和航道、港口清障;三是水上非人命救助的船舶、设施和财产的救助打捞;四是沉船存油和遇难船溢油的应急清除,防止污染海洋环境。

救捞系统自成立以来,完成了大量的沉船和沉物的打捞、应急抢险、防止环境污染等一系列工程,如"渤海2"号钻井平台、"大舜"号滚装船、"辽旅渡7"号滚装船、"银锄"号挖泥船、"奋威"号挖泥船、"南海一号"古沉船、"5.7"空难失事飞机等救助打捞工程,完成了国家和社会舆论关切的事故调查,有效地清除了江河湖海上的障碍物,疏通了航道,抑制或减少了环境污染,挽回了国家和人民财产的损失,同时开展了水下考古科研工作,为国家的经济建设做出了较大贡献。

从发展历程来看,"能支持潜水作业的工程船",以海难救援为目的的救援船发展在先,以水下作业为目的的潜水支持船(DSV)则是海洋油气开发兴起之后才日见增多的。我国发展的轨迹也与此相仿。在上海等大港口较早就有了民用打捞救助船舶,但都是新中国成立前在国外建造的,性能装备也较落后。20世纪60年代初,发扬自力更生精神,国内开始自行研发,由中国船舶及海洋工程设计研究院开发设计了几型中型打捞救援船。

1963年,中国船舶及海洋工程设计研究院承接某中型打捞船设计工作,由中华造船厂建造,是将一艘待建的3 000吨货船船体及配套船用设备改装成打捞船。改装设计包括总布置改造、舱室安排改装、配套及新设计打捞救援专用设备,包括潜水系统、加压舱、潜水站位及1.5吨小吊杆、潜水梯、15吨甲板起重机、定位锚及锚绞车、大容量空压机等。这是我国第一次新设计建造此类船舶,参考资料很少。研发团队边学习领会打捞救援船的特点和设计要求,探讨该专业领域的设计方法,边走出去直接向上海打捞局有经验的船员请教,到现有的打捞船以及潜水设备现场调研学习,并在建造过程中与中华造船厂紧密配合,掌握打捞救援作业特点和专用设备的关键技术和自制设备设计和制造问题,经历4年,1967年建成交船。这型打捞救援船建成后,解决了用户在此类船舶使用上的空白。但由于船舶是利用货船船体改建的,而特种设备中有不少是新设计的,性能及适应性均未臻完善,有待改进。

因此,在后续船上采取了重新设计,改进不足之处。20世纪70年代初该院承担Ⅱ型中型打捞船型设计任务,首制船由广州造船厂建造。1970年该院提出Ⅱ型船的设计方案,同年9月广州造船厂开工建造,1973年9月下水。同时进行加压舱、潜水救生钟制造,1975年进行常规航行试验,1976年进行潜水打捞试验,同年6月底交船。某些新研制的特种设备,如6吨、15吨液压折臂起重机在交船后仍然抓紧制造。在设计、设备调研配套、特殊构件材料及加工调研中,研发团队历尽艰辛,1979年终于在广州造船厂总装并装船,随后又由武昌造船厂等建造了两艘,成为我国中型打捞救援船队的主力船型。20世纪90年代后,该型船先后复建(重新设计)3艘,如今仍有4艘在服役中。新型打捞船较之首制船无论在船舶性能及作业性能上均有明显提升。

该船总长约112米,型宽约15米,型深约7.8米,吃水约5.2米,排水量约4 400吨,航速较高(18~20节)。该型首制船能在3级海况下100米水深内打捞沉船和对潜艇及其他失事的水面船舶进行救援。船上设置4套或6套常规潜水装具及相应的加压舱,分别装设60米开式潜水钟和潜水系统100米救生钟(缓装)。该船设有6点锚泊定位系统。值得一提的是,船上的特种设备,如潜水系统救生钟、加压舱、多点锚泊系统(包括大抓力锚、18吨锚绞车)、液压折臂起重机(15吨、6吨)、电动潜水梯、潜水部位专用1.5吨小吊杆等,这些当时国内均为空白,绝大部分都是由中国船舶及海洋工程设计研究院研究设计。其中一些设计思路和设备(改进型)现在还在新建的救捞船上采用。1978年交船的该型打捞船,2006年退役后,2008年调拨给农业部南海区渔政渔港监督管理局,改装为"中国渔政311"号渔政船,作为我国当时吨位最大、航速最高、通信导航设备最先进的渔政船,前往南海执行渔政巡航,宣示了主权。2013年国家海洋局重组后,该船更名为"中国海警3411号"巡视船,以中国海警局名义重新开始执法巡航(见图5.1)。

图 5.1 "中国海警 3411"号巡视船

更值得一提的是,1974年西沙保卫战胜利结束后,对永兴岛等西沙诸岛前线的后勤补给任务极为迫切,此时已经服役的中型打捞船也奉命参加。由于该船装载量大,抗风浪能力强,航速达20节,因此出色地完成任务。此后,更成了西沙补给的主力军,立下不小功劳。1977年,打捞"阿波丸"的任务下达,上海打捞局等单位受命前往执行。"阿波丸"沉没的平潭岛海区水深在60米以下,参与打捞的船舶(也是货船临时加装设备上阵)不具有 60 米水深打捞起吊的起重机,沉船内的橡胶块等物资无法打捞上来。后来打捞团队得知,国内设计建造的某打捞船上有 15 吨液压折臂起重机,能以单绳在水深 100 米起吊 15 吨重物,请示上级后,调配"南救 503"船驰援,解决了这一问题。

10 000 吨级远洋打捞救生船是 20 世纪 70 年代中国船舶及海洋工程设计研究院为某工程研发的万吨级远洋打捞救生船(见图 5.2)。该船船长 156 米,型宽20.6 米,吃水 7.41 米,排水量 12 000 吨,设置 6 点锚泊定位系统(工作水深200 米)。该船搭载上海交通大学研制的深水救生潜艇及该院自行开发设计的56 吨双曲臂起重机。该船由江南造船厂建造,于 1980 年交船。

图 5.2 万吨级远洋打捞救生船

2021 年 4 月 21 日,印度尼西亚海军"KRINang gala‐402"号常规柴电潜艇训练时失联,后确认该潜艇已沉没。由于潜艇被证实沉没在 850 米深的海沟,断成三截,印度尼西亚军方恳请中方协助对残骸进行打捞。我国派出"探索 2"号远洋深海科考船为主的打捞船队,包括远洋救援打捞船和远洋拖船。这一艘远洋救捞船正是我国的 10 000 吨级打捞救援船。在勘察了现场后,印度尼西亚军方考虑到经费和其他问题,放弃了打捞残骸,但我国船队仍然圆满地完成了勘察任务。

2010年后,升级版的打捞救生船也已建成投产。这是一艘7 000吨级按全新理念设计的,装设DP-2动力定位系统,搭载300米饱和潜水系统、防摇潜水器的后门架吊放装置等先进装备的打捞救生船。此时我国在该领域已经赶上世界先进水平。

海难救助是打捞救助的另一项重要任务,救助船其本质是海洋大马力拖船,要快速抵达海难现场,救援船员,拖带尚未沉没的遇难船舶。20世纪60年代,我国救助打捞系统仅有几艘"德大"型(15 000马力)及"德意"型(9 000马力)救助拖船。上海船舶研究设计院于20世纪70年代进入海洋救助船研发领域,该院设计的1 940千瓦海洋救助船具有优良的海上救助能力,先后建成30多艘,在当时堪称经典。

20世纪90年代,伴随我国海运事业及海上石油工程的快速发展,交通运输部救助打捞局开始规划新一代海洋救助船。在"九五"期间,我国建造了3 200千瓦、4 500千瓦、10 000千瓦共13艘系列海洋救助拖船。在"九五"期间之后,交通运输部救助打捞局开始规划新一代海洋救助船。2002年正式批复8 000千瓦海洋救助船的设计与建造。在"十五"期间,交通部在2003年3月"全国救助工作会议"上确立了救助系统的工作是以海上人命救生为主,并引入直升机救助的理念,促成了我国海洋救助新船型的诞生,即6 000千瓦救助船(3艘)、8 000千瓦救助船(15艘)、14 000千瓦救助船(3艘)的诞生,此外还包括3艘高速穿浪型救助船。海洋强国战略和"一带一路"倡议对国家海上应急救助保障体系建设提出了更高的要求。截至2020年,我国拥有专业的海上救助打捞船舶共200余艘,其中有74艘专业救助船可以在比较恶劣的海况下开展救助工作。目前,我国已基本建成大、中、小型相配套,快速和高速相结合的专业救助船舶体系。救助船也从最初的"人命救助"不断拓展为集多种功能于一体的综合性救助船舶。

海上救助是以人命和财产救助为主体,多种工程任务复合在一体的综合海上"工程"。

"桑吉"号救助工程是近年来发生在我国水域、由我国救捞船舶系统参与救援作业的典型案例。2018 年 1 月 6 日 20 时许,巴拿马籍油船"桑吉"号与香港地区散货船"长峰水晶"号在长江口以东的 160 海里处发生碰撞。

1 月 7 日东海救助局、上海打捞局接到指令后,立即调遣专业船队携带专业设备前往事发海域救助。包括"深潜"号、"德深"号、"德意"号……

第一阶段主要任务:"桑吉"号沉没前现场救助,灭火;第二阶段主要任务:"桑吉"号沉没后现场清污;第三阶段主要任务:利用 ROV、水下扫测等观测水下沉船状态;第四阶段主要任务:利用饱和潜水作业队进行沉船燃油漏点封堵等。

1 月 10 日"深潜"号、"德深"号在现场灭火,并开始对"桑吉"号船员搜寻作业。

1 月 13 日,上海打捞局 4 人登船携带工具搜寻遇难遗体和黑匣子,完成了救援任务。

第二节　我国研发的典型打捞救助船

一、起重能力 120 吨打捞救助船

1973 年,中国船舶及海洋工程设计研究院承担 120 吨(排水量 1 000 吨级)打捞救助船设计任务。该船为双桨、双舵、平头、方驳线型、钢质、单甲板、双重舷侧、双层底的舾机型作业船。其主要使命是在沿海海域援救触礁遇难船舶,协助打捞小型沉船和进行海上潜水训练。

1973 年 6 月研发团队赴青岛、烟台进行调研,1973 年 7 月至 10 月提出800 吨及 1 000 吨两种救助驳船方案。1973 年 10 月方案设计评审会,同意采用 1 000 吨方案。1974 年 3 月完成扩初设计。1975 年 8 月在广州召开了技术协调会,决定该船的施工设计由造船厂、设计单位及使用部门成立"三结合"小

组共同承担。1975 年 12 月"三结合"小组于广州黄埔造船厂进行施工设计，1976 年 4 月施工设计完成。1978 年 12 月黄埔造船厂开工建造。1980 年 4 月下水。1981 年 4 月进行大把杆吊重 88 吨试验，一次成功。1981 年 12 月交付使用部门。

该船总长 59.4 米，型宽 12.2 米，型深 3.9 米，设计吃水 2 米，满载吃水 2.5 米，设计排水量 1 136 吨，满载排水量 1 476 吨，设计自航速度约为 3.9 节，拖航速度约为 8.5 节，续航力 15 天，油水、粮食、蔬菜的储备满足 15 天需要量。船首设有大把杆一具，主钩吊重 60 吨，副钩吊重 10 吨。船首配备 10 吨绞盘两台，船尾配备 5 吨绞盘两台，船上 54 号肋位处设有 2.5 吨回转吊杆一具，7 吨大抓力锚一只，定位工作锚 6 只，电动锚绞车 4 台，8 米机动工作兼救生艇两艘，双舱式减压舱一个，潜水平台 6 只，40 立方米/时潜水泵 10 个，250 千瓦柴油发电机组 2 套。

该船的关键设备是起重系统和定位锚系统，其要求特殊，技术复杂，其中多项装置为国内首次研制。

(1) 起重设备。该船艏部设置 60 吨大把杆一具，并设置联合吊重装置，提升重量约 120 吨，提升高度为 40 米(水深)。为保证甲板的作业面积，将把杆的支架设在罗经平台上，并为联合吊重和救助作业的需要，在艏端两侧设计了滚轮装置。

(2) 锚泊设备。该船采用机械电动抛锚系统，主要由电动锚绞车、导向滑车、旋转滑车、冲洗装置、水密转环、锚支架、开式伞形锚穴、斜楔滑动式掣钢索器、锚钢索吹干装置、快速弃锚索器和 2 500 千克霍尔锚组成。该船设置 4 套独立的抛锚装置，其中任何一套均可兼作航行锚。该型锚装置经多次试验和航行作业试验，性能良好，操作安全可靠。

(3) 潜水和救捞设备。该船在艏、舯、艉部两舷设置 6 个潜水部位，设置 6 部非动力型的可拆潜水梯，并补充了可折小吊杆(兼作测流吊杆)和潜水员吊笼，经实船试验后又补充了可装拆的潜水梯和潜水梯的可拆式栏杆，并将艏部两部潜水梯接长了一米。该船配备 10 英寸钢管吸泥管、6 英寸和 2 英寸 3 种规格的胶管吸泥管,为装拆方便,在两舷设置活动可拆式平台两座。

（4）工作兼救生艇。该船设置了 40 马力的工作艇（兼救生）两艘,采用 3.5 吨动滑轮式吊艇架。

（5）推进系统。该船配有 55 千瓦低速推进系统,可使船舶在作业海域能自由、灵活地移动,它不仅给布锚、定位、紧缆等带来很大方便,提高作业效率,而且在风浪中可不借助拖船独立进行作业,避免其与拖船相互间的碰撞,降低了风险。

该船主要创新点如下:一是艇甲板外伸部分设计成国内罕见的,36 米长、2 米宽的悬臂板格结构。不仅省却了加强支柱,还提供了作业方便。通过海上收放艇试验,满足了使用部门的要求。二是起重机把杆及稳索支架按 DJS - 6 的空间刚架计算机程序计算,经码头联合吊重 130 吨重物和海上吊重 80 吨考核,证明其强度、刚度可靠,设计合理。三是该船在两舷、艏、艉设置了多对特殊设计的带缆桩和导缆钳,带缆桩承力可达 400 吨,导缆钳承力 20 吨。四是该船的护舷材做了比较慎重的处理,大小适当,强度较好,解决了以前工作船"护舷材与船体连接形式"的难题。五是由于该船吃水浅,干舷低,不能采用常规的定位锚系统,为此设计了特殊定位锚系统,在我国属首次设计制造,填补了国内空白。六是该船的手摇方窗全部采用双级双臂摇窗机,其优点是行程短,全程仅 7 ½ 转,省时、省力,结构简单轻巧,首次应用于船上。七是设计的联合起吊（将大把杆和绞盘联合）,可以将 40 米水深处的 120 吨小型沉船一次起吊至水面。这种作业形式以往未曾遇到过。为此,研发团队专门设计了一套工装具,编制了试验程序和操作方法。经联合起吊试验证明,这套装置连同工装具及试验程序和方法是成功的,为今后设计更大型的联合起吊装置积累了可靠的资料。

该船建成后,交付用户使用,填补了我国千吨级打捞船的空白。经实船作业证明性能良好,受到用户及打捞局的好评,为我国防救事业做出了积极贡献。

二、300 吨起重打捞船"南天马"号

1988 年应广州海上救捞局的要求,中国船舶及海洋工程设计研究院设计

了一型组合臂杆起重船——300 吨起重打捞船"南天马"号。组合臂杆式起重船,对起重机的吊重/幅度要求较高,业主要求应能自行放倒以便通过桥涵,所以要开发设计一种新型的臂杆起重机装置,这是该船的一项关键技术。

起重船(又称浮式起重机)是以水上起吊为其主要作业功能的工程船,其基本设备是起重机。起重船或其他工程船上用的起重机,大都是沿用陆上起重机,最常用的是臂杆式,也有少量的门形吊架和单轨吊车。臂杆起重机可分成非回转的固定式臂杆起重机和回转式臂杆起重机两种。一般的臂杆起重机的基本构成是臂杆、固定架(人字架)、基座、滑轮、绳索等,臂杆作为起重吊钩的支撑,是这类起重机的核心构件。起重机的主要性能参数是起重量和起吊幅度。臂杆起重机的幅度和臂杆的长度与仰角有关。由于变幅索(支撑索)受力的限制和吊高的要求,仰角不能取得过小,因而幅度(系指吊额定负荷时的幅度)的增加只能依赖于臂杆长度的增加,臂杆长度的增加将给总布置、主尺度、钢材用量及自身重量增加等一系列问题产生影响,所以吊重/幅度参数是相互影响的。经优化处理后的吊重/幅度参数载在有关标准中,以此标准设计的起重机,吊大质量时幅度一般都较小。而在水上施工中,由于要求的构件参数日益增大,如海洋开发结构物一次起吊重量为 2 000~3 000 吨,筑港等水上起吊重量也日益增大。随吊重物质量增大,尺度也必然增大。为适应此一需求,10 多年来,大型起重船发展很快,这种船舶既要吊大重量又要求配备大幅度的起重机,若以常规的臂杆起重机来设计制造,就是庞大而又耗资大的工程船,且使用频繁不高,经济效益不高。因此需要研制出一种满足大幅度起吊而又经济可行的水上起重设备。

20 世纪 70 年代末国外就研制了一种组合臂杆起重船,用于水上工程吊装作业。其构造特点是在臂杆的顶端铰接地装上一根副臂杆,副臂杆的支撑(绳索固定点)由同一铰点接出的升臂来承担,形成了在主臂杆上又装设了一套起重臂杆的形式。这样,利用副臂杆,幅度就大大延伸了。常规的和组合臂杆式两种起重机其副吊钩的安装位置有很大的区别,常规臂杆起重机的副钩都安装在臂杆的外伸梁端部,延伸幅度有限(因受臂杆顶部剖面抗弯能力的限制);组合臂杆式起重机由于另设与臂杆铰接的副臂杆,避免了臂杆承受巨大弯矩,其幅度可大大延伸也不致使臂杆剖面过于增大。固定臂杆起重机的吊幅也可以做得很大,如500吨固定式起重船,但其大幅度要依靠加长臂杆来达到。500吨定起重机臂杆长67米,加外伸梁8米,整台起重机尺寸庞大,为了平衡巨大的起吊倾覆力矩,船的主尺度也必须加大。起重机结构自重达355吨。若以吊重量×幅度与起重机结构自重相比,组合臂杆式起重机要比最简单的固定臂杆起重机,在相同吊重时指标先进。这也是组合臂杆式起重机的又一特点,此一指标先进意味着造价下降,经济性好。因此组合臂杆式起重船引起使用部门重视。广州打捞局在审查了设计单位的设计方案后,同意采用组合臂杆式起重机来装备300吨起重船。

广州打捞局委托要求指标如下:该船为华南地区救捞工程驳船,可在Ⅲ类航区拖航调遣和作业(后改为Ⅱ类航区拖航调遣、Ⅲ类航区作业)。该船的主要任务是救助触礁/搁浅的遇难船舶,打捞碍航沉船及其货物,清理航道兼作水上结构物吊装及水上施工。该船为单甲板、双层底,非自航的钢质全电焊驳船。艏部设有非旋转型两节式吊杆,最大起重量为300吨。船尾设架空式甲板室。船型无舷弧及梁拱,为平甲板船。

该船按我国现行的《钢质海船入级与建造规范》进行设计、建造和入级,同时满足船舶检验局颁布的现行有关规范要求。该船船长约42.0米,船宽约18.0米,型深约3.5米,定员16～18人,自持力30天。主甲板前部2/3左右船长范围为作业区域,该区域主甲板负荷8吨/平方米,在履带吊机行走区域的结构还应作局部加强(见图5.3)。

该船首部设非旋转型两节式巴杆一副(即组合臂杆式起重机,下同),主杆的主钩最大起重量为300吨,主钩距甲板高度不小于22.5米,舷外跨不小于12米,吊钩的起升速度为0～2米/分,空载时为0～5米/分。另设起重量为5吨小钩2个,供起吊吊索使用,小钩起升速度为0～10米/分。小副钩起重量为

图 5.3　300 吨起重打捞船"南天马"号

100 吨,吊幅 28 米,有效吊高 42 米,起升速度为 0～3 米/分,空载时为 0～5 米/分。

　　该船臂杆在拖航时可变幅通过 18 米限高的过江电缆和桥涵,当有驳船辅助时,巴杆的变幅可进一步降低,使全船最高点距水面高度不大于 9 米,以通过桥涵。臂杆的升降变幅均由船上所配的设备独立完成。

　　研发团队对此新型的起重船经过研究后提出了设计方案,并对有关的指标作了适当的调整(主要是船体的主尺度适当加大以平衡起吊时的巨大倾覆力矩)。使用方和船舶检验部门对此设计方案认可后,1989 年完成设计,但1989 年开工时,由于船舶检验局新的钢质海船入级和建造规范已经生效,1991 年又对轮机专业和起重机作了复审和修改设计,1993 年 4 月建造完工,一次试吊通过交验。1993 年 5 月,从江阴港入东海,拖航到广州。该船船长49.80 米,船宽 20.00 米,型深 3.80 米,吃水(300 吨吊重时)2.20 米,排水量2 070.3 吨,定员18 人,自持力 30 天。

　　该船船型、结构、布置、装备均满足使用方要求,船舶主要以起重作业为主,也可兼作打捞作业,故船上配有潜水空压机、加压舱及潜水器具、潜水设备等。

组合臂杆起重机是 300 吨起重救捞工程驳的主要设备。起重臂杆可通过绞车以及滑轮自行变幅到 8 米限高,借助驳船搁置,臂杆可进一步降低。组合臂杆式起重机具有下列特点:

(1) 较大的起重量和起吊高度,特别是伸出的副钩能在 28 米外起吊 100 吨,起吊高度可达水面上 42 米,这是一般同类型的起重量臂杆式起重机无法做到的。

(2) 具有自放倒吊臂过桥涵的能力,利用起重机自身的变幅绞车即可将起重机臂杆下放至 9 米或 18 米高度,依靠变幅绞车操作实现复位。由于下放和复位无须拆除零部件和穿绳索,只需放倒后固定,大大简化了作业过程和减轻船员劳动强度,使起重船的机动性能有较大的提高。

(3) 由于组合臂杆式起重机受力特点及充分使用新船用起重设备规范的应力标准,臂杆剖面尺寸显得十分轻巧。臂杆材料是普通的 ZCA 船用钢板,具有较好的工艺性和经济性。

(4) 起重机上配置了起重量和力矩限制/显示装置。这套电子仪表由中国船舶及海洋工程设计研究院研制,将吊重和幅度两个要素经传感器输入,按设定的吊重幅度曲线进行数学模拟处理,达到显示和限制的两个目的,这也是国内首创的设备。

(5) 起重机配备的 9 台绞车中,除 5 吨小钩绞车采用滑差电机外,其余电机均采用交流变频调速系统,是该院与上海铁道学院(已并入同济大学)合作研制的新型起重交流调速系统。

组合臂杆的受力计算也有创新。因要求吊臂放倒复位,研发团队计算时增加了几种受力工况,经计算,确定最大受力工况,从而确定起重系统及各绞车性能额定值,又以此为基础设计了起重量/幅度曲线,以充分利用起重机系统能力。

该船建造完成后,在我国打捞救援行动中频繁发挥作用。2004 年 8 月,广州打捞局调集"南天马"号和两艘辅助拖船,将因海难事故沉没于珠江主航道

1 号浮标附近的 2 000 吨级集装箱船"南青"号成功整体打捞出水,没有发生大面积油污染,消除了珠江"黄金水道"上的一个安全隐患。

2005 年 5 月 26 日番禺胜海船厂发生爆炸事故,5 月 27 日"南天马"号起重船靠泊在爆炸后的"宏港"号船旁边,高举吊臂,缓缓放下绳索,在起重船的绳索套住前日被炸飞后又重重砸下的舱板后,吊臂将其吊起放置在船后部的甲板上,整个过程仅用了数分钟。

三、900 吨海洋起重救助打捞船"南天龙"号

该船是 20 世纪 90 年代中国船舶及海洋工程设计研究院为广州打捞局研发设计的大型起重打捞船,用于海上救助打捞、海上大型遇难船舶救援及吊装大件重物,同时也具有潜水作业支持功能。1990 年 3 月开始设计,合同要求设计建造在 24 个月完成交船。经过广州打捞局、该院与中港公司、上海港机厂、交通部水运所、江阴造船厂、江南造船厂、上海船厂等单位通力协作,1992 年 4 月正式交付广州救捞局,该船命名为"南天龙"号。

该大功率救助打捞船是上海打捞局"沪救捞 3"号打捞船的更新换代产品,可适应我国周边海域深水区域,大风浪进行救助、打捞作业之需,可进行水下探测、深潜水救援、紧急救助等作业,同时还可进行对外消防、起重作业及海上溢油控制等多功能作业。

该船总长 100.00 米,型宽 30.00 米,设计吃水 4.10 米,总吨位 8 326,定员 125 人,非自航,能自行移位,定位装置 8 点锚泊系统,作业水深 100 米,潜水装置 4 套十一个加压舱,起重机一台。主钩起重量:固定作业 900 吨/回转作业 450 吨,主钩吊幅 30 米,主钩吊高水面上 65 米/水下 5 米,副钩 150 吨×66 米,副钩吊高水上 75 米/水下 100 米。

该船的船体、轮机、起重机和相应的设备均符合中国船级社规范的要求,并在其监督下建造入级,该船符合国际海上人命安全公约、国际载重线公约、国际船舶吨位丈量规则、国际防止船舶污染公约、国际海上避碰等规则的要求。

该船可采用浮筒法打捞沉船,亦可用 900 吨起重机直接起吊打捞,还可用甲板绞缆装置绞拖沉船,并可用于重件装卸、大型机械设备整体吊装及海上结构物,如模块等的吊装。此外,主甲板设有约 900 平方米的承载能力为 10 吨/平方米的承载区域,可承担大型港口机械等的运输任务。

总体性能与作业性能优良,除船舶稳性能满足起重作业与有关规范的要求外,分设于艏、艉部的 3 台全回转 Z 型推进器和艉部的两道呆木,确保调遣与拖航时的航向稳定性及自行移位、转向的良好操纵性;船员及作业人员分设两个独立成套的生活区域以便于专业化管理;上甲板设置的拖绞装置大大增加了拖绞沉船的能力,完整的起重、潜水、救助打捞、仓储、定位、水下作业器材及直升机平台系统为本船提供了安全可靠的作业手段及多样化的作业功能。

该船设计建造有下列特点:

1. 具有良好的总体性能

一是稳性。该船作业(艉吊 900 吨,横吊 450 吨)避风、调遣状态均能满足《海船稳性规范》对无限航区海上起重船的要求,各种工况下的初稳性及大倾角稳性亦满足 ZC 规范的有关要求。在各种装载工况下横吊 450 吨时,最大的机舱部分进水后仍能保持良好的稳性与浮态。与 20 世纪 80 年代从日本进口的 800 吨起重船"滨海 108"号相比(其起重能力、固定时 800 吨,旋转时 350 吨),该船的主尺度、吨位及船型与其相仿,但性能上可适应固定 900 吨,全回转 450 吨起重能力的需要。二是航向稳定性。通过船模试验,在艉部左、右舷合适部位设置呆木,具有良好的航向稳定性,保证了远距离的拖航性能。三是机动性。该船设置 3 台 400 千瓦全回转推进器(舵桨),实际使用中,顺流时航速可达 5.8 节,逆流时达 4.5 节,因而机动性强,可自行短途航行和作业时移位,并可在受制约的水域原地转向,操纵性能良好。四是布置合理、外型美观。

根据起重与救捞作业的特点与需要,该船分设两个独立的生活区域:在主甲板以上甲板室设 27 人的船员居住舱室;主甲板以下设 98 人的作业人员居住舱室。两个区域均拥有各自的配套服务处所与设施:餐厅、厨房、洗衣室、干衣房、更衣室、浴室、厕所及中央空调与冷库,因而不仅管理方便,且在不进行打捞作业时,作业人员不上船,比较经济。舱室布置与设施实用、美观,使用方便,内装水平较高。

2. 船体结构具有可靠的强度与刚度

船体结构针对起重与救捞作业的特点,具有足够的总纵强度与刚度,900吨起重机、16吨起重机、30吨抛锚定位绞车等受力部位均作特殊加强,具备承受各种工况下的复杂载荷的能力。

3. 装备当时我国自行设计建造的起重量最大的起重机

起重机采用全液压驱动,起重量:固定时900吨,全回转时450吨,900吨主钩起升高度为水面上65米(舷外16米),在国内500吨以上起重量的起重船中居起升高度之首;副钩起吊150吨,可降到水下100米进行打捞作业,当时在国内亦居首位。

4. 设有直升机起降平台

首次在国内自行设计的大型海洋起重救助打捞船上设置直升机起降平台。

此外,装备了6个常规潜水部位、双舱4门卧式加压舱等潜水装备,能支持60米水深以内的潜水作业。装设8点锚泊定位系统,作业水深100米,还装设消防炮等。

"南天龙"号是20世纪80年代初我国自行设计建造的起重能力最大、救捞设备较齐全的万吨级的海洋起重救捞工程船,填补了国内此类船舶的空白(见图5.4)。

在该船的研制过程中,研发团队将起重船设计技术与海难救助、潜水打捞技术紧密结合起来,融汇与借鉴国内、外设计经验,并尽量采用先进的技术与装备,解决了各种复杂工况下的船舶安全性和船体结构牢固性、总布置适用性、主要机电设备和抛锚定位、救捞潜水特种设备的安全可靠性等关键技术问题。例如900吨起重机及8台30吨定位锚绞车等均采用全液压驱动;船体结构总纵强度与局部强度(直径18米、静载荷2 600多吨并承受复杂工作载荷的900

图 5.4　900 吨起重打捞船"南天龙"号

起重机基座,直升机起降平台结构等)用计算机程序解析计算,用试验优化技术解决航向稳定性等问题。

　　该船是在国际招标竞争中中标的,与由国外厂商总包、国内建造的价格比已有相当的优势,如与全进口的价格相比,造价更低,从而为国家节约了大量外汇。在设计中极大关注节省初投资,尽量减少成套设备的进口,仅采用进口部分关键部件由国内组装。同时,通过电力负荷的合理调配,降低了主、辅发电机组的装船容量。增加了该船的作业功能,如提高 900 吨起重机的吊高,不仅可吊卸重物,也可吊装海上结构物(平台模块等);副吊钩可直接进行 100 吨以内的深水打捞;上甲板承载 10 吨/平方米的承载区域可运输大型设备;设 3 台全回转 Z 推装置后,短距离移位及港内作业不需配备拖船;上甲板的拖绞装置还提供了浮筒法以外的打捞沉船的手段。此外,两个生活区域分别设置了各种生活设施,如厨房、餐厅、冷库及空调系统。这些技术措施降低了船舶日常营运的费用,扩大了承接工程项目的范围,提高了作业效率,为创造更好的经济效益创造了条件。

而且该船设计建造周期短,按合同要求 24 个月交船,实际上提前两个月交付使用部门,接近国际造船周期的先进水平。采用边设计边施工,并与项目管理紧密联系的方法,缩短了建造周期,使船舶提早投产。投产两年新增约 2 800 万元产值,取得了良好的经济效益。

"南天龙"号交船后,随即前往上海求新船厂(为 5 000 吨级货船)吊装主机,一年内分别在广州、珠海、汕头、防城等地海域执行救助打捞任务。1993 年 2 月还在黄埔造船厂码头为南海油田吊运生活模块与动力模块,此外出租给国外施工单位使用,作业任务连续不断,经济效益比较明显,并具有良好的社会效益,中央与地方报刊、电视台曾多次做了报道,在广州地区常组织中、外来宾参观。

该船于 1996 年荣获中国船舶工业总公司科学技术进步奖二等奖。

四、8 000 千瓦海洋救助船

8 000 千瓦海洋救助船是由上海船舶研究设计院设计、中船黄埔文冲船舶有限公司建造的专业海洋救助船,是具备快速反应和全天候救助能力的世界一流专业救助船,是我国海上救助力量的主力船型之一。

2001 年 11 月上海船院开始方案设计和船型论证工作,2002 年 6 月交通部正式批复该船设计任务书。

该船船长 98～98.55 米,型宽 15.2 米,型深 7.6 米,满载吃水 6～6.3 米,航速 17.3～19.6 节,系柱拖力 1 050～1 500 000 牛;有救助、拖带、消防、浮油回收、B2 冰区加强等功能。第六批次和第七批次的破冰型海洋救助船具有 B2 冰区加强和破冰等功能。

该船是救捞体制改革后,由国家投资建造的首批专业海洋救助船。能否建造出一艘较为适用的专业救助船,以更好地应对海上复杂的救助任务,直接关系到能否改善海上救助装备不足、救助力量不强的状况,对体现政府职能、构建和谐社会意义重大。为此,该船在设计过程中,交通部救助打捞局各级领导非常重视,多次亲临现场指导检查,并给出相应指示:8 000 千瓦海洋救助船的设计应以人为本,强化海上人命救生能力,充分考虑救助工作的特殊性,不但要考虑救助船能抵抗恶劣的风浪,还要考虑船舶及船员的自身安全,迅速有效地开展救助工作。

上海船院研发团队以"海上遇险船舶的人命救生和以海上人命救生为目的的船舶救助"为设计宗旨,对船舶主尺度及线型进行认真优化设计,对船上主要设备进行深入调查研究,并主动征求用船部门的使用意见,多次派员到船东监造组和船厂技术部门征询意见,加强沟通,全身心地投入该船的设计及建造工作。

该型船共建造 22 艘,前后跨度 10 多年,在此期间,分 7 个批次,坚持"设计一批,分析一批,总结一批,改进一批"的方针,根据海上救助任务的新形势、新需求,不断创新,首制船"北海救 111"号于 2005 年 11 月顺利交付,2015 年12 月该系列的最后一艘船"北海救 119"号正式列装,该船外形如图 5.5 所示。

图 5.5 8 000 千瓦海洋救助船"北海救 113"号

该船除具有遇险船舶的人命救生及船舶拖带与消防灭火基本功能外,从第三批次起,该系列船型开始搭载救助直升机,实现了海空立体救助的突破。从第六批次起,上海船院研发了具备破冰能力的 8 000 千瓦海洋救助船,其针对我国渤海海域最恶劣海冰条件,可独立航行于 1.0 米厚层冰的海域,为冰区遇险船舶开辟航道。在第七批次,通过加装特种专用设备和调整功能舱室的布置,使其具备打捞救助航天返回舱的能力,拓展了该船的航天保障能力。此外,针对可能出现的原油/成品油泄漏等环境威胁,8 000 千瓦海洋救助船还搭载了浮油回收设备,具备海面浮油回收能力,并可进行冰区的浮油回收作业。各批次船型参数和主要功能基本一致。

　　8 000 千瓦海洋救助船为全天候大功率海洋救助船,可航行于无限航区,满足中国船级社对海洋救助船、远洋拖船、消防船的有关规定和要求。该船具有较强的海上人命救生、综合指挥、信息收集处理和传输能力;具有对遇险船舶进行封舱、堵漏、排水、空气潜水、拖带等救助作业能力;具有一级对外消防灭火作业能力和海面浮油回收及海面清除油污作业能力;具有夜间海上搜寻救生、救助能力;具有营救作业能力,能搭载获救人员 100 人,能对伤病员进行简易的药物、器械和手术治疗;可配合救助直升机进行海上搜索、救生作业。

　　该船是"十五"期间上海船院为我国海上救助系统开发的主力船型,其特点是强化了海上人命救生能力,加强和拓展了"九五"期间船型的救助功能,舍弃了"九五"船型的经营功能。在该船型设计过程中,研发团队对国内外救助船型进行大量的调研、分析工作,特别是注意总结、吸收"九五"船型的成功经验,根据实际使用要求,在提高抗风浪能力、改善耐波性、增强适航能力方面采取了一系列有效措施,更加完善了船舶救助功能,提升了海上救助能力。

　　该船采用全焊接钢质船体,纵/横骨架结构形式,有一层连续主甲板。主甲板上设有两层长艏楼,第二艏楼甲板上设有 4 层甲板,4 层甲板分别为:第二艏楼甲板、居住甲板、驾驶甲板和罗经甲板,其中主甲板后部设为直升机悬停作业及救助作业区域。主甲板下设局部平台甲板和局部双层底,机舱区域为双底、双壳。船舶采用双机、双可调螺距螺旋桨推进方式,设双悬挂式流线型襟翼舵(破冰型为鱼尾舵),采用前倾式球鼻艏型船艏(破冰型为 V 型破冰船首),巡洋舰式船尾,在船首、船尾设有管状式侧推装置。主甲板后部的综合作业区可用作救生、救助、对外消防灭火、救助拖带、潜水救生、海面浮油回收和海面清除油污等作业。

8 000 千瓦海洋救助船作为我国海上救助系统重要的救助装备之一,具备航速高、耐波性好、抗风浪能力强、救生手段先进等特点。该船配备了较多的特种设备,以更好地实现船舶救助功能,其中包括为实现救助拖带功能,配备了双滚筒拖曳绞车、液压鲨鱼钳、尾滚筒等;为实现快速人命救生以及立体救助,艉部甲板区域具备直升机的起降或悬停功能;为更好地满足适航性要求,配备了可收放式液压减摇鳍、可控被动式减摇水舱。为此,研发团队在进行本船研发时一方面认真听取各救助部门的使用意见,不断对船型进行系列优化设计,另一方面对技术难点进行综合分析研究,攻坚克难,解决了以下关键技术:

1. 线型优化

该船要求航速为 20 节左右,属排水型高速船,兴波阻力将占总阻力的70%。为了降低艏、艉部兴波阻力,研发团队对船舶线型进行了深入研究分析和通过多次的模型试验验证,在船型和线型方面主要采取了如下措施:一是艏部设有球鼻艏,改善艏部流场,减少艏部水流进角,改善艏部兴波;二是在设计中适当增加船长,以降低兴波阻力;三是使艏、艉段线型尖削,改善艏、艉部流场及压力分量的分布;四是使浮心位置位于舯后,光顺艏、艉部水下线型,降低兴波阻力和漩涡阻力。

从第三批次船舶开始,为响应海空立体救助的需求,该船还增加了直升机起降平台,但这带来船舶重心升高、船舶重量增加、航速下降的不利影响。为维持航速在 20 节左右的原设计要求,并缓解排水量不足的矛盾,该批次船改用双尾鳍船型,经模型试验验证,推进效率提高 5%,每吨排水量阻力降低 4%,航速较原设计增加 0.15 节,船型改用双尾鳍后排水量增加 7%,充分满足了救助船变大变强的需求,为后续进一步拓展救助功能奠定了基础。

2. 稳性和耐波性优化

该船作为救助船,不但要考虑能抵抗恶劣的风浪,还要考虑船舶及船员的自身安全,因此要求船舶一方面要在大风大浪中有足够的稳性,又能在海上进行安全救助拖带作业。为改善恶劣海况下船员的舒适性,船上还配备了可控被动式减摇水舱,但减摇水舱巨大的自由液面使该船的初稳性高值下降 0.5 米。因此该船的稳性设计要求十分严格,通过增加船舶宽度可以有效提升船舶稳性,但过大的船宽必将影响阻力性能及适航性能(横摇剧烈)。经过大量分析及计算反复比较,最终确定既能满足稳性要求又能满足快速性要求的最小船宽,经实船试验验证表明这一选择是恰当的。

由于该船要经常在恶劣海况下从事救助作业,为了确保自身的安全和救助作业的有效性以及改善船员长期在海上值班、作业的艰苦条件,良好的耐波性是必需的。为此,研发团队针对我国沿海海域的特点,从以下几个方面对耐波性进行考虑:一是针对我国近海海域波长统计值,我国近海海域波长出现最大概率是 60~70 米,因此选定船长为 98 米,使船舶在海上航行时能至少同时跨越两个波浪,大大减少船舶纵摇和拍击及升沉、纵荡运动;二是适当控制船宽,使船舶横摇周期增大,横摇剧烈程度降低;三是加装可收放式减摇鳍和可控被动式减摇水舱,既能减少高速航行时船舶剧烈摇摆,又能缓解锚泊值班和低速救助作业时大风浪中的横摇,使船员生活环境和工作条件得以改善,提高救助作业效率。

根据耐波性模型试验和实船试验验证:该船船长及自摇周期都较大地偏离我国近海海域波长及周期,适航性能较好,船舶加速度有义值小于 0.3 g,螺旋桨出水概率小于 1/10;减摇鳍工作时,在大风浪中航行可减少 2~3 节航速损失,在 15 节航速时可减少横摇角约 10 度;减摇水舱可减少横摇 40%~45%。

3. 加强破冰船型的设计

2010 年年初,我国渤海海域出现了自 1969 年以来最严重的海冰灾害,交通部救助打捞局拟将在续建的 8 000 千瓦海洋救助船("北海救 117"号)上增加破冰救助功能。研发团队加班加点,在最短的时间内完成船型论证和设计工作,保障了 2014 年冬季参与救助保障任务的既定目标。

具有破冰能力的船首部线型比较关键,因此破冰船型开发过程中,重点对艏部破冰线型展开了深入的研究。按照渤海海域的冬季海冰特点,该船拟采用连续式破冰法。根据收集到的国内、外各类型破冰船艏部的线型资料,再结合我国渤海海域属一年生冰,其航道区结冰厚度多在 0.8 米以下的实际情况,采用 V 型船首线型。破冰水线区域的艏柱与基线夹角约 30 度,在艏柱与船底基线交接附近设置分冰踵,既能保证破冰速度又能保证非破冰救助时的航速,经船模试验和实船试航得到了很好验证。

4. 高效的动力系统

该船作为专业的海洋救助船,既要求较高的航速,又要具备较大的救助拖带能力,同时还要有较强的对外消防能力。动力系统的高效可靠,可充分保障海上救助的安全性,通过对国内、外类似船型和关键设备的分析研究,针对该船的特点,采用双机、双桨推进方式,进一步增加船舶动力装置的余度和船舶在海上的生命力。

为适应节能、减排的要求,从第六批次开始,该船开始采用轴带发电机作为推进电动机的混合推进方式,同时采用双速齿轮箱以进一步达到节能的目的。

根据船舶的使用需求,柴—电混合推进方式可以达到不同的目的:在船舶主机出现故障的情况下,通过船舶发电机组向轴系提供动力,满足安全返港的要求;当船舶需要全速航行时,除主机外,还可通过柴油发电机向轴系提供动力,起到加力助推作用;经济航行工况下采用一侧柴油机驱动,并驱动轴带发电机通过电网向另一侧轴系供电,实现单台柴油机带双侧螺旋桨的航行模式。

作为救助船,针对海上救助的特点,其全速航行的工况在船舶全寿命周期中所占比重较少,而更多的时候是低速巡航工况。为了能够提升低速巡航时船舶的经济性能,提高螺旋桨在低速航行时的效率,通过对动力系统的比对和论证,确定了采用双速齿轮箱型式:高速航行时通过较高螺旋桨转速使主推进的机桨匹配达到最佳状态;低速巡航时采用较低的螺旋桨转速,从而获得较高的推进效率。根据设计方案及分析计算,当巡航航速为 13.3 节时,如果齿轮箱采用高速输出,螺旋桨的推进效率为 0.615 8,此时需要的主机功率为 1 320 千瓦;齿轮箱如果采用低速输出,螺旋桨的推进效率为 0.680 7,此时主机功率为 1 140 千瓦,可以使主机输出功率降低 13.6%,推进的效率提高约 10.5%。由此可见,采用的轴带发电机方案结合低速桨高效和主机高负荷高效的特点,具有较好的推进效率。

5. 救生设备设计

针对海上救助对象的不确定性,在设计中,为强化人命救生的功能,提升救助设备快速性和有效性,对高性能救生设备进行了专题研究。经过调研分析研究,该船较多选用了国内、外先进高性能救生设备,如高速救助艇及防摇荡艇架、抛投式救生筏、救生捞网等,船舶投入使用后表明,这些高性能救生设备的快速性和有效性取得了良好的效果。

8 000 千瓦海洋救助船的首制船于 2005 年 9 月进行了实船试航,各项主要技术指标均达到或超过原设计任务书的要求。

目前该船是交通运输部的主力救助装备之一,造型新颖、设备精良,具有高航速、大拖力、抗风能力强、操纵性能优等特点,在世界专业救助队伍中堪称一流。从 2005 年 11 月首制船交付到 2015 年 12 月最后一艘船入列,该系列船研制周期横跨 10 多年,前后设计、建造了 7 个批次共 22 艘。其功能使命从原来单纯的"人命救助"不断拓展、壮大,成为集海空立体救助、溢油回收、深远海救助、冰区救助、航天工程保障等多种辅助功能为一体的综合性救助船。

8 000 千瓦海洋救助船经受了实战检验,带来巨大的社会效益。2006 年 5 月在"珍珠"强台风中,刚刚交付的"南海救 111"号执行了我国最大规模国际海上救援行动,成功救助了300多名越南遇险渔民,受到国家有关部门的高度赞扬。该船也被中华全国总工会授予"全国五一劳动奖章",被交通部命名为"英雄船"。该系列船参与神舟飞船工程返回舱的应急回收工作,出色地完成了任务。

该型船分别荣获中国船舶工业集团公司科学技术进步奖一等奖、工业和信息化部科学技术进步奖二等奖、上海市科学技术进步奖三等奖。

五、14 000千瓦大功率海洋救助船

14 000千瓦海洋救助船系列是在"十一五"和"十二五"期间自主研究设计的当代国际先进的全天候立体救助新型高性能专用海洋救助船,其救助功能全、作业能力强、推进功率大、航行速度快、抗风浪能力强、装备先进。该系列船型具有22节救助航速、1 400 000牛系柱拖力、10 000海里续航力,能对遇难船舶进行远洋救助拖带,具有海面落水人员救助和夜间搜救能力,能搭载获救人员200人,并施行海上急救手术治疗和医疗救护。该系列船型能在9级海况、12级风力条件下安全航行,具有良好操纵性和适航性,能在海上实施定位和原地回转,实施全天候的救助作业,在大风大浪等恶劣海况下能迅速靠离遇难船和实施有效施救作业,配置了多项特种救助设备和设施,具有二级对外消防灭火作业能力,满足直接奔赴火灾现场实施消防灭火之要求。

14 000千瓦海洋救助船系列分有两种船型,由上海船院设计,广州中船黄埔造船有限公司建造。"十一五"期间研制的Ⅰ型船建造一艘,该型船在船首设中型搜助直升机起降平台、加油系统与安全保障设施。"十二五"期间研制的Ⅱ型船,在艉后部设置直升机起降平台,增设了直升机机库,可搭载中型救助直升机出海和返航,增设了人员救生登乘步桥/舷梯救生装置和折臂伸缩式液压救生吊及索道式快速人员救生装置,设置了外挂式浮油回收装置及浮油回收舱等设施,配备了DP-2动力定位系统。该型船建造两艘。

1. 14 000千瓦海洋救助船——Ⅰ型

该船为全天候大功率海洋救助船,航行于无限航区。主要用于人命救生和

船舶救助及拖带、消防灭火等救助作业,稳性按12级风压及相应的海况核算。该船总长109.7米,型宽16.2米,型深7.6米,设计吃水5.5米,满足中国船级社对海洋救助船、远洋拖船、二级消防船之有关要求。

该船为全焊接钢质船体,横骨架式,具有一层连续主甲板。主甲板上设有两层长艏楼和一层短艏楼,第二艏楼甲板上设有4层甲板室,4层甲板分别为:救生甲板、桥楼甲板、驾驶甲板和罗经甲板,其中救生甲板前部设为直升机起降平台。主甲板下设置局部平台甲板和局部双层底,机舱区域为双底、双壳。

图5.6　14 000千瓦海洋救助船——Ⅰ型"南海救101"号

该船采用双机、双可调螺距螺旋桨推进方式。驾驶室内设置前、后驾控台,采用单手柄综合操纵系统进行船舶操控。设双悬挂式流线型襟翼舵,采用前倾式球鼻首型船首、巡洋舰尾船型。在艏部设两台800千瓦电动机驱动可调螺距四叶桨管状侧推装置,艉部设一台800千瓦电动机驱动可调螺距四叶桨管状侧推装置,侧推进装置主要用于改善低速时船舶的控船能力,以便在靠离码头和事故现场准确而有效地操纵船舶、控制船位,以抵抗风、浪、流的干扰,与主推进螺旋桨及舵组合,满足船舶操纵定位之需要。主甲板艉部设有艉滚筒,船上设有一对可收放式可控减摇鳍,一个可控被动式减摇水舱,一台2 000 000牛水平双卷筒液压拖曳绞车。第一艏楼后部及其后端的主甲板作业区可用作:救捞、救生、对外消防、救助拖带、潜水救生及海面浮油回收等作业。

该船在大规模搜救遇险行动中发挥了关键作用,出色地完成了多项重大的海上救助(包括国际救助)任务,赢得了被救人员和社会上的广泛赞誉,为国家赢得了声誉,多次得到国际海事组织的高度评价。获得第四届中国技术市场协会"金桥奖","全天候大功率14 000千瓦海洋救助船研发设计与建造"项目曾获得中国船舶工业集团公司科学技术进步奖一等奖。

2. 14 000千瓦海洋救助船——Ⅱ型

该船型是一艘深远海多功能全天候跨洋海空立体救助船。仍由上海船院设计,广州中船黄埔造船有限公司建造(见图5.7和图5.8)。按航行于无限航区要求设计,抗风能力按12级风压及相应海况核定。该船主要用于承担人命救生和遇难船救助及拖带、消防灭火等救助作业。除具有Ⅰ型船相同的功能,进行海上搜索、救生作业外,还具有DP-2动力定位性能。船舶搭载了多种特种设备,能进行特殊作业任务,其中包括6 000米拖曳式水下探测运载器和6 000米工作型遥控深潜器,实施对深远海水域的遇难船舶、遇难沉船、失联航班等水下遇难目标的超大深度水下搜寻、探测和打捞工作。该船总长116.95米、型宽16.2米、型深7.8米、设计吃水5.5米,满足中国船级社对海洋救助船、远洋拖船、二级消防船、海面浮油回收船和DP-2动力定位船舶以及特殊用途船的有关规定和要求。

该船型为全焊接钢质船体,纵/横骨架结构形式,具有一层连续主甲板。主甲板上设有两层长艏楼,第二艏楼甲板上设有4层甲板室,4层甲板分别为救生甲板、桥楼甲板、驾驶甲板和罗经甲板,其中第一艏楼甲板后部设为直升机起降平台和机库,并设置救助指挥中心室。主甲板下设局部平台甲板和局部双层底,

图 5.7　14 000 千瓦海洋救助船——Ⅱ"北海救 101"号

图 5.8　14 000 千瓦海洋救助船——Ⅱ"东海救 101"号

机舱区域为双底、双壳。该船型采用双机、双可调螺距螺旋桨、轴系推进形式。驾驶室内设置前、后驾控台,采用单手柄综合操纵系统进行船舶操控。该船在艏部设两台1 140千瓦电动机驱动可调螺距四叶桨管状侧推装置,艉部设一台780千瓦电动机驱动可调螺距四叶桨管状侧推装置,主甲板艉部设艉滚筒,船上设可收放式可控减摇鳍,可控被动式减摇水舱,2 000 000牛水平双卷筒液压拖曳绞车。主甲板后部的综合作业区可按需要搭载多种特殊任务模块和专用设备可用作:救助、对外消防灭火、救助拖曳、潜水救生、超大深度水下搜寻探测、海面溢油回收和海面清除油污等作业。

14 000千瓦海洋救助船设计技术十分复杂,项目研究的难度较高,目标船型由于其在深远海海域实施多功能跨洋海空立体救助作业特性,需要满足从空中、海面到水下的多种救助作业方式,高海况条件,作业功能特点以及全天候救助作业要求,满足抗风12级能力要求,配备DP-2动力定位系统。针对目标船型研发设计和建造中的关键技术难题,进行多项目优化设计、理论计算、分析研究、船模试验、关键技术和关键工艺攻关,取得第一手研究设计资料,打造自主品牌产品。项目研究攻克的主要关键技术有如下几方面。

一是深远海船型总体设计和高海况船体线型。船型设计和总布置满足从空中、海面到水下的多种救助作业类型,作业海况条件,作业功能特点等要求,并充分考虑船舶在恶劣海况下的作业要求。

船型需综合解决船舶的设备布置、大装载量、快速性、操纵性、耐波性、拖曳及作业稳性等一系列技术难点,从主尺度、船型系数及线型等几个方面进行深入的综合考虑,实践证明这样的设计是行之有效的,实现了目标船型技术总体性能的最优化设计。

在船上安装一对大型可向后收放式减摇鳍和一套可控被动式U型减摇水舱,将两者结合组合使用,使该船型在高速航行到低速航行和停泊状态的不同救助作业全过程中均具有极好的耐波性和适航性以及最佳减摇效果。

二是深远海人命救助、深远海海空立体搜救和夜间搜寻。深远海人命救助作业是目标船型在深远海海域实施全天候救助作业主要功能之一。该船具备完善的人命救生作业能力，能较好地满足深远海水域人命救助保障。为尽可能保障获救人员的生命生存率，复苏生命，尽快恢复体能，具备对海上获救伤病员施行急救手术治疗、医疗救护和生活保障能力，使伤病员在海上及时得到治疗和救护，因低温而受伤害的获救人员能尽快恢复体能，并满足病床转运和无障碍通道等要求。

该船能够完成海面搜寻遇难船舶、落水人员、残片、油污等作业，既可搜寻大的目标，也可搜寻小的目标，作业环境可在黑夜，也可在风雨或浓雾天气时进行。配置了功能齐全的海面搜寻设备，以进行不同环境、不同海况、不同搜寻目标的捕捉及识别，完成海面落水人员搜救及夜间海上搜寻救助任务。

为应对深远海水域的海上事故、突发事件的应急救助，参加全球海上搜救和国际救援行动，实施对深远海海面和水面遇难目标的船舶、飞机互动，海空配合的立体搜救，该船型设置现役中型救助直升机起降平台和直升机机库，具备对深远海水域失事船舶、遇难沉船、失联航班等遇难目标较强的海空立体搜寻救助能力等。

该船型救助拖曳作业功能可用于深远海遇难船舶的人命救生和救助拖曳，可拖曳搁浅、触礁船舶脱险，及拖曳失去机动能力的船舶返回港口等。该船拖曳设备配置先进，拖曳作业功能和作业能力强，满足了进行长距离拖航的特殊要求。

三是超大深度水下搜寻探测。该船型搭载 6 000 米拖曳式水下探测运载器，6 000 米工作型遥控深潜器，可实施超大深度水下搜寻、探测及打捞作业，具备较强的超大深水海域水下遇难目标的搜寻、探测、打捞能力。

四是海洋环境保护与浮油回收。目标船型能针对海面溢油污染情况实施监测，为指挥清除海面溢油污染作业提供准确信息和资料，并具备海面油污处理作业功能和防污染扩散控制能力，能有效实施早期海上大面积溢浮油回收储存以及海面清除油污作业,对我国海域特别是深水海域的海洋环境实施有效保护。

14 000千瓦海洋救助船Ⅱ型是目前救助功能全、作业能力强、推进功率大、航行速度快、抗风浪能力强、装备先进的深远海多功能全天候跨洋海空立体救助新型海洋救助船之一,该船型代表国内最高救助水平,达到当代国际技术水平,是具有完全自主知识产权的新一代高新技术救助船型,也代表我国救捞行业的先进船舶形象,多项技术研究填补了我国自主研发设计空白。该型船交付使用以来,出色地完成了多项重大海上抢险救助任务,数次远赴澳大利亚、印度洋海域承担马航MH370航班失联的跨洋搜寻工作,在大规模搜救行动中发挥了关键作用,赢得了国际社会的赞誉和认同,为国家赢得了声誉,多次得到了国际海事组织的高度评价,取得了显著的社会效益和经济效益。

"新型深远海多功能海空立体救助船设计建造与应用"项目曾获得2016年度中国造船工程学会科学技术奖一等奖、中国船舶工业集团公司科学技术进步奖二等奖。

第三节　打捞救助船发展趋势

各种复杂海况下的海上救助,对救助船的综合能力提出了更高的要求,救助种类的多样化,要求打捞救助船具备应对各种海上事故的专业能力。在综合上述环境、特点的基础上,结合我国的实际情况,未来的专业打捞救助船将具有更加高效强大的远洋救助能力和效率,以及模块化的机动能力。

(1)填补深远海打捞救助船的空白。随着我国提出的"人类命运共同体""一带一路""水上丝绸之路"等倡议的进一步落实,深远海和极地海域的打捞救助需求日趋增强。在沿海抢险打捞深度方面,我国黄渤海最大水深140米,东海最大水深2 719米,南海最大水深5 567米,目前还没有专业的深海打捞救助船。欧、美、日等发达国家饱和潜水作业深度已突破500米,水下机械扫测打捞作业深度达到10 000米。14 000千瓦海洋救助船的建造技术上满足了我国全部海域水下扫测打捞作业。在深远海打捞救助上向前迈进了一大步。随着我国海洋强国建设的深入发展,服务于我国和国际人道主义救援的打捞救助船将会进一步走向深远海,逐步大型化,满足我国在全部海域水下扫测打捞作业的需求,填补我国在深远海打捞救助领域的空白。

(2)抗风能力进一步提高,船舶趋于专业化、标准化。抗风能力提高系指大风大浪的天气条件下具有良好的适航性,特别是在横风状态下的精细化作业能力。现有的专业打捞救助船在大风大浪的天气条件下自保能力没有问题,但是超过9级风时的救援能力有待提高。未来专业救助船的基本平台将综合国内、外专业海上作业船的长处,提升标准化配置能力,再根据任务需要增加专业性的技术模块,使之具有执行特殊救助任务的能力。较现有打捞救助船,我国未来新一代打捞救助船排水量将增大,其抗风能力也相应得到提升,并逐步采用标准船型,搭载专业化的任务模块。

(3)动力充足,突出节能。新一代专业打捞救助船除了要具备更高的抗风浪等级、充足的动力冗余外,还要考虑节能降耗和经济性。为了具备深海救助超大型船舶的多种功能,新一代打捞救助船要配备充足的功率和系柱拉力。为了突出节能降耗的目的,未来专业救助船优先选用节能环保的推进模式,提供最经济的功率配量。平时由船舶电站为船舶推进装置提供动力,关键时刻,需要发挥大功率对遇难船舶进行拖带、拖浅时,主机开启,提供强大的动力。使用过程中根据需要选择开启主机的数量,以达到节能的目的。

(4)救援智能化、模块化,专业能力加快提升。深远海打捞救助能力的提升还体现在深海的遇难船舶、人员、航空器的搜救智能化、模块化水平加快提升。专业化的海上打捞搜救装备主要体现技术模块:一是加强深海扫测能力,重点提升合成孔径声呐深拖系统等配置。二是加强无人作业能力,包括无人救生艇、AUV及ROV等机器人,能够协助潜水员进行水下人员救助、沉船打捞、勘探船位、船体钻孔、解挂吊钩、抽排油舱、海底搜索等救助打捞工作。三是在浅水水域提升多普勒测扫能力,增强用于浅海海底搜寻沉船、侧扫海底异物的效率。四是优化海上防污染和危险化学品处置的能力,提高处置海上防污染能力。依靠模块化溢油回收设备实现安全、快速拆装和固定,提高效率。提升模块配置水平,增强快速出动和有效救助能力。五是提高群体人员和传染病人救治能力。新冠肺炎疫情给如何救助此类危重病人提出了新的课题,因此未来人员救助在设计时可能需考虑增加部分独立的隔离病房或标准的移动式方舱病房。六是提高应急智慧通信能力。未来有望建立高质量远程可视救助指挥监控系统,充分实现信息资源共享,打造"智能化搜救打捞"全方位功能。实施海、空立体搜救打捞时,有望配置新一代高性能直升机和无人机以及先进的搜索雷达,建立船、机通信协同能力,实现打捞救援态势的及时互联。

第六章
半潜船的研发历程

第一节 概　　述

一、半潜船的简介和技术特点

半潜船又称半潜重载起升船是一种为装卸超大件物件,如海洋工程的大型模块、水工基础、平台的大构件、导管架、整座平台、数艘整船等应运而生的特种船舶,装卸思路是浮力抬升,技术措施是船舶可控下潜上升。因此它兼有水上起重工程和超大件装载运输的功能。

半潜船型诞生于 20 世纪 60—70 年代,目前世界上营运的半潜运输船大多数建于 80 年代,有 50 多艘。

半潜船作为海洋工程有力工具,刚开始大多数由旧船改装而成,逐步过渡到新建。其外形如同普通货船、油船,艏、艉部设置为驾驶室和上层建筑,中间为开敞甲板,为平衡下潜时的浮态,艉或艏配置 2～4 个浮箱。艏艉两端升起式、三岛式或四岛式,早期的动力装置如驳船和浮船坞,仅设有电站供压载泵,及移定位绞车使用;现在的半潜船已是依靠自身动力推进的自航式半潜运输船,船速也由最初的 5～8 节发展为 10～15 节。进入 21 世纪后,更是出现了具有动力定位能力的半潜运输船。该船型适应性更大,作业能力更强,逐步成为运输高端、贵重货物市场及大风浪中救捞作业的利器。

半潜船是一种以装运特大型结构物至海上平台和其他海上建筑物现场，并以进行辅助安装为目标的特种工程船，其作业甲板面积可达成千上万平方米。半潜船压载水舱总容量可达数千至数万立方米，所以配有完整而强大的调配压载系统，可以使船体在3～4个小时内下沉将承载甲板没入水下8～10米，然后将需要其承载的物体引入甲板上方，再用调配压载系统使船体上浮，把承载物抬举出水面；将该承载物运到目的地后，船舶带着该承载物一起下沉，待承载物浮起并被拖离后，半潜运输船便可重新浮起，保证了半潜船在主甲板入水后仍能提供足够的浮力、稳性和保证船的平稳。

半潜船一般由艏楼与艉部两舷的浮箱组成左、右、前、后对称的"三岛式"浮力平衡系统，通过增减调整大量的压载水，半潜船能够平稳、可控地下潜与起浮。半潜船是海洋运输市场中超长、超重、超大件及不适用货箱运输的特殊运输、装卸的重要工具，也是水下救捞工程不可或缺的重大装备。随着我国国民经济的快速发展，为与我国海洋能源开发、海洋救助的需求相匹配，大力发展半潜船是十分必要的。

随着陆地资源的日益枯竭，人类的生存和发展越来越多地依赖海洋。我国早在2003年颁布的《全国海洋经济发展规划纲要》中就提出要大力发展海洋油气产业及海洋工程装备，仅中国海油未来5年就需要多座海洋平台及多艘FPSO、起重船、铺管船、半潜船等海洋大型工程作业船。

同时，据有关资料分析，目前世界各国不少海洋石油平台已进入保修期，急需用半潜船将其拖运到基地维修，并在转移井位时也需使用半潜船。通常一艘万吨级半潜船的日租金高达百万元人民币，往往几个航次就可以收回建造成本，可见其具有极高的经济效益价值。

半潜船在港口水工作业中，也能发挥巨大的作用，我国半潜船的开发，是从港口水工大件的运载需求中开始的。

半潜船良好的下潜特性与巨大的装载平面和载重能力，其装载作业适用性强，它有如下几个用途（详见国内、外的成功实例）：

一是半潜船承载甲板潜拖至遇难船底下面，承托遇难船出水，如"科尔"号船的打捞作业(见图 6.1)。

二是可以装载结构强度较弱、丧失稳性或有污染隐患不能长距离拖航的破损船舶进行远距离运输(见图 6.2)。

图 6.1　半潜船承托遇难船"科尔"号

图 6.2　半潜船装载破损船远距离运输

　　三是起重打捞时,对超过起重设备能力的沉船用半潜船托装,起浮运输。如广州打捞局打捞宋代古沉船"南海一号"时,利用中国船舶及海洋工程设计研究院设计的 4 000 吨起重船"华天龙"号起吊装有"南海一号"的铁箱(估计的重量 4 600 吨),但不出水,再用"重任 1601"号半潜船下潜,拖移至沉船铁箱之下,承接托装,起浮运输(见图 6.3)。

图 6.3　半潜船辅助起重打捞作业

　　四是半潜船目前最广泛的用途是装载大型构件(如自升式平台等整体平台、各类平台模块、大型装备如集装箱桥吊等)进行远距离运输,成为海洋工程中不可或缺的船型之一(见图 6.4～图 6.6)。

图 6.4 半潜船装运张力腿平台的上平台

图 6.5 半潜船装运自升式平台

图 6.6 我国建造的半潜船"泰安口"号装运模块结构件

总之,根据不同的工程,半潜船现已扮演当今大型结构件的特殊运输、救助打捞、清障等海洋工程施工的一个重要的角色。在大型打捞、抢险救灾打捞,要求装运施工快速、有效、安全、防油污方面,自航半潜船更能显现其优越性。

半潜船研究设计的主要技术,即研制半潜船型的总目标,应为设计出一艘同时满足现行国内、外有关法规,国际公约、规则、规范要求,总布置合理、强度足够、浮力富裕、浮态合适、稳性可靠、耐波性好、定位迅速、操纵安全方便,实用、经济、适用的大型海洋半潜作业船。

半潜船技术特点如下:

一是优化主尺度及线型,在确保安全第一的前提下,在下潜深度、载重量、举力、作业面积、续航力等主要性能满足技术任务书的要求下控制主尺度,降低建造成本。

二是权衡各种作业方式(上浮、下沉、拉进、拖出等),对船舶调配压载能力的要求,选用适用可靠的装置与系统合理的设计,使之必要时能快速平衡沉浮,同时也与平时的经济营运相结合,降低营运费用。

三是针对船舶作业快速沉浮及满载远洋航行的两种主要工况的船体总纵强度,横向强度及局部强度的有限元分析,在确保船体足够安全的情况下控制自重,降低造价。

四是选用先进的动力装置及电力系统,使船舶各项操纵可靠方便,同时又经济、实用。在功率选用上反复论证,既要满足限定海况下动力定位的要求,又要能达到必要的航速,控制营运成本。

在研制开发半潜船过程中,主要工作内容如下:

一是对大型半潜船船型及总体性能的研究:主要收集、分析研究国内、外船型资料,对主尺度、线型的选择,应用船模试验和CFD计算方法研究其作业和航行两种工况下的耐波性、浮态和稳性。

二是对主船体结构的研究:以有限元分析计算为基础,对半潜船的主船体、艏部及艉浮箱及各重大节点优化设计,以及多工况下的船体抗弯、抗扭强度和疲劳强度分析。

三是对定位系统的研究:通过计算和模型试验确定半潜船在风、浪、流作用下的环境外力,作为锚泊定位系统和动力定位系统的设计依据,从技术上和经济角度研究其适用水深的合理性。对不同推进装置配置的动力定位性能分析计算,优化推进装置配置,寻求满足同样环境条件和定位能力情况下的优化配置。

四是对大功率电站系统配置的研究:进行大型半潜船电力负荷及电站优化配置研究。结合目标船型研究满足 DP-1(或 DP-2、DP-3)动力定位系统要求的船舶电气系统设计,并对配电系统采用分段或环形电网结构的特点进行研究,包括短路电流计算,继电保护的设计研究。

五是对压载、调载系统的研究:半潜船的压载水容量大,压载水舱数量多,不但要求进、排水速度快,而且要装载满舱、卸载干净,所以通过各种压载系统技术性能的比较分析,提出适合半潜船的压载系统配置方案及系统优化设计,确定满足半潜装载、滑动装载及调遣航行时的压载与调载系统的形式,压载泵的数量、参数的选定。

二、我国半潜船的研发历程

我国的半潜船开发是随着海洋油气开发装备运输而发展,而且从港口水工作业的大件运输所需而开始的,起步于 20 世纪 90 年代。

在水工作业中经常会遇到制作各种大小不同的砼(混凝土)预制件,如沉箱式码头的钢筋砼沉箱、发电厂的砼冷却水管道及取水源,规模小的几十吨、上百吨,大则几千吨重。这些砼预制件的制作、运输和沉放就位是水工作业十分重要的基础工程,如按常规作业方式则需要较大的岸边场地,配有水、电等能源设施和砼制作机械设备。钢筋砼预制件制作完毕,就得设法下水,并拖航到现场进行沉放,拖航及沉放尚需采用起重船、甲板驳等船舶相助,方能实施沉放就位。而对于初建的码头岸线或发电厂冷却水系统的水域附近,往往因缺乏水源、电源等设施,而不得不配有完整的工程船队(如发电船、供水船、起重船、砼搅拌船、甲板驳、宿舍船和抛锚艇等),这使施工成本加大,而如果在具备各种条件和设施的砼预制作场地内制作,则会带来这些砼预制件的远距离拖航问题,尤其是千吨以上的砼预制件,体重、个大,不易拖带,如用驳船载运,则必须使用重型起重船方能就位,同样会大幅度增加施工成本。

为了既能确保施工质量,又可大幅度降低施工成本,半潜驳应运而生,也是半潜船的初生代雏形。该型工程驳船通常由一个主船体及 4 个平衡塔组成,它具有宽广的露天甲板面积可作为砼构件的制作场地,又可作为该预制件的运载载体,远距拖航方便又安全,而最主要的是它可作为预制件的沉放工具,通过半潜船内压载水舱的注水使半潜船连同砼预制件一起下沉至一定深度,砼预制件自行浮起后可将其牵引出舷外即可执行就位作业。

由于半潜船出色的功能,它集制作场地、驳运载体及沉放工具于一体,同时也可作甲板驳及简易浮坞使用,因而深受航务工程部门的欢迎。该类船型如采用旧船改装则上马快,见效迅速,可获得事半功倍的效果。

在我国改革开放、大力发展国民经济建设中,港口水工作业逐步繁忙,半潜船的需求应运而生。中国船舶及海洋工程设计研究院此时承担了两型用于大型水工作业的非自航半潜船——半潜驳的开发设计,这是国内首次涉足该船型的自主开发。一艘是用于厦门一家发电厂的取水源承建安装工程的 2 500 吨举力半潜驳(见图 6.7),另一艘是交通部三航局委托的 3 000 吨举力半潜驳("三航工 2"号,见图 6.8),先后通过旧船改装设计建造而成。前者一次成功完成了该发电厂冷却水取水源的制作、拖运和沉放作业,节省了施工投资上百万元,获得了良好的经济效益,后者则在马鞍山等工程急需开工时刻及时提供了适用的装备,短平快地完成了几十个经济实用砼沉箱的制作及沉放,较大地降低了预算的投资额。

图 6.7　2 500 吨举力半潜驳

3 000 吨半潜驳"三航工 2"号是我国首次设计建造的半潜船,填补了工程船的一项船型空白。钢材用料中新旧料比例为 1∶5,整船造价低廉(约为进口二手船的 50%,全新船的 25%)。其技术性能是:将油船双层底改造为主船体,

图 6.8 3 000 吨举力半潜驳"三航工 2"号

加上其局部舷边翼舱,延伸成四岛式半潜驳。该船船长 90.64 米,型宽 35.3 米,吃水 1.89 米。平衡塔高 14.9 米,最大沉深 13.5 米,压载水舱 20 个,压载水舱容积 7 342 立方米,最大举力 5 630 吨,临界初稳性高度(GM)值 1.46 米。

在 3 000 吨级半潜驳研制成功的基础上,该院在 2000 年初又接受上海打捞局委托,将一艘 17 万载重吨的"南海希望"号生产储油船改装成 5 万载重吨半潜船的设计任务。该储油船的船首及部分船体结构用作为半潜驳主船体,利用原卸货管路作为压载系统,改进原船锚泊系统的相应机械,重新安装甲板载荷为 15 吨/平方米的全新举升甲板结构等。经过近一年的努力,5 万吨载重吨半潜船"重任 3"号顺利交船,成为我国第一艘大型半潜船。

通过上述三型非自航半潜船的开发设计,我国已基本掌握了半潜船型设计的特点和要求,具备了开发设计的能力。

2002 年 12 月,广州远洋运输公司在广船国际定造的半潜船"泰安口"号交船,该船为国外设计,采用了当时先进的定位系统,在卫星导航系统和计算机的配合下,可以在海上停泊保持船位不变时也不用抛锚(见图 6.9)。"泰安口"号的建成填补了我国半潜船建造史上的空白,打破了欧洲国家半潜船运输市场的垄断。

图 6.9　正在执行运输任务的"泰安口"号半潜船

2003 年 8 月 28 日,广州远洋在广船国际定造的另一艘半潜船"康盛口"号交船。该船是"泰安口"号的姐妹船,其性能、主尺度均相同。在"泰安口"号和"康盛口"号投入使用后,我国在特大型货物运输能力方面跃居世界第二位。

2011 年,中船黄埔和广船国际联手为中远航运股份有限公司以同样模式建造的两艘 5 万吨半潜船"祥云口"号和"祥瑞口"号交付使用。

2011 年 9 月,招商局重工(深圳)有限公司为广州打捞局建造的第一艘 3 万吨自航半潜船"华海龙"号交付使用,该船为国内自主设计。

这些半潜船的交付使用,显示了我国在半潜船设计制造方面已达到世界先进水平,且已经掌握 5 万吨级以上高端半潜船的设计、建造技术。此后我国先后有 30 余艘半潜船、半潜驳船建造或改造完成,其中高端半潜船有 10 多艘。因此在制造领域,我国已经成为世界上最大的半潜船制造国。

截至 2018 年,我国的半潜船总数已达 25 艘,覆盖 2 万吨到 10 万吨所有级别,位居全球首位。

在诸多能够制造半潜船的造船厂中,广船国际占据了全世界半潜船建造的半壁江山。2002—2016年期间,广船国际先后成功设计、建造和交付了8艘2万至10万吨系列半潜船和2艘极地重载型模块运输船,占全球同类型船舶建造市场份额40％以上,在工艺工法、重点难点控制以及流程优化方面均有丰富的经验,是全球综合实力最强的半潜船制造厂商之一。

在广船国际建造的诸多半潜船中,最成功的当属由中国船舶及海洋工程设计研究院设计的10万吨级半潜船"新光华"号。该船总长255米,型宽68米,平坦甲板面积有两个标准足球场大,能潜入水中30.5米,可在海上轻松举起10万吨级重物(见图6.10)。光是列举数据可能不太直观,如果用大船来说明,"新光华"号的承托能力,可以托运一艘国产航母。

图6.10　"新光华"号半潜船

"新光华"号的运载能力仅次于荷兰Dockwise公司的"DOCKWISE VANGUARD"号,为世界第二、亚洲之最。"光华"号还完成了诸多接侨、援外、外贸任务,是一艘名副其实的英雄船。给这艘10万吨级的半潜船命名为"新光华",除了取其中"光我中华"之意外,也是希望它能够像原客船"光华"号一样,继续为我国海洋强国建设做出更多贡献。

21世纪以来我国半潜船制造水平从低端到全球领先,离不开广大科技人员的刻苦钻研,造船工人们的辛勤劳作。结合目前我国提出的从"制造业大国向制造业强国转变"的方针,未来中国造船业会更加侧重于自主研发和创新,从而在全球造船业中处于领先地位。

第二节　我国研发的典型半潜船

一、5万吨半潜驳"重任3"号

"重任3"号半潜驳是按上海救助打捞局的要求,利用17万载重吨生产储油船"南海希望"号改装而成的,主要用于远洋大件货物的运输。该船保留了"南海希望"号的前部分船体结构,并利用原卸货管路作为压载系统使用,保留并改造原船的锚泊设备,增加艉浮箱、泵站等,改造成"重任3"号。

半潜驳方案论证和技术设计由中国船舶及海洋工程设计研究院完成,施工设计则由南通船务公司在改建中逐步完成。2000年10月,正式签订"重任3"号半潜驳设计合同。2001年1月,完成技术设计并送审。2001年2月,前往南通远洋船务工程有限公司进行技术交底。2002年2月,于石洞口大型锚地进行沉浮试验和船体密性试验。

该船尾部推进机舱被整体切除,仅利用船首和船中部分原油舱,对总布置和船体结构加以适当改进,以适应半潜驳的要求。由于船体结构的重大变动,给总体设计带来相当大的挑战。

"重任3"号的主要性能如下:

船型为三岛式半潜驳,即艏楼结构及两个艉浮箱组成半潜状态的浮力体,提供必要的稳性和满足干舷的要求。主船体前部利用原船船体,艉部用艉封板削斜焊接,加上双呆木组成海驳状线型。满足国际远洋被拖船舶所要求的国际公约和有关规定,并符合 CCS 对无人甲板驳规范的要求。半潜状态作业在沿海平静水域进行。该船最大举力 25 000 吨。锚泊定位装置允许该船在 6~7 级风下,顶流(流速小于等于 1.5 米/秒)作业。

依据船东的要求和用途确定该船总长 196 米,型宽 46 米,举升甲板高(型深)12.7 米,满载吃水 9 米,艉浮箱顶高 26 米,艉浮箱平面尺度 20 米×7.7 米,拖航时最大载重量 50 000 吨,半潜作业最大沉深 22 米,允许进入的结构物吃水小于 9.3 米,满载排水量 70 000 吨。

沉浮稳性达到带 25 000 吨荷载浮在水面;荷载下沉中举升甲板刚入水,接近最大沉深状态;空载最大沉深:空载沉至举升甲板刚入水;带大型海洋结构物下沉中举升甲板刚入水。

拖航航速在 10 000 马力拖船拖曳下,其深静水航速相应为:吃水 9 米时为 6 节以上,吃水 6 米时为 7 节左右,吃水 3 米时可达 8 节。

该驳船主体自艏到艉,设有 3 道水密纵舱壁和 4 道水密横舱壁,形成 16 个舱连同艏尖舱,一共设置 17 个压载水舱,再加上艉部两个浮箱共计 19 个压载水舱,配置流量 4 000 立方米/小时、2 000 立方米/小时压载水泵各两台。在紧邻艏尖舱前的部分设泵舱和机舱,机舱中部双层底下设燃油舱,机舱左舷前角上设一淡水舱。

艏体内部承载甲板前端两个凹口内设有拖力眼板及桩、钳等,供被拖带时用。艏体内共设置 4 层甲板,其中举升甲板向上第一层为 A 甲板,设置帆缆舱等;向上第二层为控制甲板,其上设置本驳沉浮控制室及若干生活设施,艏楼甲板用于锚泊装置操纵使用区域。

半潜驳类似于浮船坞,但又异于浮船坞。浮船坞在其作业期间,即在其承载甲板上承载船舶进行坞修时,在相当一段时间区间内应具备相当的抗风能力,方能确保坞修船舶的安全。中国船级社(CCS)的浮船坞入级与建造规范规定,浮船坞在最大沉深、下沉至最危险状态(抬船甲板附近)以及其坞修正常工作状态等 3 种下沉(吃水)状态时,浮船坞的初稳性高度(GM)均应不小于

1.0 米。为达到该标准,须依靠两侧浮坞墙的水线面惯性矩来保证。而半潜驳在下沉承载大型结构件时,由于可以选择在风平浪静水域中进行,同时其又以运载(迁徙)为目的,在其途中反而会遭遇大风大浪的袭击,所以其船体设计中应尽可能降低其受风面积。由此纵观世界上各型半潜驳(一岛、双岛、三岛、四岛式),均未能达到上述对浮船坞要求的稳性标准,而仅在其空载沉浮时,当其举升甲板入水时的 GM 大于 0(即保持正值)即可。这样半潜驳的几个岛(浮箱),水线面就可稍小,亦可腾出大部分举升甲板面积用作抬举大型物体的场地,从而提高该半潜驳的适用性与经济性。至于当其承载大型结构件时,一般可计及该结构件的水线,而惯性矩和浮力,并与半潜驳浮箱的水线面惯性矩相加可满足,起浮时 GM 为正值或稍有富余即可。

该驳船由于是采用旧船改装的,正确估计艉部切除的空船重量十分重要。由于当时既无吃水标尺又无详图,只能依靠测量吃水进行估算,反复纠正,得到正确的空船重量。从最终沉浮试验可知,本船空船重量估算基本正确。

空船时,GM 相当高,因此倾斜试验所需压载物须 1 000 吨以上(分成 4 组)方能满足规范的要求。试验时采用左、右、中 3 个水舱 3 000 吨压载水,左、右泵送,达到产生移动力矩的目的。由于水压载不可避免地产生测量误差(重量及重心)加上试验当日吃水标尺读数的误差,因此倾试结果与原计算的排水量值轻了不少,而空船重心则明显上升。幸而在校核压载水舱容量与最大沉深值时及时发现,而将艏部压载水舱水量增大。空舱自重的减轻,并未影响驳船的最大沉深值。这一点已在 2002 年 2 月长江口大型船舶锚地所作的沉浮试验中证实:该驳船完全可达到最大沉深,即承载甲板以上 9 米水深的要求。

轮机设计的难点在于压载水系统,经反复协调,研发团队克服重重困难,耐心沟通与协调,圆满地完成任务。根据船东的要求,绘制设计半潜驳压载操纵的模拟板,多次与船东协调,修改设计,并在现场测绘液压阀门操纵手柄的尺寸,终于得到船东、船厂、设备厂商的一致认可。此外,利用旧设备来进行修改设计，最主要的问题就是资料不全，特别是柴油机出厂时间久远，当时该型号已停产，研发团队参照了类似型号、功率的资料，有些与实际不一致，安装图与现场实测存在误差等，给系统调整、安装带来困难，因此，研发团队注意收集有关资料，以备不时之需。同时选用的旧设备上船之前，一定要在岸上调试完好，并彻底检查，否则将会给最后交船带来不少麻烦。

面对许多全新设备的创新研发，研发团队迎难而上，完成了设计任务。其主要工作是提供两台艏锚机、系泊绞车的修改方案，以及全船压载系统的设计，配合制造厂商进行艏锚机及系缆绞车的齿轮拆装工作。对机械专业而言压载水液压遥控系统的设计尚属首次，一般同类船型的该系统往往是由国外厂商总包，由于是二手设备，也缺乏对该型系统的了解，只能借助现场勘测和查找设备厂商的资料。研发团队通过广泛调研与分析，从兄弟单位和以前的样本中粗略地了解到阀门遥控的基本原理，并于现场进行查对，在此基础上制订液压系统原理图，对照控制台上的设备布置和新设计的液压原理图提出控制台的修改方案。船上有些用电设备在技术设计时因还未及时采购，电力负荷是预估的，实际施工中只能根据设备的实际情况进行相应的修改。总之，该船是利用"南海希望"号储油船船体大部分（船尾及上层建筑均被拆除），在原有船体结构的基础上改建，通过试验获得成功，压载系统两台主泵（355 千瓦）采用软启动获得成功，启动时对电网的冲击不太。两台 180 千瓦的辅泵采用直接启动也没有问题。通过液位测量系统得到各舱的液位及船舶倾斜度。压载控制台的设计也比较成功，达到了原来的要求，操作比较方便，但因采用手动阀直接控制，管路略有增加。

交船后，该船承担了多项重货运输任务。2002 年 9 月 15 日，"重任 3"号半潜驳装载 28 艘运输船舶，从上海港出发顺利抵达荷兰鹿特丹港（见图 6.11）。此次远航历时 100 天，全程 14 500 海里，由大马力远洋救助拖船"德意"号拖带。驳船从外高桥港出发，绕道好望角，沿非洲西海岸北上进入大西洋，经英吉利海峡抵达鹿特丹港。所载 28 艘莱茵河内河运输船,最大的两艘长 135 米、宽 17 米,单艘重 1 500 吨。拖航作业方案经中国船级社审批,采取弹性绑扎方案。

图 6.11　"重任 3"号半潜船

2003 年 10 月至 12 月,该船装载了 13 000 吨桁架式平台的立柱本体从阿联酋吉布阿里出发前往墨西哥湾的美国帕斯卡古拉。航程近万海里,驳船租费 70 万美元(租金 5 000 美元/日)。此次作业时,由于立柱本体超长,而将该船的两个浮箱暂时拆除后进行作业,该船交付使用后,充分发挥其特长(承运大件货物)创造较好经济效益。

二、25 000 吨半潜船"泰安口"号

我国拥有的第一艘半潜船"泰安口"号是由 DELTA MARINE 公司和上海船舶研究设计院联合设计、广船国际股份有限公司制造。该船船长 156 米,型宽 36 米,型深 10 米,夏季吃水 7.5 米,最大下潜吃水 19.0 米,排水量 25 000 吨,载重量为 17 550 吨,服务航速不小于 14 节,续航力为 12 000 海里。该船于 2002 年

12 月 18 日驶离广州海心沙码头开往新加坡。

该船是我国第一艘新建的自航半潜船,它的成功建造填补了我国半潜船造船史上的一项空白。这种新型半潜船在当时世界上只有 4~5 艘。"泰安口"号被称为亚洲第一船,主要是在于其特殊的船体结构,集中装置了多个当时国际领先的自动控制系统设备。

"泰安口"号的设计和建造在不少技术问题上打破了传统观念,包括装置了集成推进和方向控制为一体的 SSP 电力推进系统,驱动较为轻巧的螺旋桨来驱动船舶航行,代替了传统大型柴油机直接驱动船舶前进的方式。运转中的螺旋桨可以 360 度回转,使船舶可以在极小的回旋半径和范围内灵活操纵,自行离靠码头和非常灵巧地自装自卸货物。

该船装置了 6 600 伏中压电力系统、动力定位控制系统,解决了海上工程设备定位、定向安装作业的根本问题,给海上开采业提供了极大的安全保障。

船上装置了 4 台低压大排量螺杆式空压机,对全船 43 个压载水舱和两个浮箱的压载水进行控制,其中 37 个压载水舱使用了该系统,另外 6 个压载水舱和两个浮箱采用泵浦装置。其主要优点是安全、快速,可以同时对多个舱进行控制。该船的监测警报点多达 4 000 多个,因此装置了 IMAC55 集中自动控制系统,应用了多项前沿信息技术和自动控制技术,采用光纤通信技术。

"泰安口"号不但能装载特殊设备和货物,在特定的条件下还可以协助深海打捞;两艘同类型船一起协同作业,可以直接进行海洋工程如海上石油钻井平台的定位安装作业等。

该船的载货平台面积为 32 米×126 米,装载大型浮装式、浮卸式货物时,"泰安口"号的下潜深度可达 19 米,载货平台没入水深 9 米。"泰安口"号还能装载超长、超宽和超高的大型货物是其区别于其他类型船舶的主要特征。由于"泰安口"号承运货物的特殊性,在建造时就受到了国际海上石油开采、海上工程建设、海上工程设备制造供应厂商和海上工程运输企业等的青睐。当年中远航运陆续收到来自日本、韩国等国家和地区的承运订单不下 10 宗,市场前景十分诱人。该船第 4 航次装运大型石油天然气钻井平台中央处理模块,该模块长 60 米,宽 32 米,高 60 多米,重 9 600 多吨。"泰安口"号不仅要将这一庞然大物顺利承运到目的地,而且还要在海上与平台支柱进行精确的以厘米计的动态对接。船员在关键时刻凭着熟练的基本功,成功实现了模块底部的 8 个安装点与海上 8 个支撑点准确对接。

中远航运主要经营特种杂货远洋运输业务,拥有包括重吊船、半潜船、滚装船、多用途船和杂货船等,承运的主要货物为超大型特殊设备,特重、特长大件,包括船艇、机车头、挖泥船、桥式吊机、成套设备和石油钻井平台等海上工程技术的特种货物。海上石油勘探开采设备的运输是中远航运的强项,目前国际上只有少数几家航运公司介入该领域。"泰安口"号新型半潜船投入营运后,其特种船队综合竞争能力有所上升。

三、25 000 吨半潜船"康盛口"号

"康盛口"号为载重量 18 000 吨级,排水量 2.5 万吨的半潜船,是"泰安口"的同型船,是当时国际上技术设备领先的半潜船之一。由 DELTAMARINE 公司和上海船舶研究设计院联合设计,广船国际制造。该船上层建筑及机舱位于艏部,装货甲板设在舯、艉部。船舶由电力推进系统推进,设有动力定位系统。该船总长 156.0 米,型宽 36 米,型深 10.0 米,夏季吃水 7.50 米,下潜吃水 19.00 米,载质量 17 860 吨,服务航速 14 海里/小时。

该船的主要设计特点:一是用浮装/浮卸的方式,可装卸钻井平台、船艇等,还可下潜深度为承载甲板以下 9 米,通过艉跳板用滚装/滚卸或滑装/滑卸的方式装卸大型集装箱门吊、钻井设备等并凭借 4 台货物绞车的协助,可将货物移至甲板上的指定位置。二是机动性好,该船配置由主发电机组供电的吊舱式全回转螺旋桨电力推进系统,4 个螺旋桨可 360 度旋转,船首设有两套侧推装置,增强了船舶的机动性。三是船的定位能力强。船上配备的 DP-2 动力定位系统,可使船舶定位在任何预先设定的位置上。四是船的稳性好,

全船共设有 43 个压载水舱可调整前后、左右、上下压载舱的压载水量,取得合适的纵倾、稳性和摇摆周期,可在驾驶室后部的压载控制台上遥控整个压载水系统。五是该船装备的设备先进,有的技术和功能处于国际领先水平。

该船交付后,2003 年 10 月首航,成功地在新加坡西锚地浮装钻油平台"RONT APPMEYER"号,创下了单件货物重量的最高纪录。该钻油平台重量9 471.5 吨,长度 74.04 米,宽度 61.11 米,高度 134.44 米,属于超重、超长、超宽和超高的"四超"货物,此次成功装船显示了"康盛口"号的运输实力。2020 年11 月 25 日,中远海运半潜船"康盛口"号顺利下潜,浮装一件重逾万吨的"巨无霸"箱式单元,再次充分展现了中远海运特运船队举重若轻的实力。"康盛口"号此次潜装大型 LNG 海上浮式再气化单元"TORMAN"。该平台为长96.4 米、最大宽度 47 米、高 33 米的长方体厢式单元,重达 10 709 吨。要在有风、流、浪、涌的海上将这么个"大块头"安全顺利装上船,难度可想而知。此外,该船的载货干舷高达 16.5 米,也给作业中的拖船带缆和装货带缆带来较大困难。在研发团队的共同努力和默契配合下,将大件顺利装载安全运到目的地,实践证明"康盛口"号半潜船各项性能指标均达到设计要求,受到用户好评(见图 6.12)。

四、30 000 吨半潜船"幸运天使"号

30 000 吨半潜船"幸运天使"号由中国港湾建设(集团)总公司委托中国船舶及海洋工程设计研究院进行改装设计,南通港闸船厂改装建造,2003 年交付。

该船是由一艘 1979 年建造的钢质、圆艏、方艉、平甲板非机动甲板驳改装而成的一艘具有 3 个浮箱,最大沉深 18.5 米的海洋半潜驳。该船总长 150 米,型宽 40 米,型深 8.5 米,满载吃水 5.7 米,满载排水量 30 000 吨,最大沉深18.5 米,最大沉深时的排水量 53 000 吨,最大举力 15 000 吨。

图 6.12 "康盛口"号半潜船正在运输大件货物

该项目于 2002 年 11 月开始设计,12 月召开了有船东、船厂参加的改装设计评审会,获得通过并于 2003 年交船。

该船系利用旧船舶改建而成,技术资料不全。对于改建为半潜驳,掌握空船重量以确定半潜驳设计深度所需的压载容积是至关重要的。空船重量计算相当烦琐,应考虑原船重量,腐蚀裕量,结构拆除重量、新增结构重量、拆除设备管系重量、新增设备和管系重量。根据重量计算结果,可以确定船内主压载舱容积和新增浮箱容积以达到半潜状态的性能指标,并有条件在主体压载舱范围内敷设纵、横管隧。完工后的倾斜试验证明空船重量与设计计算值相当吻合。

中国船舶及海洋工程设计研究院在设计伊始即组织两次实船调研,主要目的是观察了解该船改装前的原貌、结构概况,主要锚泊设备的规格、外形尺寸、艏部机舱布置和原有设备可利用的程度,以及风冷发电机组的型号等。经过调研,研发团队增加了感性认识,给设计工作的顺利进行提供了依据。该船完工交船后,船东对使用情况反映良好。

该船主要的液舱的舱壁板大部分锈蚀,所以给结构设计带来较大困难,但研发团队下厂实地了解了情况,确定了改装的方案,并且较快地完成了方案设计与施工设计,为工厂能按时开工创造了条件,并且多次下厂进行现场施工配建,具体解决在施工中存在的问题,使该船改装能按时、保质地完成。在各项技术指标的检测中,结构强度、刚度均满足设计要求,得到用船部门的一致好评,也为今后设计新的半潜驳积累了一定的经验。

在设计过程中主要解决了以下技术问题:

一是造船厂在施工过程中拆除舱内某些构件时发现大部分舱壁板严重腐蚀,研发团队及时下厂,掌握结构构件测厚情况,并制定了换板的范围,同时增加了该部分结构的图纸。

二是为便于压载管系的布置,操作中对蝶阀的管理以及下潜过程中艏、艉浮箱之间人员的往来,对总布置作了适当的修改,增设了艏、艉贯通的管隧和艉部左、右浮箱之间的管隧,深受船东的欢迎。

三是解决了大功率压载泵电机启动问题,并对船员进行培训。

四是对艏、艉三点锚泊定位问题进行了充分的论证和计算,确定了半潜作业时锚泊定位的气象和海况条件。

研发团队在此次设计中重点考虑的是锚泊、拖曳等系统。

在锚泊系统关键技术突破方面,根据技术任务书的要求,该船采用三点定位方式,另从经济性角度考虑,要尽量利用原来设备。原船的锚泊系统为艏部左舷单台锚机,艏、艉在左、右舷各设液压绞车一台。按计算的舾装数,该船可改配一只艏锚,锚重不小于 7 350 千克。而实际该船设置的锚是下潜定位作业时所用,所以在设计过程中实际采用的是链线方法,计算所得环境力之和为27.4 吨。船东购买的旧锚为 10.28 吨的斯贝克锚,其抓重比为 3～4,故完全能符合要求。锚机采用的是原船的液压锚机。艏部增设锚链筒及凸台。艉部设了两只 5 吨的轻量型锚,由原船的液压绞车中的两台作为艉锚绞车,其拉力为

20吨。在艉部两侧各设一个锚架用于此锚的存放。

系泊部分按计算的舾装数,应配5根系船索,设计中将剩余的两台原船液压绞车设置在艏部,另在艏、艉和两舷各增设一台电动系泊绞车(带副卷筒),正好满足要求。原船的设备均得到了合理的利用,为船东节约了相当的费用。

原船舶备了一套拖曳设备用于拖带。按照《海上拖航法定检验技术规则》,应配备两套拖曳设备,因此该船增设了一套应急拖缆,并将其用于固定双索缚于右舷舷侧,使用时只需拉住浮标即可使拖缆脱离舷侧。原先设计中考虑用钢缆,但根据船东意见,钢缆耐腐性较差且需要保养,因此最后确定用八股丙纶绳替代。主拖索的回收通过艏浮箱右侧的电动系泊绞车副卷筒进行。

五、30 000 吨半潜船"华海龙"号

30 000 吨半潜船"华海龙"号的船东由广州打捞局,中国船舶及海洋工程设计研究院设计,深圳招商(重工)有限公司建造(见图6.13)。

图 6.13　30 000 吨半潜船"华海龙"号

2007年研发团队按船东要求进行工程可行性论证,2008年初船东启动项目招标工作。2008年4月中国船舶及海洋工程设计研究院设计中标,开始设计。2009年10月开工建造,2011年1月9日下水,2012年1月9日正式交船。

该船为当时国内完全自主研发的载重量最大的自航半潜船,是一艘钢质、流线型船首、短艏楼、方型艉部、宽敞作业甲板、电力推进、设置DP-1动力定位系统和锚泊定位系统的半潜船。采用三岛式船型,开敞甲板,艏楼,艉部设有两个螺栓固定可移动式浮箱,以方便载运大型船舶及海洋结构物。航行于无限航区并可在无限航区作业。

载重量30 000吨,最大下潜深度23米。主要用于大型船舶、应急抢险打捞中破损船舶的装载与运输,同时兼顾海上大型钢结构件、海上石油开采平台、船舶等超大件的运输任务。

该船总长约181.9米,型宽43.6米,型深11米,满载吃水7.8米,最大沉深(距基线)23米,满载载质量30 002吨,半潜吃水排水量98 000吨,定员50人,设计航速约12节,续航力10 000海里。

主要技术及解决的措施包括:

(1) 根据技术任务书的要求,依据对该船主尺度方案和主要性能分析,确定适合的主尺度参数。半潜船属于集多种作业工况、复杂装载工况于一体的大型重货运输船,其主要性能涉及装载、运输、浮托、下潜起浮等多种作业模式,因此除了根据世界上当前营运的半潜船主尺度分析比较外,还需要根据初步的主尺度选择和主要性能参数要求进行综合考虑分析,评估各种因素的影响和作用,最终确定了该船的主尺度参数。

(2) 根据船东要求的锚泊作业环境,对锚泊定位能力的分析与要求,结合船型、所受到的环境力,确定了该船锚泊定位系统的配置。

(3) 根据技术任务书要求的吃水变化和相应的压载时间,进行压载系统配置分析。依据泵压载和空气压载的优劣,确定该船的压载设备参数,配置压载系统。并根据本船装载稳性和破舱稳性等要求,设置并确定合理的透气系统、扫舱系统和合理的管径和布置。

（4）电力系统配置方案，要求采用电力推进方式，同时具备 DP-1 定位的能力。综合考虑常规航行和动力定位两种配置的要求，分析电力系统的各工况用电需求，配置合理的电力系统。

（5）船舶重量、重心决定着装载运输和下潜、起浮两种工况的主要性能，须进行相关分析。根据重量、重心的预估情况，对重量和重心位置的变化采取敏感度分析的方法，分析极限情况，指导船厂在施工、设备采购等过程中控制重量及重心高度，保证了船舶最终的浮态和稳性满足设计要求。

对空船重量、重心的控制。半潜船的空船重量是一个关键因素，半潜船的特点是能潜能浮，因此浮力和重力的平衡是设计的关键。空船重量的要求不同于常规的运输船，重量的预估不能过重也不能过轻。过重，则影响装载能力；过轻，则在压载水满载的情况下还不能达到最大下潜深度。重心高度也必须严格控制，重心高度直接影响特种货物的装载能力。在设计过程中，先后多次对该船空船的重量、重心进行详细统计，分析变化规律，并在设计的过程中进行逐步优化调整。尤其重要的是，在详细设计开始阶段，还进行了空船重量、重心的敏感度分析，分别规定了满足船舶装载和下潜安全所对应的重量、重心的上限和下限要求。实船最终倾斜试验结果与设计的预估状态相当吻合。

（6）该船的干舷采用 B 型干舷，因此破舱稳性等的校核采用 SOLAS 的概率方法，确定干舷和破舱稳性。这对该船采用水压载系统，且每舱采用独立透气管的方式较为适应，有利于对船舶的安全性进行有效控制。

（7）半潜船的沉浮操作属于关键操作技术。交船前应进行沉浮试验操作。该船的沉浮试验先后经过程序分析、操作步骤分析、安全检查配合等相关环节的分析、论证、审核工作。该船分别进行了艏倾和艉倾的下潜操作，相应地进行了艉部和艏部的密性、安全性检查。最终以艏倾下潜就位。安全检查包括了各水密连接位置、信号与通信等，为保障检查人员的安全，采取了循环检查和关键部位反复检查的措施。

(8) 该船推进方式在设计之初还存在不同的观点,有采用全回转还是常规轴系推进方式的争论。从性能方面分析,在相同功率情况下,动力定位用全回转推进器的推进效率要优于常规舵桨推进的方式;从使用角度来说,常规舵桨的方式更适用于航行工况,且维护保养简单。最终从用途、造价、设备的供货周期、维护保养等多方面权衡选择,该船最终选用了常规舵桨的电力推进方式。

(9) 浮箱型式变更。由于该船具备长时间下潜定位打捞作业的功能,因此艉浮箱设计的尺寸较大,主要是为了适应较恶劣海况下的安全问题。从该船的下潜情况来看,下潜的过程非常平稳,很安全。

(10) 为了能够方便地适应运输工况,该船的浮箱由原先的焊接拆卸方式更改为螺栓固定式连接,因此采用了先进的重货移动设备完成这一工作。由 6 个千斤顶和两套液压牵引油缸及平板小车组成浮箱移动专用设备。在结构、舾装、轮机、电气专业的配合下,完成了这套方案的具体实施。这套设备的移动能力达到了 400 吨,试验一次成功,移动时间上与小型浮箱(目前国内外移动的最大浮箱重量约 200 吨)基本相同。这也是本船后期改扩建项目中的一个亮点。

"华海龙"号的顺利交付大大增强了我国海上应急抢险打捞的能力,同时兼顾海上大型钢结构件、海上石油钻探平台、船艇等超大件的运输任务,以实现商业性、经营性、公益性打捞,充分发挥了该船的效能。项目具有多项自主创新设计内容,且具有自成特色的创新性和技术特征,拥有多项自主知识产权成果。

一是该船技术状态先进,为完全独立自主研发的兼顾打捞作业和航行运输功能的自航半潜船。研发团队完成了 3 万吨半潜船的总体性能优化、总布置优化、结构优化设计、船模试验与推进装置设计、压载系统设计、半潜船中压电力系统设计等核心工作。该船载重量指标精准实现,载货能力较强,自动化水平配置较高。

二是它采用了 DP-1 动力定位系统和锚泊定位两种定位系统的半潜船,满足不同水深、不同海底情况时的定位要求。

三是该船环保水平高,自主设计并配置了满足欧盟港口燃烧低硫油要求的相关配套系统。

四是研发团队自主研发了具有国家专利的半潜船的压载水处理方法和布置方案，首次解决了半潜船超大量压载水处理的难题。

五是建造管理理念先进，首次自主研发了将《船舶专用压载舱和散货船双舷侧处所保护涂层性能标准》落实到半潜船的设计建造过程的新工艺方法。

"华海龙"号在 2012 年 1 月交船后随即投入中远航运的 Pool 商务合作营运模式。"华海龙"号通过 2 年来 11 个航次的营运实践，船舶性能、设备状况和建造质量得到了全面的考核，表明该船总体建造质量较好，充分证明了该船的建造达到了技术任务书和工程可行性报告的要求，能够用于"大吨位沉船打捞"和"大型结构件运输"等。

实际海上作业情况也证明，该船具有优良的下潜作业性能，完全能够承担规划中要求的相应打捞作业任务，且由于营运业绩良好，因此获得了较好的社会效益和经济效益。

六、5 万吨半潜船"海洋石油 278"号

5 万吨半潜船"海洋石油 278"号是由中国海洋石油工程股份有限公司委托芬兰 DM 公司提供基本设计，中国船舶及海洋工程设计研究院承担详细设计，深圳招商局重工船厂承建的一艘大型半潜运输船。

该院的研发团队，前期配合船东对基本设计方（芬兰 DM 公司）提供的图纸进行审查，并着手准备开展详细设计工作。2009 年 6 月，中国海洋石油工程股份有限公司与该院签订详细设计合同。2010 年 8 月 28 日项目开工建造，2012 年 3 月 15 日在深圳招商局重工船厂码头交船。

5 万吨半潜式自航工程船"海洋石油 278"号是世界上第一艘带有 DP - 2 级动力定位系统的半潜船，其载重能力为 52 789 吨，甲板载荷为 27.5 吨/平方米。"海洋石油 278"号的功能配备先进，采用电力推进、全电力变频驱动、无人机舱等一系列先进配置。

图 6.14　50 000 吨半潜船"海洋石油 278"号

"海洋石油 278"号主要性能如下：能通过浮托法用来运输和安装平台桩腿结构的上部模块；典型的上部结构模块的重量为 18 000 吨，重心在主甲板上 24.0 米，最大横向偏心不超过 1.0 米。该船具备下潜到最大吃水 26.8 米（主甲板在水面以下 13.5 米）的能力，通过这种方式来装载/卸载及运输浮体货物，例如半潜钻井平台和其他海上结构物。船尾朝向码头系泊时，能够通过滑道装载/卸载桁架式平台等各种货物，在艉部装船时，最大组块重量为 25 000 吨，通过简易改装后，可以装载和运输更宽的货物。该船在所有吃水下均具有 DP-2 动力定位能力。能够根据货物的要求，通过船上的设备对两个甲板上的浮箱重新布置。在设计吃水 10.15 米的情况下，载重量为 52 800 吨。主甲板的载货面积约为 7 500 平方米。货物区域主甲板强度应能承受的货物载荷为：27.5 吨/平方米的均布载荷，66 吨/米的线载荷，570 吨/米的点载荷。

"海洋石油 278"号关键技术研发及技术特点包括。

1. 空船重量控制

该船基本设计的空船重量较轻，经详细设计核算后，重新确定了空船重量和载重量目标,并签订备忘录。控制空船重量和重心的工作研发团队、船东、船厂三方共同合作,采取月度统计并汇报的形式,在生产设计和部分施工建造全过程内进行关键件重量、重心的监控和调整,最终倾斜试验结果满足本船的载重量目标。

在项目研制过程中,研发团队创新地把 PDCA 循环控制理论运用到重量、重心的控制策略中,制订了详细的空船重量、重心控制规划并实施监控,成功化解了半潜船重量、重心控制风险,实现了该船载重量的最大化和下潜深度最大化两大矛盾指标的完美协调。

2. DP-2 动力定位系统

半潜船配置动力定位系统主要基于海上"浮托法"定位安装作业的需求。以往半潜船未配置动力定位系统,即使配备了,其应对海况的作业能力也较低。该船采用技术先进、配置合理的具有高定位能力的 DP-2 级动力定位系统,满足了 6 级风、3 级海况下安全作业要求,将作业范围扩大至深水海域,并实现了全吃水范围(轻载吃水至最大下潜吃水)的动力定位能力,大幅提升了作业效率。

3. 压缩空气压排载系统

该船的压载舱容量较大,总压载水舱容超过了 10 万立方米,为完成快速下潜、起浮的半潜作业要求,该船与国际主流半潜船配置相同,配备了大容量的压缩空气压排载系统。该船压载系统配置的主要设备有:艏部压载泵两台(1 500 立方米/小时×3.5 大气压),艉部压载泵两台(400 立方米/小时×3.5 大气压),排载空压机 4 台(6 750 立方米/小时×3.5 大气压)。实船下潜试验证明,该船设计所匹配的设备最终能满足了设计任务的要求。

压载水处理是国际环保方面的最新要求,现有的压载水处理装置均针对普通商船,处理能力不适合配有大容量压载水系统的半潜船,尤其是采用压缩空气排载的半潜船。为此研发团队一起研究,分析具体工况,创新设计并运用了一种适用于压缩空气压排载系统的压载水处理系统,解决了半潜船压载水处理的技术难题,扩大了本项目营运范围,该项技术同时成功申请了国家专利。

该船交付后,交由世界先进的半潜船运输管理公司 DOCKWISE 营运,随即开赴南通,浮装一艘浮船坞运往新加坡。

"海洋石油 278"号的顺利交付标志着我国具备了自主设计和建造具有世界领先水平的大型半潜船的能力,随着海洋石油工程股份有限公司和DOCKWISE 公司的合作营运,也能够培养一批具有先进船舶管理和使用经验的人员,将带动我国在先进大型半潜船设计、建造和营运等方面的快速发展。

该船荣获 2014 年度中国船舶工业集团公司科学技术进步奖二等奖、中国造船工程学会科学技术奖二等奖以及 2015 年上海市人民政府科学技术进步奖三等奖。

七、10 万吨半潜船"新光华"号

为抢占海洋工程高端装备的运输、安装市场,中远航运(香港)投资与发展有限公司与广船国际于 2014 年 8 月签订了一艘 10 万吨级半潜船项目的建造合同。该船由荷兰 VUYK 工程公司完成基本设计,中国船舶及海洋工程设计研究院完成详细设计合同。该船于 2015 年 11 月 7 日开工;2016 年 12 月 8 日交船。

该船适合于无限航区航行,满足双机舱推进冗余设计,即单边推进因机械故障等失去功能的情况下可确保另外一边推进不受影响并能持续工作 3 天以上。在 10.5 米吃水下的最大载重量约为 98 000 吨,可下潜至吃水 30.5 米,其主要技术性能指标和作业能力达到或超过国内外同类型船舶的技术水平。配置有快速空气压排载和水泵压排载综合智能调载系统,压排载系统及控制系统全面满足 BW－FMEA 验证要求。该船以高效稳定、安全冗余、智能分配调控的方式实现快速下潜起浮作业。多种冗余控制作为安全保障措施,使"新光华"号在 2016 年底交付营运时以世界领先的技术水平,打破了超大型海洋装备运输市场被垄断的局面,极大提升了我国超大型海洋装备的自主运输能力。

该船总长 255.00 米,型宽 68.00 米,型深 14.50 米,夏季吃水 10.5 米,载重

量 98 370.5 吨,最大下潜吃水 30.5 米,服务航速 14.5 节,续航力 20 000 海里,推进功率 21 300 千瓦。

该船主要创新点如下:

全船技术状态先进,载重量 10 万吨级,是当时世界上载重量第二大的半潜船;采用双电力推进,也是世界上配置 DP-2 动力定位系统、载重量最大的半潜船;下潜深度达到了甲板以上 16 米,是当时世界上潜深最大的半潜船之一;开敞的甲板面积达到了 13 500 平方米,甲板设计载荷达到了 20 吨/平方米,强框架线载荷达到了 125 吨/米,装载能力突出;满足 DNV ICE-1B 冰级;具有 RP 冗余附加标志,系统自动化程度、冗余度、可靠性高;安全、环保,绿色节能设计,设计并配置满足欧盟港口燃烧低硫油的相关配套系统;设计并配置满足 IMO 要求的压载水处理系统;采用水润滑轴承,轴系对海水零污染;采用整船减振降噪解决方案,居住舱室人性化标准达国际先进水平;PE 管在压载系统上的应用;载货甲板超厚钢板 60 毫米的焊接工艺。

该船主要关键技术包括:

(1) 空船重量预报精准、控制得当,最大下潜深度和载重量同步实现。

半潜船的载重量是衡量其装载能力的一个重要指标,而最大下潜深度是衡量其整体作业能力的另一个重要指标。该船的装载量超过了 10 万吨级,是目前世界上载重量第二大的半潜船;而其最大下潜深度达到了作业甲板以下 16 米(船舶基线达到水下 30.5 米),是目前世界上下潜深度最大的半潜船之一。对半潜船船型来说,精准预报并控制空船重量,是总体设计的核心和基础。该项目无母型船做参考,船舶宽深比(B/D)接近 4.7,是半潜船中最大的,结构设计难度大,重量估计困难。从方案设计阶段到详细设计阶段,始终坚持将空船重量预报和控制作为各专业的首要任务。在方案设计阶段,采用中舱段三维建模与经验估算相结合的方法,并对结构重量进行了与总强度相关的敏感性分析,最终与基本设计阶段的估算重量与倾斜试验结果相比,偏差不超过 2%。而详细设计的估算重量与倾斜试验结果相比,偏差更是控制在 1% 以内。由于空船重量、重心高度预报准确,该船在无货物下潜作业时 GM 值始终不低于1.5 米,下潜作业的安全性能突出。

(2)推进系统满足挪威船级社 RP 冗余设计要求,系统可靠性佳,航行安全性能突出;同时,优化线型设计,节能增效提升营运效益。

超大型半潜船装载的货物体积庞大,价值高昂。为了保证航行安全,该船的推进系统取得挪威船级社 RP 冗余附加标志,保证推进系统在发生任何单点故障的前提下,还能保留至少 50% 的推进功率。该船的航行安全性能突出,即使在一条推进链失效的情况下,仍能以不低于 10 节的航速航行。采用系统工程设计方法,须兼顾总体、轮机、电气、舾装和通风,辅助以故障模式分析失效分析,保证将两条推进链上所有可变因素均须考虑进去,甚至包括燃油日用系统、淡水冷却系统、控制空气系统和通风系统的管子(非活动部件)的损坏等。

该半潜船从事营运业务,航行工况占据大部分时间,因此航速和油耗是决定本船经济性的关键因素。该船线型通过船模试验方法,针对船舶阻力和推进效率开展分析研究,最终选择直立型船首,优化了压载和满载吃水之间的船舶阻力,实际油耗指标较理想。

(3)该船全电力驱动,技术状态先进,功能配置齐全,是世界上最大的配置DP‒2 动力系统的半潜船。

该船全电力驱动,主电站的装机功率超过 36 000 千瓦。该船的型宽大,装载货物时受风面积也大,在狭窄航道或下潜装卸货物时,保持航向和船位的能力要求较高。该船除了双轴、双桨电力推进,舯、艉各配置两台大功率隧道式侧推装置外,还配置了 DP‒2 动力定位系统。研究中广泛调研超大型半潜船动力定位的使用场景,研究使用需求,合理确定动力定位能力,使舯、艉侧推装置和电站的配置达到最优,从而既满足超大型半潜船的定位使用要求,又控制初投资和营运成本。

通过对 10 万吨级半潜船的设计建造,在半潜船舶研发设计领域取得了重大突破,掌握了超大型半潜船的设计、建造关键技术,完成了 10 万吨级半潜船的设计和实船建造及交付,其主要技术性能指标和作业能力达到或超过国际同类型船舶的技术水平。具体体现在:

一是以 10 万吨级半潜船为目标,通过产、学、研相结合,掌握超大型半潜船设计的先进技术,形成自主开发的能力,研发具有自主知识产权的新成果,增强企业的市场竞争力,推动企业科技进步,保持企业持续稳定地发展。

二是在国外公司 9 万吨级半潜船基本设计的基础上,提升能力、独立完成了 10 万吨级半潜船的详细设计,生产设计,载重量最终达到 9.8 万吨,设计图纸通过了 DNV 和 CCS 两大船级社的认可,同时将研发成果转化为实船建造产品,并使研发成果在实践中得到验证。

三是完成 10 万吨级半潜船的建造工艺设计和建造工作,并交付船东使用,其性能和作业安全性等各方面营运状况良好,各项性能指标稳定,各系统设备运行平稳良好。

10 万吨级半潜工程船属于高附加值、高技术含量的特种船舶,目前市场价格超亿美元。该项目的研究成果,可为设计、建造和经营服务,为企业争取更多的船舶订单和出口创汇,创造良好的经济效益,达到形成规模化、产业化生产的目标。该项目开发成功将有助于促进相关海洋资源开发工业和海洋工程等相关行业的发展,提高我国造船工业在世界造船界的知名度和高技术含量、高附加值船舶的开发能力,增强企业在国际市场上的竞争能力,为赶超世界先进船舶技术水平奠定了坚实的基础。

自 2016 年 12 月交付以来,"新光华"号半潜船以其卓越的技术性能、优异的建造质量,多次圆满、顺利地完成了超大型海洋装备的超长距离海上运输任务。其中,2017 年 2 月 18 日,该船成功托起"希望 6"号浮式生产储卸油平台,于 2 月 25 日起航,远赴一万多海里外的欧洲,经过 48 天漫长的航程,于 4 月 13 日顺利抵达荷兰鹿特丹港,引起国内外媒体关注。该次航行跨越海域广、海况复杂、航行时间及距离长,更充分地验证了"新光华"号半潜船优异的技术性能及良好的产品质量。

"新光华"号的交付一举打破了欧洲公司对超大型海工装备远距离运输市场垄断的局面,大大提高了我国海洋工程制造企业的世界竞争能力,直接和间接经济效益突出。

10万吨级半潜船"新光华"号,荣获2019年中国造船工程学会科学技术奖一等奖,2018年中国船舶工业集团公司科学技术进步奖一等奖。

第三节 半潜船发展趋势

未来半潜船的技术发展会随着市场竞争,出现如下不同的特征:

(1)无艏楼、艉楼全通甲板开启新一代半潜船设计方向。目前,第二代半潜船的上层建筑包括生活区域全部设置在艏楼,其优点是装载超高、超大货物时,驾驶室前方视线不会受到货物的影响,艏楼后方的开敞式甲板有利于装卸货物的操作。这种布置方式的最大的缺点是不能装载超长货物。随着海上平台尺寸的增大,更大载重能力的半潜船也随之出现。2013年2月建造完工的"DockwiseVanguard"号大型半潜船,艏楼等上层建筑设置在舷侧,因此可以更好地满足日益增长的特种货物海运需求。这种具有超宽、超长的全通甲板的结构布置,代表着一种半潜船的设计方向。

(2)可移动式浮箱使得载货操作更为便捷。浮箱,在半潜船下潜作业时提供额外浮力以及安全储备,目前绝大多数第二代半潜船的主甲板艉部都设置了浮箱。

可移动式浮箱采用焊接或螺栓与主甲板连接,当需要移动浮箱时,可通过滑移装置将浮箱移动到其他位置或吊离。而固定式浮箱作为船体结构的一部分,不可移动。相比固定式浮箱,设置可移动式浮箱在载运海洋平台等特种货物时,具有载货操作方便的优势,因而具有更强的市场竞争能力。

（3）优化空气管布置将成为未来设计的关注点。半潜船设置了大量的压载舱，但所有压载舱的透气管只能在上层建筑某一位置上才能向上伸出，主甲板以下会有密集的空气管穿越水密舱壁。空气管穿越横向结构，会对船体结构强度和密性有很大影响。由于空气管一般不装设阀门，假如个别压载水舱破损后，有可能会通过破损的管系造成其他压载水舱进水。因此，半潜船空气管的优化布置在未来的半潜船设计中将得到更多关注。

（4）配置更多的生活舱室以改善船员的舒适性。随着半潜船技术的发展，半潜船市场竞争的加剧，导致半潜船的租用方对半潜船的要求越来越高。除了船舶承载能力和操作性能，为保证重大件运输安全及解决运输作业中的技术问题，半潜船携带船员的数量也常被当作赢得合同的一个重要因素。

根据规定，定员和乘员最高人数不得超过相关设施的限制。如果要突破这一限制，则需要增加相应的设施以满足国际公约的要求；同时包括人员的安置、货物的系固等需要通过船级社的评估和检查后才能获得批准，但因为半潜船的货运多为一次性任务，每个航次的货物种类都不同，每一个航次必须进行评估和检查，给船舶公司增加了很大的成本。未来半潜船在设计时可考虑尽可能多地布置生活舱室，同时根据船舶预计的定员来考虑救生设备的容量和生活污水处理能力。

（5）优化布置水密门，提高安全性。为最大限度确保船舶安全，防止船舶在破损进水后失去动力，在船舶动力设备的设计布置上，第二代半潜船一般采用独立冗余推进的要求进行设计，将机舱设置为两个独立的舱室，当一个机舱受损失去动力时，另一个机舱仍然可以继续工作以维持船舶最基本的推进动力。船上机器处所的进入通道必须设置在艉楼内部，在装载甲板以下，这些处所的围壁或通道上应设置水密门，能从驾驶室遥控关闭，也可以从舱壁两侧就地操纵。在主动力失灵时，动力、控制和指示器应能工作。

第七章
风电安装船的研发历程

第一节　概　　述

一、简介和种类

随着社会经济的发展,在工业化进程中燃用大量的石化燃料,导致二氧化碳排放量增加,同时在人类活动中,森林和植被屡遭破坏,导致其吸收二氧化碳的能力跟不上排放量。造成地球日益变暖。科学家们对此提出严重警告:如果人类再无节制地燃用大量的石化燃料,一旦地球温度突破临界值,地球将会无法避免地发生大面积冰川融化,释放出更多的二氧化碳,将会使地球不再适宜人类居住。这一事关人类未来命运的严峻问题引起各国政府的高度重视。

联合国于 1992 年 5 月 22 日召开第一届政府间气候变化会议,制定了"联合国气候变化框架公约",作为免责的大国,我国以对保护人类未来命运为前提,对地球气候变化作出承诺,宣布将提高我国自主贡献,到 2030 年单位国民生产总值二氧化碳排放量将比 2005 年下降 65％以上。随后又宣布将于2030 年实现碳达峰,2060 年实现碳中和的目标。

实现这一宏大目标,最关键的措施就是发展绿色新能源,以减少燃用石化燃料。改革开放以来,中国经济迅猛发展,但能源消耗带来的碳排放量增加。

我国的能源消费从改革开放初的 1978 年的 5.7 亿吨标准煤当量,增加到 2019 年 48.7 亿吨标准煤当量,其中一次能源中煤炭的比例仍然超过 50%,改变这种状况已迫在眉睫。遵照习近平总书记的指示,我国已制订出碳中和和碳达峰的目标,并为此作出具体部署。其中发展海上风电是减少碳排放,践行"绿水青山就是金山银山"的一项重要措施。

我国海岸线长,海域辽阔,而且沿海城市也是电能消费的主力军,我国有发展海上风电独特的优势。但是海上风电的发展也存在着技术难度高,建设成本高和不同海域环境条件差异大等问题,尤其困难的是海上专用建设装备的紧缺。

国内的海上风力发电机施工单位大多是从陆上风电建设领域发展起来的,通过在潮间带作业积累的经验逐步向沿海延伸,所用的装备大多适应在陆上或是极浅水域。与当时已经发展到一定程度的欧洲海上风电产业相比,尚处于起步阶段。2011 年 7 月,国家能源局和国家海洋局联合发布《海上风电开发建设管理暂行办法实施细则》,对海上风电建设作出了名为"双十"标准的明确规定,即海上风电场原则上应在离岸距离不少于 10 千米、滩涂宽度超过 10 千米时海域水深不得少于 10 米的海域布局。国家风电发展"十二五"规划也明确指出,鼓励在水深超过 10 米、离岸 10 千米以外的海域开发建设海上风电项目。鼓励海上风电产业到风能资源更加丰富,且对陆地岸线影响更小的近海中发展。

近年来,随着环保问题日益突出和能源供应紧缺,风能作为一种清洁的、可再生的新能源越来越受到重视,风力发电逐渐成为新能源技术中比较成熟并具一定规模的发电方式之一。随着风电技术从陆地向海上延伸,海上风力发电已经成为世界新能源发展的亮点。海上风况优于陆地,风流经过粗糙的地表或障碍物时,风速和风向都会产生变化,而海面粗糙度小,离岸 10 千米的海上风速通常比陆上高出约 25%;海风湍流强度小,具有稳定的主导风向,发电机组承受的疲劳强度负荷较低,使得风机的使用寿命更长;风切变小,因而塔架的高度可以较低。风切变是风矢量(风力、风向)在垂直/水平距离上的变化。在海上开发利用风能,受噪声、鸟类、电磁波干扰等问题的限制较少;海上风电场不涉及土地征用等问题,不会造成大气污染,环保价值高。欧洲从 2000 年以来就开始大力发展海上风电,2018 年总装机功率达到 1 850 万千瓦,占全球海上风电的 84％以上,并且已经从沿海转向近海。海上风机的运输和安装作为风电场建设的重要步骤,其难度要超过陆地,因此适应在海上安装风电塔的各种装备的发展有望拥有风能发电产业链上前景较为乐观的市场。

1. 风电安装船类型

海上风电场开发建设中的最重要一个环节是海上安装。海上风机装置包括基座、风机塔架、机头(含机舱、轮毂及调试系统、叶片)三个主要部件。海上风机通常采用三步安装法:第一步,安装基座;第二步,吊装塔架和机舱轮毂;第三步,吊装叶片。或者在第二步仅吊装塔架,第三步吊装机头组合件,这些组合件在吊装至基座上前已在岸边完成装配。先安装好塔架各部分,然后再安装机舱、轮毂和叶轮组合件。早期安装海上风电机大多是通过在带定位桩的驳船上临时安装陆用起重机或者用起重船来实施。但所用起重船并非为海上风电机设备的安装而特别设计,使用时出现定位精度差,风浪稍大时就不能作业,导致效率低下等问题。起重船用于安装海上风机只能作为兼用,为提高海上风电场设施安装效率,专用的风电设备安装船应运而生。

按照船型特点海上风电安装船可分成:

(1) 兼用风电安装起重船。通常具备自航能力,船上配备起重机,可以运输和安装风车和基座。起重船除在浅水区需要考虑吃水限制外,其余区域不受水深限制,在不同风机位置间转移速度快,操纵性好,使用费率低,船源充足。但起重船作业取决于天气和海况,对控制工期非常不利,且安装稳定性较自升式安装船差。

(2) 坐底式风电安装船。在驳船上,也有在半潜平台上安装起重机和其他相关设备,依靠退潮或压载系统将船体坐在海底上,通过锚泊系统固定,然后进行吊装作业。其优点是稳性好,但受到作业水深的限制,仅能适用于沿海滩涂或极浅水域。移位速度慢,对船底强度需特殊考虑。

（3）自升式风电安装平台。目前应用较为广泛的海上风电安装装备，是配备4至6根桩腿，到达现场后桩腿插入海底的自升式平台，利用升降装置升起船体。通过船体上安装的起重机完成风机的安装。这类的海上风电安装船的甲板宽阔，易于装载风机，通过平台上配有的打桩机可实现基础打桩，吊装时稳定性好。但一般不具备自航能力，需由拖船拖航，导致在现场安装移位时时间较长，影响作业效能。

（4）自航自升式风电安装平台。兼具自升式平台和浮式船舶的优点，与上述安装船相比，其具备一定的航速和可操纵性，可自行现场移位，作业效能显著提升。自航自升平台式风电安装船是当前海上风电安装工程首选的装备。

2. 风电安装船的关键技术

以自升平台式风力安装船为主。这种自升平台区别于一般的自升式钻井平台，重量较轻，插拔桩频繁，升降速度较快，船尾设置大起重量和大吊高起重机，因此在结构设计、设备布置等方面具有如下特点：

（1）桩腿设计。桩腿数量及结构形式的选择要综合考虑作业水深、作业能力、船体结构形式、船舶主尺寸等因素，需要加以平衡各种因素，通过最终的综合分析确定。一般桩腿数量为4～6根，多为圆柱形结构。桩腿结构强度设计需考虑如下工况：① 拖航/自航工况。CCS《海上移动平台入级规范》中规定，自升式平台远洋或油田内迁移时，应考虑由于船体运动产生的摇摆惯性力及倾斜角度，并校核上固桩楔块处的桩腿强度。② 站立工况。上述规范中规定，在正常作业和风暴自存工况下，考虑平台重量、风、浪、流外载荷作用下的桩腿强度，尤其是位于下固桩楔块处的桩腿强度。③ 预压、升船及拔桩工况。此工况一般不是控制工况，但在极端不利条件下也应进行考虑。

（2）桩靴设计。桩靴的大小、形式选择对海上风电安装船的设计至关重要，因为对于此类施工装备，要求作业效率高，插拔桩迅速，因此插桩的深度不宜过深，设计时要根据实际作业海底地质条件确定桩底压强，并综合考虑各种因素以确定桩靴形状、大小。依据规范要求，桩靴的结构强度设计应满足如下工况：① 预压工况，预压载荷同心分布最初接触到完全灌入一系列可能的接触面积上；② 作业工况和自存工况，最大桩腿反力、桩腿下导向处弯矩的 50％和水平载荷叠加作用于桩靴上；③ 特殊工况，桩腿最大垂直反力作用于 50％的桩靴底部面积。

（3）船体设计。海上风电安装船的船体类似平板驳船，长宽比值较小，但在船体上设置有穿过桩腿的围阱结构区域，站立作业工况时防止有过度的中垂现象出现。一般设计时首先确定甲板载荷分布图，根据规范公式初步确定船体各部分结构尺寸（板厚、型材大小等），然后通过有限元直接计算确定船体总纵强度是否满足规范要求。依据规范要求，船体总纵强度分析主要工况包括如下几方面：① 拖航/自航工况，分析船体在漂浮状态下的结构强度，尤其是固桩区域在桩腿摇摆作用下的强度；② 站立工况，分析船体在正常作业和风暴自存工况下的强度，此工况一般为控制工况；③ 预压、升船及拔桩工况，预压和拔桩工况有时也较为危险，应根据实际预压和拔桩设计进行船体强度分析。

除上述的船体总纵强度设计外，还应考虑船体局部强度，主要包括大型设备的基座，如吊机基座、主机基座等，升降围阱区域，直升机起降平台等。此外，船体设计还应满足规范中的拖航时的稳性、站立稳性等相关要求。

（4）升降系统设计。升降系统的安全可靠是海上风电安装船安全作业的保证。目前自升式平台的升降装置有多种形式，包括电动齿轮齿条式、液压油缸顶升式、钢丝绳式等，都各自有相应的优缺点。电动齿轮齿条式升降系统技术成熟，升降速度快，效率高，但由于风电安装船的作业特点频繁升降，齿轮、齿条的疲劳寿命会影响到平台的使用寿命；钢丝绳式升降系统也有实际工程案例，但在安全性、可靠性及使用效率上尚存有疑虑，因此未被广泛采用。因此目前在海上风电安装平台上使用较多的是液压油缸顶升式升降系统。

依据规范，液压油缸顶升式升降系统应考虑插销、环梁和液压系统等的设计；电动齿轮齿条式升降系统应考虑齿轮、齿条强度，传动系统、轴承强度和升降室结构等设计。此外，还应考虑升降装置公差设计、升降系统在船体上的基础设计、升降装置与围阱装配公差等。

（5）起重吊机基座设计。用于海上风电安装船上的起重机吊重量较大，一般应根据吊重能力确定吊机基座位置、形式、与船体的连接形式等，并着重考虑起重机基座的焊接设计、基座的屈服强度、屈曲强度设计以及基座支撑肘板的疲劳设计等，具体设计标准和要求可参照 CCS《船舶和海上设施起重设备规范》中关于起重机基座及支撑结构部分。

（6）稳性考核。海上风电安装船的稳性要求可分为漂浮稳性和站立稳性。此类海上风电安装船一般干舷较小，且舱室布置较为集中，稳性分析时尤其要注意满足规范对平台完整稳性和破舱稳性的要求。站立稳性分析时要考虑舷外起吊和环境载荷方向一致时对其最不利的影响，且倾覆力矩应计及动力放大效应和重力二阶效应。具体设计标准和要求可参照 CCS《海上风机作业平台指南》中的关于稳性部分。

（7）起重机配置。用于风电安装作业的起重机主要有两种：一种是通用型的回转平台起重机；另外一种是绕桩式起重机，是将起重机装在艉部的一个桩腿的固桩室上面，桩腿从起重机的中心穿过。这种绕桩式起重机的布置，能将起重机作业时受桩腿的影响的程度降至最低，充分发挥起重机的功能，同时将起重机的实际吊距损失也降低到最小。以某船 20 米舷外吊距的起重机为例，如果采用绕桩式起重机，考虑桩腿中心线距离舷边仅 5 米左右，其实际吊距达到 25 米就能满足要求，比一般安装在船中心线的通用型起重机的数据小得多，因而降低了性能要求及设备成本。同时，由于起重机筒体不占用作业甲板面积，其利用率也能相应增加，从总布置的角度来看，这种安排无疑是较好的选择。当然，这种布置对起重机和桩腿升降系统提出了较高的要求：首先由于桩腿要从起重机中心穿过，起重机的复杂程度提升了；其次要求严格控制起重机的自重。

虽然绕桩式起重机技术复杂，但由于其在自升式平台上不可替代的优势，近年来应用越来越广泛。国外绕桩式起重机技术比较成熟，最大达到了1 600 吨级。国内相关设备厂商经过近些年来的研发，已成功交付一批 200 吨、

800 吨和 1 000 吨级绕桩式起重机。"福船三峡"号已采用 1 000 吨绕桩式起重机。更大量级的绕桩式起重机,已在研发生产中。

二、我国风电安装船发展历程

世界上最早的海上风电场是 1991 年丹麦在 Vindeby 建成并投入使用的。该风电场由 11 个功率为 0.45 兆瓦的风电机组组成。21 世纪初,更大的风电机组进入商业应用阶段,此时欧洲等国家已完成了 1.5～2 兆瓦的海上风电机群建设并成功完成输电工作。在 2010 年至今,为数兆瓦级海上风电机组应用阶段,以德国为主导的风电机组制造已经达到了 3～6 兆瓦级别,标志着海上风电机组已经开始向大型化转型。

我国海上风电发展经历类似的历程,但起点较高,东南沿海地区走在全国风能利用的前列。我国首个海上风电项目——东海大桥风电场建设由中电国际、中国大唐、中广核和上海绿色能源联合开发,设计规模为 100 兆瓦,单机容量 3.5 兆瓦,共 30 台(见图 7.1)。最初在上海南汇海域、奉贤海域和东海大桥海域等 5 处都曾作为备选场地,最终选定东海大桥海域的原因在于其水深条件

图 7.1　东海大桥风电场的风力发电机群

较好。一般海上风电场的水深都在 5～15 米、距海岸线 10 千米左右的近海区域内建设。东海大桥场址区域内海面上 9.5 米高度的年平均风速达 8.6 米/秒，年有效风时可达 8 450 小时，几乎是全天候 3.5 兆瓦风车机组体积庞大，在海上安装需要适合海上作业的安装船。

2010 年上海东海大桥海上风电场开工建设时国内还没有海上风电安装专用施工船舶，施工使用的是中交三航[①] 2 400 吨大型起重船和中交四航[②]的 2 600 吨大型起重船，采取两次整体吊装工艺。施工中因为依靠锚链系统来对船舶进行定位，极易受到海上潮流和风浪的影响，特别是在风机和上部塔筒作业安装时，工程进度艰难而缓慢。

该浮吊设计主要以满足海洋石油产业的需求为主，吊高有限，一般仅为水面以上 80 米左右，仅能满足 2 兆瓦以下小功率海上风机的安装要求。随着 3 兆瓦海上风机的推出，为了完成"东海大桥海上风电场示范"项目，中交四航的"四航奋进"号 2 600 吨(2×1 300 吨)风电安装船应运而生，起吊高度达到了水面以上 120 米，但是仍然采用漂浮式排水型起重船设计，但耐波性有限，作业窗口期短的问题十分突出(见图 7.2)。

图 7.2 "四航奋进"号起重船吊装东海大桥风电设备

① 中交第三航务工程局有限公司。
② 中交第四航务工程局有限公司。

为解决起重船吊装风机受海况影响较大的问题,欧洲于 21 世纪初开始建造一型专用的风机安装船。2002 年,五月花能源公司与我国山海关船厂签订世界上首艘专用于风机安装的平台"五月花"号的建造合同,于 2004 年开始服役,为英国海洋工程国际公司所有。该平台允许风机塔架的最大高度 100 米(见图 7.3)。

图 7.3　我国建造的"五月花"风电安装平台

该船的主要参数:船长 130.5 米,型宽 38 米,型深 8 米,装载量(可升降)8 950 吨,承载甲板面积 3 200 平方米,甲板承载能力 10 吨/平方米,装载容量 10 台 3.5 兆瓦风电设备,航速最大 8.5 节,桩腿 6 根。液压驱动升船,工作水深 3~35 米,移位、动力定位选用 Kongsberg 公司 Simrad SDPII,定员60~70 人。起重设备:主吊机一台,300 吨×25.2 米/50 吨×78 米,副吊机一台,50 吨×35 米。

"五月花"号平台具备自升和自航能力,拥有较大的载货能力,且吃水浅、能够适应恶劣天气,一次能够运载 10 台风机,一年能够安装的风机超过 200 台,具有较高的安装效率。该平台配备了 300 吨起重机用于安装操作,能够在安装海上风机时升至离海面3～46米的高度,完成海上风电场从安装基座到风机部件所有安装工作。当基座的重量可能超出起重机的能力时,GustoMSC公司设计了一个管桩倒立设备来应付更重的单管桩。其他的安装由主吊来完成。"五月花"号桩腿结构采用超高强度钢(D500－F500),这在当时国内造船中十分罕见,尺寸精度、控制焊接变形及保证焊接质量方面要求很高,工艺复杂,难度很大。以修船为主的山海关船厂历经22个月的艰苦拼搏、精心打造,攻克了设计、建造、系统调试等道道难关,终于完成了这项被列入国家科研计划的重点工程。"五月花"号平台的成功建造,促进了我国船舶工业的产品结构向市场需求的调整,提升了在国际市场的信誉,也使我们了解了这种新型的工程船,为我国以后的工程设计提供了参考依据。

为了解决作业时的耐波性问题,参照欧洲同期的自升式风电安装平台方案,我国于2009年开始研发第一代专业的坐底式风电安装船"海洋36"号和自升式风电安装平台(也可称为"自升平台式风电安装船")"海洋38"号,2013年建成投入营运。"海洋38"号的主要特点是采用4桩腿设计,将传统的全回转起重机(非绕桩式起重机)布置在艉部两个桩腿之间(见图7.4)。

但国内研发的第一代风电安装平台仍属于探索性质的船型,投入使用后,发现采用非绕桩起重机,一般仅能在艉部靠近风机机位作业,作业甲板与风机机位之间被艉部两个桩腿和起重机基座所阻隔,甲板通畅性不足;起重机的起吊能力、有效吊距和吊高无法跟上海上风机安装快速发展的要求;设计作业水深仅有30米左右,且对入泥深度估计不足,桩腿长度显得比较紧张。

针对第一代风电安装船型的不足,以绕桩式起重机为主要特征的第二代风电安装船型迅速推向市场,如"精铟01"号(见图7.5)、"福船三峡"号、"大桥福船"号和"海洋069"号等(见图7.6、图7.7),但仍有部分二代风电安装船采用了非绕桩起重机,如"港航平9"号和"龙源振华3"号。这批船的起重机能力明显增强,机电设备配置也显著提升,作业水深普遍超过了40米。

图 7.4　"海洋 38"号风电安装平台

图 7.5　风电安装平台"精铟 01"号在安装叶片

图 7.6　风电安装船的绕桩式起重机

图 7.7　风电安装平台"大桥福船"号在海上安装 7 兆瓦海上风机

与此同时,随着多艘插桩自升式风电安装船的投入使用,其在淤泥地质风电场的拔桩问题开始显现,所以市场开始探索采用柱稳式平台建造风电安装平台,如"顺-1600"项目(见图7.8)。但受到半潜式平台(柱稳式平台)船型总高的限制,坐底作业水深较浅(32米)。

图7.8 坐底式风电安装船"顺-1600"号于2018年5月底交付使用

国内在建的自升式风电平台船型已进入第三代,以自航、配置动力定位系统为主要特征,基本采用插桩自升式船型。除了"中天科技1/2"号项目由于仅针对江苏海上风电场设计外,其他第三代风电安装船型的设计作业水深普遍达到了50米以上,如"铁建风电01"号、"福船三峡"号、"龙源,振华3号"等。第三代自升式风电安装平台的功能开始也产生分化,部分船型以风机设备的安装为主,所以起重能力以600吨为限;而要求参与桩基施工的船型,则起重能力普遍需要达到1 200吨以满足1 000吨左右单桩的起吊和打桩需求。

我国海上风电场建设虽起步较晚,但发展迅猛,到21世纪20年代我国的海上风电技术也已进入大型化、规模化与商业化阶段,其发展范围包括近海、浅深海,并有规模从小向大迅速扩张的趋势。为了能够更加充分地获取和利用海上的风力资源,深远海将成为我国风电发展的热点区域。

截至 2019 年底,我国累计并网容量 593 万千瓦,成为仅次于英国和德国的世界第三大海上风电国家。海上风电安装从最初的起重船协助到后来向系列化、专业化发展,离不开包括中国船舶及海洋工程设计研究院在内的,我国海洋科技装备研发团队的奋进与耕耘。该院的研发历程总体上代表了我国在海上风电装备研发领域的技术发展轨迹。

第一个阶段,厚积薄发,奠定风电安装船研发基础。

从 2009 年我国海上风电起步阶段开始,中国船舶及海洋工程设计研究院研发团队为南通海洋水建工程有限公司研发设计了起重量 350 吨"海洋 36"号坐底式和 250 吨"海洋 38"号自升平台式两型风电安装船,开启了我国研发专用风电安装船的历史。设计之初,由于中国船级社还没形成相应的规范和指南,为此,中国船级社与研发团队就海上风电安装船的设计和审图的原则召开了专题研讨会,并达成了共识,也为两型风电安装船设计、审图、建造打下了坚实的基础。两型风电安装船建成后为我国海上风电场示范工程建设发挥了重要作用,并取得了良好的经济效益。2014 年,"龙源振华 2 号"800 吨起重量,国内第一艘集"打""吊"一体的风电安装平台交付使用,该平台采用全齿条式升降系统,曾创造过 7 天完成 3 台(套)风机安装的施工纪录,极大地提升了海上施工效率,同时也成了行业装备制造的示范。此后,研发团队时刻关注国家风电发展政策,跟踪市场投资需求,了解风电设备技术发展趋势,加大研发投入,掌握了自升式平台总体结构设计、升降系统、起重设备和动力配置等关键技术,为新一代海上风电安装船的开发奠定了基础。

第二个阶段,精准定位,风电安装船主流船型全覆盖。

2014 年,我国风电安装迎来了良好的发展契机,国家能源局加速推进全国海上风电产业发展。研发团队结合海上风电产业价值链和业务领域特点,积极参与广东、福建海上风电安装船投资可行性研究及方案论证工作,进而在

2015 年与广东精铟海洋工程股份有限公司(以下简称"广东精铟海工")、福建福船投资有限公司签订了精铟 800 吨("精铟 01"号)和福船集团 1 000 吨("福船三峡"号)两型风电安装船的设计合同。

2016 年以来,海上风电船建设迎来了高峰。研发团队又承接了广东精铟海工第二艘作业水深 60 米、起重能力 1 200 吨风电安装船的设计,同时福船投资公司第二艘后续船设计合同生效,签订了韩通 500 吨风电安装船设计合同,完成了尚和风电 1 200 吨风电安装船等设计。2018 年,起重量 2 000 吨的自升式海上风电施工平台"龙源振华 3 号"成功投产,为海上风电深水大机组施工和规模化开发提供了"关键利器"。2020 年交付起重量 2 500 吨的"龙源振华 6号",实现了 20 多项科技创新和专利项目。该院研发团队已成功研发完成并交付了 10 多艘自升式风电安装平台,分布于我国海上南北各大海上风电场,并发挥着重要的作用,实现了海上风电施工核心装备船型全覆盖。

第二节　我国研发的典型风电安装船

一、"海洋 36"号风电安装船

2009 年 7 月,南通海洋水建工程有限公司根据风电市场需要,决定启动坐底式风电安装船建造工程。2009 年 8 月,江苏韩通船舶重工有限公司与中国船舶及海洋工程设计研究院签订"海洋 36"号风电安装船设计合同。该型船是国内首次自主开发的、专用于海上风电安装作业船,用于我国江苏启东、盐城沿海浅海区域及类似海域风电设备安装工程,具有完全自主知识产权。

2009 年 9 月,该院随即成立研发团队启动方案设计工作。2009 年 10 月,研发团队到江苏洋口滩海区现场调研海上风力发电机安装情况。该滩海区是潮间带,涨潮有水,水深 2～3 米,退潮无水,滩涂平坦,表层为铁板砂,承载能力较大。原先已安装的两台 2 兆瓦风机,采用钢管桩混凝土承台基础,在甲板驳上设置大小两台履带吊机,在退潮时坐底吊装作业。每一台安装从打桩到完工历时约 4 个月,主要时间和经费花在基础上面,为此对基础建设进行改进优化,采用单桩或 2～3 根钢管桩做基础。

根据调研情况,与韩通船舶重工公司对下一步设计方向进行讨论。讨论会意见归纳如下:一是认为根据近期在滩海潮间带作业情况,可以采取甲板驳坐底吊装的方法,建造时间短,费用低。自升式平台带推进装置造价高,在后续任务未落实的情况下投资风险较大。二是该院提出的设计方案自升式风电安装平台如果缓装桩腿和升降绞车以及推进装置,同样可以节省投资,加快建造进度。再者在滩海潮间带风电安装工程结束后,可以将其改装成自升式风电安装船,即到水深大的区域作业,使用前景看好。最后会议决定,调整原设计方案,先开展坐底式风电安装船设计(留有改装成自升式风电安装船的条件),再开展自升式风电平台的设计。

2009 年 11 月坐底式风电安装船转入详细设计阶段,2010 年 3 月完成详细设计图纸送审。2010 年 9 月船厂正式开工建造,确定交付时间为 2013 年 2 月。该船定名"海洋 36"号。

在该项目实施的过程中,研发团队加强与 CCS 的沟通。在项目启动之初,针对 CCS 规范对绞车钢丝绳升降机构系统未做出具体的规定,向 CCS 咨询具体的审图要求,并与 CCS 一起针对海上风电安装船方案召开了专题研讨会,就风电安装船的设计和审图的原则达成了初步的共识。

"海洋 36"号为钢质非自航坐底箱型风电安装平台,可以在漂浮和坐底情况下进行吊装作业。设计中预留有桩腿、升降机构室、升降绞车、发电机组以及推进装置等的安装空间,具备改装成能短距离调遣航行的自升式风电安装平台条件,船体结构强度除满足漂浮和坐底作业要求外,还为以后改装留有余地。平台通过主甲板上设置的履带吊机配合艉部固定的 350 吨×31 米全回转电动起重机,可进行 3 兆瓦以下风机的吊装作业。其工程主要包括基座安装、支撑塔架和机舱吊装以及叶片吊装。

该船船长 89.60 米,型宽 36.00 米,型深 5.00 米,设计吃水 1.80 米,结构吃水 2.30 米,作业水深 0 米(坐底)。无限制(漂浮),吊机 350 吨×31 米(坐底,纵倾 1 度,横倾 2 度),245 吨×31 米(漂浮,纵倾 2 度,横倾 3 度)。

该船关键技术和解决措施主要如下:

通过对作业海域环境条件、风机安装流程、起吊重量高度、漂浮坐底工况、打桩功能要求等进行初步分析,认识到该船纵向浮态平衡成为确定本船船型、总布置及主尺度的技术难点,是关键技术之一。

该船起重作业时,吊高要求 110 米,吊重 350 吨。考虑到吊机臂架的搁置和作业时稳性的要求,船长应大于 85 米,船宽至少需要 35 米。要兼顾漂浮状态下起吊作业的浮态和坐底工况下正常作业的地基承载能力,在布置上考虑起重机和居住桥楼一艉一艏布置,同时为便于生活需要和前后重量平衡,淡水、燃油靠前布置。采取上述一系列的措施后,倾斜试验结果表明本船浮态状况较好。

该船不同于常规的起重船,在于其具有坐底作业功能,因此如何保证船舶坐底时的稳性也是设计的关键技术之一。在坐底稳性的校核方面,特地引入了《海上移动平台入级规范》坐底平台坐底稳性校核标准,外界倾覆载荷同时考虑风、浪、流作用和不平衡装载,解决了坐底作业的稳性校核。该平台建成后进行坐底作业,施工人员反映性能良好。

该船在设计时需要考虑坐底作业,同时也要为以后改装成自升式风电安装平台创造条件,因此结构设计成为关键技术之一。该船需要坐底作业,底部设计不同于常规漂浮状态下的起重船,为此在设计中借鉴了有坐底需要的挖泥船底部设计,同时在大型的结构框架设计上参考自升式平台,建立全船有限元模型分析,确保满足船舶结构强度和刚度要求。

由于坐底作业水深较浅,尤其是潮汐来临时,坐底的船舶可能发生滑移,除了校核坐底滑移稳性满足规范要求,同时,设置锚泊系统进行有效定位也是设计的关键技术之一。根据坐底作业的实际环境条件结合船舶自身特点,从典型作业工况来考虑和分析船舶作业时受到的外力作用情况,据此确定作业锚泊设备的配置。

　　"海洋 36"号风电安装船的设计建造成功的意义在于通过该项目的实践，为今后进入风电安装船设计建造领域创造了条件，也为争取后续项目打下了良好的基础(见图7.9)。

图 7.9　风电安装船"海洋 36"号

二、"海洋 38"号自升式风电安装平台

　　"海洋 36"号风电安装船设计建造之后，紧接着设计建造自升式风电安装平台，仍由南通海洋水建工程公司投资，中国船舶及海洋工程设计研究院设计，江苏韩通船舶重工建造。"海洋 38"号为钢质非自航 4 桩腿自升式风电安装平台，设计中留有改装成短距离调遣航行的条件，预留发电机组和推进装置的安装空间。平台设计最大作业水深为 12 米(含天文潮和风暴潮)。平台主体为箱型结构，平面形状接近长方形。4 根方柱形桩腿分别布置在平台艏部及艉部左、右舷处，桩腿下端设有长方形桩靴(拖航时桩靴可完全收入平台船体内)。每一桩腿设有一套电动摩擦卷筒式绞车钢索滑轮组升降装置，桩腿通过升降装

置与船体连接,并可用安全插销固定,平台主体可沿桩腿上下升降并支撑在一定高度上。平台使用艉部固定的 250 吨×30 米全回转电动起重机,通过设置在上甲板上履带吊的配合,可进行 3 兆瓦以下风机的吊装作业。

该平台 2010 年底船厂正式开工建造,船体建造完工后,由于工程需要,2011 年于 9 月作为驳船先投入使用,2011 年 12 月回厂安装起重机和桩腿,2012 年 12 月进行倾斜试验。后由于起重机、升降系统调试等原因,2013 年9 月正式交付江苏南通海洋水建工程有限公司使用。

该船入级中国船级社,适用于江苏沿海(盐城大丰至启东)及类似海域的无冰期作业。甲板面积 1 600 平方米,设计载荷为 15 吨/平方米。平台为单甲板、单底的钢质结构,甲板设有梁拱,设流线型艏部和艉部。在设计过程中,该船预留了两台舵桨侧推装置的位置,可根据需要随时改装为自航船。

该平台在站立状态下进行作业,主要用于海上风电设备的安装,包括基座安装、支撑塔架和机舱吊装以及叶片吊装。该船船长 89.62 米,型宽 36.00 米,型深 5.00 米,拖航吃水 2.40 米,吊机 250 吨×30 米。

"海洋 38 号"自升式风电安装平台为海上自升式风机安装、维修作业平台,其关键技术和解决措施主要如下:

该平台是在坐底式风电安装船基础上开展的方案设计和优化。由于加设了 4 套升降装置和桩腿,作业时平台完全处于站立状态,因此对平台总体技术形态和布置带来了相当挑战。在平台举升重量既定的前提下,不允许设置过大的平台主尺度,需根据相关功能布置需要(如起重机、风机、小型履带吊等)结合升降装置的能力和平台漂浮下的浮态要求,反复调整优化桩腿前后间距和相关舱室布置。

自升式风电平台设计能否成功,很大程度上取决于对平台重量、重心的控制和掌握。设计之初除了对桩腿间距进行反复调整、优化外,对空船重量的估算要预留一定的裕度;详细设计阶段要求各专业对重量进行严格控制,在满足使用要求的前提下,尽量使用重量较轻的设备和材料,质量、重心的统计贯穿整个设计全过程,如发现较大偏离,需根据计算结果对布置做进一步的调整优化,平台生产建造阶段更要严格限制船厂材料代用。

该平台漂浮状态下重心较高,对平台完整稳性、破舱稳性以及运动性能提出了较高的要求。根据各阶段重量、重心统计结果,运用 NAPA 软件对完整稳性、破舱稳性每隔 15 度进行计算校核;运用 SESAM 软件对平台风浪中的运动性能进行分析,为安全航行或拖航提供参考依据。

该平台结构设计,在保证全船结构强度及刚度的同时,须兼顾重量控制。结构重量影响主要涉及主体平台、升降系统、桩腿、生活楼及起重机等。其中平台主体的强度、起重机结构强度分析,桩腿及桩靴结构的强度分析均为技术重点和难点。与船级社沟通落实规范标准及计算要求,对全船结构进行有限元建模,合理地施加载荷及边界约束条件,直接计算优化后,确定结构构件最终取值。

在风电安装船"海洋 38"号上,采用了中国船舶及海洋工程设计研究院自主开发设计的绞车钢丝绳升降机构系统,造价大大降低,实现了关键设备的国产化,降低了船厂的建造成本。该系统是平台的关键设备,关系到平台的安全性,申报了实用新型专利"重摩擦式绞车钢索闭式循环升降装置"。借鉴以前类似系统的开发经验,首先进行原理设计,然后进行部件选型;其次召开相关设计审查会;最后委托有资质的生产单位进行总包,确保升降系统开发成功。

研发团队对新设备的相关原理设计,邀请了多方面的专家进行会审,从技术上把好关。该平台升降系统由于在设计原理上有先天不足,在升起或下降时,由于钢丝绳的拉力作用,使桩腿相对船体发生倾斜,导致桩腿与主船体下部和固桩架顶部发生剐擦、卡住,最终无法正常升降。通过在主甲板和固桩架顶设置滚柱,部分解决了剐擦、卡住的问题。另外平台桩腿围阱下面的耐磨块导角设置过小,平台升降时,桩腿同耐磨块发生摩擦,导致绞车实际拉力减小,升降过程中平台频繁报警。因此,在相关拉力的设置上应加上一定的安全裕度,解决了初始的设计难题。

"海洋 38"号平台的建成投产,使得江苏南通海洋水建工程有限公司顺利打开了风电安装市场,推动了我国海上风电产业的快速发展,取得了良好的经济效益和社会效益(见图7.10)。

图7.10 自升式风电安装平台"海洋38号"

三、"福船三峡"号自升式风电安装平台

根据国家风电发展"十三五"规划,到2020年,全国海上风电开工建设规模达到1 000万千瓦,力争并网容量达到500万千瓦以上。我国海上风电资源丰富,不占用土地,靠近电力负荷中心,发电利用小时数高,适宜大规模开发。由于海上作业环境特殊,海上风电又面临着技术、质量、施工安装、抗台风、可靠性等方面的多重挑战,为此,三峡集团与福船集团、中铁大桥局共同组建了中铁福船海洋工程公司,主要从事海上风电工程施工、救援,海洋工程设备安装、建造、维修、租赁等业务。

"福船三峡"号是中国船舶及海洋工程设计研究院自主研发设计,厦门船舶

重工股份有限公司承建,用户为中铁福船海洋工程有限责任公司的首制海上风电一体化作业移动平台。该平台于 2017 年 6 月交付(见图 7.11)。后续平台"大桥福船"号在 2018 年 3 月 28 日交付(见图 7.12)。

图 7.11 "福船三峡"号风电安装平台

图 7.12 "大桥福船"号风电安装平台

该平台总长 108.5 米,型宽 40.8 米,型深 7.8 米,设计吃水 4.5 米,配备动力定位系统,最大作业水深 50 米;配备一台 1 000 吨全回转绕桩起重机和 200 吨全回转起重机,可携带 3 台 5 兆瓦风机或两台 7 兆瓦风机,甲板面积 2 500 平方米。作为最新一代海上风电安装平台,该平台自动化程度高,具有国内领先技术水平。

"福船三峡"号建造难度较大,在相关部门的密切配合下,厦船建造团队解决了多个技术难点,充分发挥在汽车滚装船上建造的经验,较好地控制了建造周期和精度。值得一提的是,"福船三峡"号从进坞到出坞仅用了不到 4 个月的时间,出坞即基本具备交船状态,刷新了国内同行业同类产品建造纪录。

2020 年 8 月 13 日,莆田平海湾 F21 机位第三支叶片与轮毂法兰对接完成,这标志着"福船三峡"号平台船自下水以来第 100 台风机成功安装。"福船三峡"号自 2017 年 7 月在福清兴化湾样机试验风场完成首秀后,一路高歌猛进。三年来,先后转场参建江苏滨海 H2、江苏大丰 H3、三峡大丰、华能大丰一期、华能射阳 H1、华能大丰二期、江苏华能如东、中闽平海湾二期、三川 F 区、三川石城风场等 10 多个风电项目,吊装太原重工、重庆海装、新疆金风、远景能源、明阳智能、上海电气、东方电气、GE 等 10 余种国内、外知名厂商的风机,熟练掌握不同厂商风机的吊装技术,在实践中总结出高效、高质量的吊装技术方案,培养了一批吃苦耐劳、技术精湛的海上风机安装技术队伍。

三年来,"福船三峡"号创造出多个海上风机安装的纪录:2018 年 11 月江苏大丰 H3 项目,4 艘风机吊装平台船同台竞技,"福船三峡"号单月完成 8 台 4.2 兆瓦风机吊装,在整个江苏风场一鸣惊人。

2019 年 10 月在三峡大丰项目中,安装国内首台风轮直径最大风机(金风 6.45 兆瓦,184 机型)。该机型风轮直径大,起吊高度达 130 米,单节塔筒质量达到 208 吨,叶片重达 35 吨,机舱组合体的起吊重量更是达到惊人的 520 吨,创造多项国内之最。

2020 年 4 月莆田平海湾石城项目,用时 4.5 天完成两台上海电气出品的

7兆瓦风机吊装，其中一台更是仅用35.5小时完成吊装，创造国内海上量产最大机型单台吊装记录。

2020年7月，在莆田平海湾石城项目，单月安装7台7兆瓦风机，创造了国内海上大兆瓦风机安装的单月最多的纪录。

四、半潜坐底式风电安装船"顺-1600"号

国内的风电装备起步时，主要还是参照欧洲风电发展的经验。主力工程船舶多采用自升式平台的形式。这种船型在海上油气领域广泛应用于中、浅水的钻井平台和支持平台，符合海上风机安装所要求的静对静吊装的要求。但这种船型造价昂贵，对承载力较低的海床适应性差。由于我国的海域广，各地区的海床条件差异大，有不少潜在的风场位于淤积区，海床底质呈现淤泥、粉砂和黏土交叠混杂的复杂特性，不利于自升式平台的插、拔桩作业。正力海洋工程有限公司结合自身常年的海上作业经验，希望能创新性地开发一种性价比高，更适应我国海情且能满足基础安装和风机安装一体化作业的海上工程装备。

为了落实这一想法，正力公司开始了广泛的调研，2016年6月，到上海船舶研究设计院调研，商讨新型风电工程装备开发事宜，双方形成了对新研发装备的共识。

上海船院研发团队在短短的两周时间内，完成了前期研究。在收到方案设计资料后，正力集团开展了方案评审与船厂进行合同谈判。为了加快进度，船东和上海船院研发团队到中船黄埔文冲船舶有限公司进行现场办公。

2016年12月，"顺-1600"号半潜坐底工程船在中船黄埔文冲船舶有限公司的龙穴基地开工建造。该船按我国CCS各有关规范要求进行设计、建造、检验，入级CCS。

该船主要由下壳体、立柱、上壳体和起重机塔基4部分组成。1600吨桅杆式起重机设置在船体中部，塔基穿过上壳体，一直延伸至下壳体，下壳体至上壳

体底部部分采用桁架式结构。

下壳体为"U"型长箱体水密结构,艏部开槽,单壳单底结构,内设压载舱。甲板上布置8点锚泊定位系统。下壳体尺度为115.8米×58.0米×6.6米,开槽尺度为46.2米×26.0米,可安装固桩架结构。

4根立柱为方形截面,板壳式水密结构,其内设排压载空压机室、压载舱、淡水舱、燃油储存舱、生活污水舱、梯道等。为满足稳性及优化水动力性能需要,立柱设计采用变截面。

上壳体为"U型"方箱体结构,艏部开槽,内设机舱、集控室、辅机舱、空调机室、锚绞车舱、梯道、居住舱室、厨房、粮库/冷库、餐厅、休息室、公共卫生间、洗衣房、干衣间、储藏室等。在生活区域采用双底结构,其他区域采用单底结构。其甲板为作业甲板。上壳体尺度为65.4米×58.0米×5.0米,开槽尺度为16.2米×26.0米,可提供约3 000平方米的作业面积(见图7.13)。

该船建成后,既能在深水漂浮作业时提供相对稳定的作业平台,又能安全

图7.13　半潜坐底式风电安装船"顺-1600"号

高效地开展深潜坐底作业,同时具有漂浮和坐底两种状态下的全负荷重型回转起重能力,在大直径单桩基础作业方面将有优势。可以实现的主要作业工况有:漂浮状态下单桩、群桩打桩作业,漂浮状态下风机船上组装,漂浮状态下风机整体吊装,漂浮状态下风机分体吊装,漂浮状态下风机部件近程及远程运输,坐底状态下单桩、群桩打桩作业,坐底状态下风机整体吊装,坐底状态下风机分体吊装等作业。

该船型漂浮作业的最大作业水深为 80 米,采用 8 点锚泊定位,最大回转起重能力 1 600 吨,主钩最大起升高度距基线以上 161 米,漂浮状态时可以在 7 级风条件下进行满负荷回转起重作业。

近 30 米长的立柱稳定连接上、下壳体的结构,使该船坐底作业最大水深可达 32 米。下潜时可采用重力或压载空压机进水形式向下壳体及立柱内的压载舱内注水使船体平稳下沉至坐底,下壳体较大的坐底面积使抗倾覆、抗滑移稳性较好且对地基承载力要求低,地基适应性好。坐底状态下可以在 9 级风下进行满负荷回转起重作业(见图 7.14)。

图 7.14　顺－1600 实船作业照片(漂浮状态)

该船采用的船型是半潜式平台结构可坐底作业,用作风电安装船,其研发思路是一种全新的尝试,没有可参照的引进技术先例,因此有大量的关键技术需要在设计中摸索和突破,以下仅列举部分具有船型特殊性突破的关键技术。

立柱是柱稳性结构物的特有部分,主要作用是稳定连接上、下壳体,保证潜浮、坐底作业功能的实现。在无母型船参考的前提下,应以结构紧凑、系统简化、安全高效为原则进行多方案对比,为此在设计中主要对 7 立柱与 5 立柱方案(包含主起重机基座下的立柱)进行了分析比较。经稳性和强度校核,两方案均满足规范要求,而 5 立柱方案不仅减少了连接船体的立柱数量,而且将用于主起重机载荷传递的立柱由壳体式改为桁架式结构,在保证安全可靠的前提下,可以节省 15% 的钢材用量,降低了环境载荷,同时精简了压载系统,方案更优。此外,在保证稳性和强度的前提下,对沉浮稳性较好的水线以上部分的立柱截面积进行适当缩减,形成从底到顶的变截面立柱,进一步优化了钢材使用量。

主作业面的布置是该船总体布置的关键。在主起重机居中布置的方案中,由于起重半径的限制,在两舷侧的作业能力均等,在 1 200 吨以上的重型起重方面均受限,而实际作业时重型起重作业只在一舷侧进行。因此在基本满足中心起吊的原则下将主起重机适当偏置右舷布置,并将上壳体连同立柱的右舷艏、艉两个角落做切角设计,大大提高了右舷的作业能力,保证了舷侧 180 度范围内的重型起重作业的有效空间。

该船进行了居住桥楼的布置优化,重点考虑在安全、舒适的前提下提高作业甲板利用率。该船创新地将居住桥楼紧贴主起重机外围壁设置,呈"U"型环绕布置在主起重机的盲区内,最大限度地提高了作业甲板利用率,腾出了最大的甲板面积和作业空间。同时对此方案进行了振动噪声评估,根据评估结果进行减振降噪措施,达到安全舒适的要求。

由于居住桥楼和主起重机的偏置集中布置,使有效作业甲板区域宽敞集中,布置相对灵活。左、右舷各设置一台 10 吨的甲板起重机,救生设备位于左、右舷布置满足规范法规的要求。围绕艏部槽口作业区域布置打桩锤成套作业系统、作业绞车等。左舷艉部设置叶轮拼装区,实现了叶轮在船上组装。整个露天甲板区域面积达 3 000 平方米,可以同时容纳两套 8 兆瓦的大型风机部件。

由于该船的结构特殊,载荷情况复杂,确定了相应的设计工况、设计载荷要求以及对应的标准要求。经过仔细分析探讨,采用按功能及结构特点将整船拆分分组的模块化设计。按下壳体、立柱、上壳体及起重机支撑结构先分别考虑设计,再统筹结合的设计方法进行。后续设计及建造过程中证明该方法是有效和便捷的,提高了设计和建造效率,缩短了建造周期。

采用全船有限元加直接载荷计算的方法分析主构件结构强度。考虑该船的特殊的作业模式,按坐底及漂浮作业工况分别校核。

该船最大设备起重机的支撑结构的安全有效是船体结构设计的关键点。风机叶片的垂直起升高度即安装时需具有较大的起升高度(风机叶片转动轴需满足距基线 161 米),而且需要具备足够的起吊能力(本起重机额定吊重 1 600 吨,考虑动载荷系数等需满足风机整体安装 1 100 吨)。因此,在重型回转起重机作业时,对其下方支撑结构形式等提出较高要求。设计初期采用与主立柱相同的板式立柱结构,发现常规支撑结构产生了以下主要的问题:结构重量大,削弱了风机安装平台可变载荷的能力;较大的板式支撑结构又增加了风阻,严重影响船舶稳性;下潜及坐底作业时,板式支撑结构增加了波浪阻力和水流阻力,不仅增加了设计载荷,对应坐底或半潜作业,由于起重机布置位置原因,箱式支撑结构会产生额外横倾力矩,也影响到船舶稳性。

为解决上述不利因素,调整了设计方案,对重型起重机首次采用的桁架支撑结构。

经优化设计后桁架结构重量比箱式结构减轻约 200 吨,同时减小风阻面积及水下波浪、水流阻力等不利影响。

坐底式风电安装平台在海上从漂浮到坐底,再从坐底到漂浮是通过调整压载水来实现的。船舶在坐底状态下安装风电机组时,需要较长时间坐在海床上,经历数次的潮水变化。潮水的变化将引起全船排水量的变化,从而使全船对地压力产生变化,将对全船安全性和设备系统正常运行造成不利影响。为此,专门设计了一套智能压载系统,在压载控制台上设置一套装载计算机系统,装载计算机通过 RSmodbus485 通信协议和阀门遥控液位遥控系统通信。装载计算机可以获取阀门遥控系统采集的液位数据,然后经过计算,在潮位变化期间自动指引对压载水的装载调配,调整全船对地压力,尽量使全船底部受力均匀,提高全船安全性。

该船设置 30 个压载水舱,4 台空压机将气体压缩到集合管,然后通过阀门遥控系统遥控压载系统阀门,可以将压载舱的水排出;当需要往压载舱注水时,阀门系统遥控压载系统阀门,空压机抽掉压载舱的空气,这样压载水就可以进入压载水舱。

2018 年 5 月"顺-1600"号顺利交船,在中船黄埔文冲船舶有限公司龙穴厂区开启首航,赴广东粤电湛江外罗海上风电项目施工。

初到风场就立刻大显身手,展现了超高的作业效率。2019 年 8 月到 9 月期间,正值台风频发季节。"顺-1600"号作业方和上海船院经过缜密分析,采用了在风场附近海域就近坐底避台风的方案,避免了被台风赶着到处跑的被动局面,显示了该船坐底后的抗台风能力出色。

"顺-1600"号的投产也带动了国产化设备的提升。比如起重机选用了振华重工的桅杆式起重机,1 600 吨(后升级为 1 800 吨)是当时国内最大吨位的桅杆式起重机。大吨位的定位系泊系统也是如此,该船选用了武汉船机的产品。事实证明,国产的设备是值得信任的。"顺-1600"号屡屡创造风机安装速度的奇迹与这些关键设备的质量是密不可分的。

同时,"顺-1600"号的研发也培养出一支理论基础强、善于开动脑筋、有思路且能打硬仗的研发团队。尤其是以年轻技术骨干为代表的青年设计人员得到了锻炼,他们必将在未来我国海洋强国的建设中承担重任。

该船交付后赢得了广泛的认可,分别荣获中国船舶工业集团科学技术进步奖二等奖、广东省科学技术进步奖二等奖和中国造船学会科学技术奖三等奖。

五、"龙源振华 3 号"风电安装平台

"龙源振华 3 号"是江苏龙源振华海洋工程有限公司为适应 6 兆瓦以上大功率海上风机市场需求,向振华重工订造的海上风电专业施工船。它是全球最大自升式海上风电施工平台——2 000 吨"龙源振华 3 号"风电安装平台。2016 年 11 月开工建造,2018 年 5 月交付使用。

该平台是振华重工自主研发、设计、制造的集大型设备吊装、风电设备打桩及安装于一体的风电施工平台。该平台长 100.8 米,型宽 43.2 米,型深 8.4 米,桩腿长 85 米,可在 50 米水深海域作业。设有 DP‑1 动力定位系统。起重机:双钩最大吊重 2 000 吨,单钩最大吊重 1 500 吨,最大起升高度 120 米——其起重量和起升高度均居当时世界同类平台之首。50 米最大作业水深为当时国内之最,是我国海上风电作业从浅海走向近海的关键利器。

该平台还配置有双层单桩抱桩器一套,既可进行单桩沉桩作业,也可进行风机吊装作业。平台上的起重机、升降系统、推进器、动力定位系统等关键配套设备,实现了百分之百的国产化,为我国海上风电发展提供了装备支撑。

"龙源振华 3 号"具有如下 10 项领先技术:

(1) 起重量达 2 000 吨,居当时世界同类平台之最。

(2) 起升高度达 120 米,居当时世界同类平台之最。

(3) 采用冷轧薄壁重载滑轮(每个滑轮承载荷 200 吨),绳槽经淬火硬度可达 HRC55 左右,抗磨损,可终身不更换。滑轮腔采用密封装置,可 5 年不加油。

(4) 起重机采用了直径 8 米的 3 排滚珠的超大型回转轴承,可承载 4 000 吨,运转平稳。

(5) 起重机端部采用可张开滑轮组,张角大,滑轮槽不易磨损,适合平吊长大件。

（6）起重臂采用高强度无缝钢管（直径 400 毫米×18 毫米）组成桁架结构，节点为包容式节点，可靠性高，且降低疲劳应力，从而提高整体桁架的可靠性。

（7）齿条升降机构的小齿轮和齿条均经过淬火，其硬度达 HRC50 以上，抗户外恶劣环境的磨损。

（8）升降机构采用双啮合抬升齿轮箱，可自动调整齿条的周节误差，使抬升机构运转平稳。

（9）艏、艉设有全回转舵桨，便于迅速定位。

（10）设有较大的装载甲板面积（达 3 000 平方米，可以存储大量的风机设备和 120 人的居住舱室条件。

"龙源振华 3 号"的交付标志着我国打破了国外技术垄断，实现了大型风电安装平台国产化，为我国加快发展海上风电产业提供了装备支撑（见图 7.15）。

图 7.15　"龙源振华 3 号"自升式风机安装船

六、"铁建风电 01"号风电安装平台

自升自航式风电安装平台"铁建风电 01"号建造是投资招标项目,中国船舶及海洋工程设计研究院中标开发设计、启东中远海运海洋工程有限公司中标建造的风电建设装备项目。该平台主要承担海上风机基础的打桩施工、塔筒吊装和风机安装等任务。

该项目 2017 年开始方案设计,2017 年 8 月完成方案设计审查,2017 年 11 月开展详细设计,2018 年 9 月船厂开工建造,2019 年 7 月完成总装并下水,2019 年年底建成交船,船名"铁建风电 01"号。

该平台为自航自升式风电安装装备,用于近海风电场施工作业,由船体、4 根桩腿、升降系统、起重机和打桩系统组成,船首设置 100 人居住桥楼,艉部线型设有两处呆木。最大作业水深为 50 米,设置起重能力为 1 300 吨的绕桩起重机、DP‑2 动力定位系统和 4 点锚泊定位系统,满足远洋调遣与近海作业要求。该船自持力为 20 天,续航力 3 000 海里,甲板作业面积约 2 500 平方米,风机叶轮可在甲板上预装,预装形式可以采用平面形式或兔耳形式。艉部设置了 3 台 1 800 千瓦的全回转舵桨装置,艏部设置 3 台 900 千瓦的艏侧推装置,用于航行和作业时就位,具备 DP‑2 动力定位能力。该船上配备直径 14 米直升机起降平台,可停靠"直九"等小型直升机。

该船与同类型船相比,作业功能和可变载荷基本相同,但作业水深和悬臂梁纵向跨距却有大幅度增加,且增设自航功能,带有舵桨装置和侧推装置,单桩举升能力 4 800 吨,这些要求对本项目的总体技术形态和布置带来相当大的挑战。在平台举升重量既定的前提下,不允许设计过大的平台主尺度,根据相关功能布置需要(如悬臂梁长度、舵桨安装位置、机舱空间等)结合升降装置的能力和平台漂浮下的浮态要求,反复调整优化平台主尺度、桩腿前后间距和相关舱室布置。

自升式平台设计能否成功,很大程度上取决于对平台重量、重心的控制和把握。设计之初除了对桩腿间距进行反复调整、优化外,对空船重量的估算预

留了一定的裕度；详细设计中要求各专业对重量进行严格控制，在满足使用要求的前提下，尽量使用轻质材料和设备，重量、重心的统计贯穿整个设计阶段；要求船厂每月进行建造过程中的空船重量、重心统计和分析，根据统计结果调整部分设计，严格限制船厂材料代用。

该船自投产以来，出色地完成了广东阳江南鹏岛风场项目，填补了该公司海上风电安装领域业绩的空白；开展了江苏启东 H3 风场风机安装工作，为公司创造了良好的经济效益和社会效益。

"铁建风电01"号是国内较早研制的 1 300 吨级起重能力、配备 DP‐2 级动力定位系统的风电安装船，技术先进，配置高端，试航结果证明各项性能指标均超过设计要求，实际应用中也得到了船东的高度评价。"铁建风电 01"号的投产为港航局集团进军海上风电安装领域提供了可靠、高端的装备，也为其服务海上风电产业贡献了智慧和力量（见图 7.16）。

图 7.16　"铁建风电 01"号风电安装平台

第三节　风电安装船发展趋势

（1）适用水深越来越深。随着海上风电场建设逐步向深水推进，因此要求风电安装装备的水深适应能力逐步增强，目前已经拓展到从滩涂到 40～60 米水深。可以预测，随着将来的浮式风机逐步成熟，海上风电安装船的适用水深将进一步加大。

（2）起重机吊重能力越来越大。随着海上风机功率的不断增大，到目前已经有 10 兆瓦以上的海上风机研制成功，因此，风机的重量越来越重；海上安装的一体化吊装也成为节省成本、增加效率的有效方案，因此对安装设备的吊装能力提出了更高要求。目前海上风电安装平台主流吊装能力一般为 1 000～2 000 吨，未来有望出现更大起重能力的风电安装船。

（3）主甲板承载能力增强。为提高安装效率，要求海上风电安装船可载运更多数量的风机设备，因此风电安装船的主甲板面积需进一步扩大，以适应海上风电的不断发展需求。

随着风电设备重量及安装能力的不断增加，对海上风电安装船的主甲板承载能力要求不断提高，已经从以前的 4 吨/平方米到目前的 20 吨/平方米，且也有不断增大的趋势。

（4）功能更趋完善。随着海上风电场建设的不断发展成熟，也进一步要求风电安装船的各种功能更趋完善，如配备动力定位系统、配备大功率打桩机、抱桩器，舱室布置方面可容纳更多的工作人员，配备有直升机起降甲板等。

第八章
我国航标船的研发历程

第一节　概　　述

　　江河、港湾、沿海航道的航标是协助引导船舶航行、定位和标示碍航物与标示警告的人工标志,为各种水上活动提供安全信息的设施或系统。航标设于通航水域或其附近,以标示航道、锚地、滩险及其他碍航物的位置,标示水深、风情,指挥狭窄水道的交通。永久性航标载入各国出版的航标表和海图。

　　常规的航标由航标体(中空圆柱钢筒)、系泊绳缆和沉石组成,锚碇在选定的航路上,航标体浮在水面上(见图 8.1)。航标体上装有灯光、音响、无线电通信设施等标志元件,根据航标体种类配置。从事航

图 8.1　航标图

标布放、回收、巡检、维修的专用工程船就是航标船。

航标船系指设有布设和回收航标的起重机和绞盘等设备,在航道及其附近的暗礁、浅滩、岩石处进行航标布设、巡检、补给、修理、维护作业的船舶。其外形与小型货船相似,甲板上设有一台起吊航标的起重机,在艏部设有货舱及宽敞的甲板,用来储放浮标,船上甲板室内设有航标修理室和航标仪器仪表仓库。除布设航标外,平时还可用来定期巡视水上各处的灯塔、灯船、灯标,进行维护修理及更换电池等补给工作。

一、航标船的种类与作业任务

航标船的种类基本上就是航标船和航标巡检船两种。航标船有大型、中型和小型之分,江河与沿海海域之分。布设航标由大、中型航标船来完成。维护、保养航标时,则多由小型的航标巡检船来完成。我国江河密布,水上交通运输频繁,对外贸易亦多以海运为主,航运经济的不断发展,离不开江河、沿海航标的助航服务,依不同航道的需要,相应配备大、中型航标布设船和小型航标巡检船。大型航标船按海区配置,主要承担海区活节式灯桩及大、中型浮标的布设、更换和维护任务;中型航标船按航标管理处配置,主要承担区域性中、小型浮标的布设、更换和巡检维护任务;小型航标巡检船按航标管理站配置,主要承担港区及附近水域航标的日常巡检维护工作。

按作业区域,分为沿海航标船和江河航标船。航标船满载排水量 100～2 000 吨,航速 10～15 节,续航力 500～4 000 海里,自持力 8～50 天。通常在甲板上设有起吊航标用的起重机和绞盘 1～2 台,起吊能力 1.5～12 吨;甲板下设有航标舱,可载运航标 4～10 个;甲板室内设有航标修理室和仪器仪表、器材仓库;配载工作艇 1～3 艘。多采用柴油机动力装置,可调螺距螺旋桨,双轴推进。船首装有侧推装置、船尾装有主动舵,具有良好的操纵性、适航性和稳性。

航标作业方式随各海事局的航标区不同,操作方式也不尽相同。航标作业主要有布标和收标两种。

1. 布设浮标

布设浮标利用航标起重机、牵引绞车、弃链装置等作业设备来协调完成。在进行布标前,首先应对航标及锚链进行梳理,按照布标习惯及顺序排列整齐,并分别连接好浮标与沉石。梳理锚链可通过起重机吊起及牵引绞车的协助来完成。

布设浮标是采用手动或油缸弃链装置来完成。起重机先将航标吊起回转至舷外放入水中并系于舷边带缆桩上,随后起重机在距沉石有 6 米长左右的锚链处吊住锚链并将沉石吊入水中(沉石距船底以下 1 米左右),然后将锚链搁置在弃链装置的止链板上,检查牢靠后,起重机放下并解开吊绳,由船长指定的现场指挥员下令弃链,航标工在甲板控制台操作阀件使小油缸推开止链臂,止链板在沉石重力作用下围绕转动铰点向舷外转动,将锚链抛入水中,锚链全部入水后,可解开舷边的浮标系索,完成布设浮标工作。

2. 回收浮标

回收浮标是利用航标起重机、导链滚轮、止链装置与液压锚链绞车、牵引绞车协调完成。回收浮标前先将带手动脱钩的吊杆利用卸扣与起重机吊钩钩住,再用长约 20 米麻绳与手动脱钩的连杆一端系牢,绳子的另一端则由航标工拉住;接着锚链绞车上储备的套标钢绳放出若干长度并使其挂在手动脱钩上,一切准备就绪即可套标(也可采用其他形式套标)。航标工将起重机吊臂转至舷外,待船靠近航标前,起重机对准航标,航标工拉紧脱钩上的麻绳使套标钢绳脱钩掉入水中套住航标。套住航标后,锚链绞车就可准备绞收套标钢绳。先翻出导链滚轮或顶升导链滚轮,再将套标钢绳搁置在导链滚轮上,锚链绞车开始绞收钢绳直至锚链上来。船舶靠近浮标后由航标工登标系好吊点索具并与起重机挂钩连接,航标工离标上船后,起重机开始吊标脱离水面;再由起重机与牵引绞车协调将航标下端锚链与升降式导链滚轮对准,并由止链板卡住;然后下放航标、解下链条、使航标与链条脱离,此时由起重机吊标,其中两台牵引绞车拉标。为防止晃动过大,协调将航标移位到指定位置固定好。航标工将缠绕在液压锚链绞车上的引缆引链钩与锚链钩住,由液压锚链绞车绞收锚链,锚链通过排链导向轮导向将锚链整齐有序地排列在锚链绞车上,直至将沉石拉出水面或因过载显示时停止绞收,准备破土。

当沉石深埋泥中,液压锚链绞车则无法破土。此时可下降导链滚轮并由止链板卡住锚链或直接由闸刀止链,或系于带缆桩上,船舶动车将沉石破土,破土后再顶升导链滚轮使锚链离开止链板或由导链轮直接导向起升,由液压锚链绞车继续绞收,将沉石拉出水面,再用起重机将沉石吊至甲板或进舱完成整个回收浮标过程。锚链的冲洗可用消防泵的高压水在甲板上冲刷。

3. 航标维护保养登标作业

航标检修通常是航标船或航标巡检船开到航标处,航标工登上航标进行作业,遇到风浪大时,船舶摇摆,具有一定的危险性。现在已有航标巡检船装设了航标夹持装置,登标时翻转艉部或艏部航标夹持装置至水面,展开夹持臂,使船舶后退对准航标。当航标进入夹持状态后,操作夹持臂夹紧,航标工可从容地登上航标作业;不工作时,航标捕捉机械手可翻至甲板上。

二、我国航标船的研发史

1950 年 11 月,海关总署根据中央人民政府政务院的决定,将所辖航标设施(包括船艇)移交交通部。当时海关移交交通部的大型航标船有"景星"号、"流星"号、"海星"号、"春星"号、"兰州"号和"海澄"号等 6 艘。一些小型的航标艇分别移交上海、青岛及广州区海务办事处管理。1952 年上海海运管理局将调拨给上海区海务办事处的"兰州"号又调拨给青岛区海务办事处。"兰州"号为钢质双主机、双螺旋桨、蒸汽机动力船。1952 年底,交通部以"建设助航标志"六字为寓意,将"景星"号、"流星"号、"海星"号、"春星"号、"兰州"号及"海澄"号分别更名为"海建"号、"海设"号、"海助"号、"海航"号、"海标"号和"海志"号。1953 年根据沿海对敌斗争形势,政务院决定将航标船全部移交海军。1958 年又根据国务院批准的"统一规划,统一制度,分工负责,自建自管"的原则,将商港和沿海短程航线浮标调整重回交通部管理,海上干线公用航标仍由海军负责。随着国民经济的发展和水上交通运输事业的需要,海区航标管理体制已出现不适应情况。为加强海区航标管理的力度,1980 年交通部、海军共同报请国务院、中央军事委员会,经批准,决定将沿海干线公用航标全部移交交通部管理。

我国航标船艇是按照我国沿海及内河特点进行设计制造的。20 世纪60 年代中期,海上干线共用航标管理部门急需配置航标船,为此向中国船舶及海洋工程设计研究院提出设计新一代中型航标船的任务。这是一艘千吨级的航标船,按特殊要求设计。一是为方便航标吊放作业,提高吊放安全性。将当时航标船的起重设备吊货杆改为 12 吨电动回转起重机。回转起重机由该院特机组开发设计,江南造船厂制造。二是研究加装船舶低速航行设备,确保船舶低速慢行靠近航标,确保布放作业的安全性。但在当时船舶低速航行谈何容易,研发团队通过调研、论证采用了 55 千瓦电动机＋离合器驱动螺旋桨的方案,由船舶设计单位研发实施,只使用不到 10％的主机功率来驱动螺旋桨,达到了船舶数节的低速移动的效果。

20 世纪 70 年代,我国长江干线的视觉航标配布较为完整,基本上属链式配布,但无线电导航设备在内河及湖泊基本上是空白。我国沿海航标设置密度不大,还达不到射程互相衔接,港内灯浮一般间距为 2～3 海里,有的海上主要航道还有无灯塔助航的空白区域。该型船及后续改进的 Ⅱ 型航标船建造了多艘,分别在我国北、东、南沿海执行航标布放及更换、维修的任务,组成我国新一代航标船船队。随后我国又建成了适应长江下游及海运的 1 750 吨级,航速14 节大型航标船。内河和海区还装备有不同类型航标艇,均能适合航标工作的需要。

20 世纪 80 年代初,由于地理条件、技术水平、经费来源等方面的原因,我国标志配布尚不完善,尚未形成航标链。在苏北、浙江、福建沿海等地区还存在航标空白区域。部分港口的浮标间距过大,沿海不少灯塔、灯桩低矮简陋,白天视距与夜间灯光射程均不能满足船舶航行要求。随着海干线公用航标、重要港区航标及沿海短程航标等全部划归交通部管理,我国航标事业亦随之进入了全面规划和持续发展阶段。为解决航标船和作业配套设施不足问题,交通部先后累计投资 10 700 万元,在北起辽宁、南至海南的沿海航标处、区、站分别建造了各类航标船码头、浮标保养场、航标器材仓库和修理车间等设施近 6 万平方米,建造了用于航标巡检、补给等任务的大、中、小型航标工作船 67 艘,其中包括大型航标船 5 艘、中型航标船 4 艘、小型航标船 50 艘和油水供应、测量船 8 艘。目前沿海航测系统的工作船艇已达到 80 余艘。航标基础设施从无到有发展到初具规模,为沿海航标事业发展奠定了基础,有力地保障了沿海航海任务的完成。

与此同时,为减轻航标工劳动强度,改善安全操作条件,该院研发团队设计出一种新型航标夹持装置,首先应用在该院设计、1994 年 10 月由中山粤中船厂建造交船的航标夹持船上,从根本上改变了传统的跳标作业方式,这一项改革,既减轻了航标工劳动强度,缩短了作业时间,又保证了安全。夹持装置的成功研究设计,为新型航标巡检船的开发提供了条件,也为传统的航标船改造创造了条件。它解决了长期困扰航标工登标难的问题,提高了及时快速修理、复明航标灯的效率,确保了船舶进出港的指引功能,是航标工的一件喜事。正如一位老船长说的:"圆了我们航标工的梦,这才是真正的航标巡检船……"后来经过优化改进,又创新设计了多型小型航标夹持船,显著地改进了航标作业效率和安全性。例如:2017 年交付使用的"海巡 16505"号航标巡检船的夹持装置采用全液压驱动,夹持平台设计为 U 型虎口式,根据需要可控制其夹持、松开和翻转工作,捕捉浮标用时短且准确、成功率高(见图 8.2)。

我国渤海及黄海北部每年都会发生不同程度的海冰灾害,给港口生产营运、海上交通运输、海岸工程和海水养殖等造成严重影响。在大风、寒潮、冰冻等恶劣天气条件下,使用破冰航标船确保海上助航设施正常发挥效能,对保障港口航道畅通和船舶安全航行尤为重要。为助力交通强国、海洋强国等重大国家战略实施,推进国家综合立体交通网建设,"十四五"期间,交通运输部海事局聚力打造"多维感知、全域抵达、高效协同、智能处置"的"陆海空天"一体化水上交通

传统跳标作业

航标夹持作业

图 8.2 航标作业的突破

运输安全保障体系,提升我国管辖水域和国际重要航路感知管控能力。2019 年 6 月,由江南造船(集团)有限责任公司建造的全球首艘无纸化建造的船舶"海巡 160"号正式列编交通运输部东海航海保障中心,这也是目前我国规模最大、装备最先进的新一代信息化大型航标作业船。2021 年 4 月,我国首艘具备破冰能力的大型航标船"海巡 156"号在武昌船舶重工集团有限公司双柳造船基地下水。该船列编后将主要用于北方冰冻港口、航道的助航设施布设、撤除、更换和维护作业,填补了我国破冰航标船的空白,有效地提升了北方海区航海保障能力。

第二节 典型航标船

一、广东 800 吨中型航标船

随着我国改革开放和国民经济发展,我国沿海及各开放城市港口的航运量日益增长。为保障航道畅通航行安全,交通部投资开发建造具有 20 世纪 80 年代先进水平的中型航标船,遂由原广州航道局(现广州海上安全监督局)对设计进行招标。中国船舶及海洋工程设计研究院提出了两套设计方案应标。1986 年 5 月广州航道局根据 4 个设计单位共提交的 6 套设计方案在广州召开了方案评议审定会，该院方案中标，由广州造船厂建造。1987 年 3—6 月完成详细设计，1988 年 9 月下水，1989 年 4 月建成交船。

该船为钢质、单甲板、双层底、设艏楼，前倾艏柱，艉部开燕尾槽，双机、双桨、双舵，柴油机驱动的航标工作船。该船承担沿海较浅水域及港湾的浮标布设、撤换、维修、保养等工作，还适当承担沿海各岛屿灯塔的补给工作。该船总长约 56.9 米，型宽 9.40 米，型深 4.10 米，设计吃水 2.70 米，航速 13 节，续航力 2 000 海里，自持力 15 天。该船主机采用两台引进西德 MAN 公司专利生产的 7L20/27 型船用中速柴油机，在深水、3 级风、2 级浪以下的海况，满载试航航速不低于 15.2 节。满足 ZC 规范对 II 类航区工作船稳性的要求。

该船在设计中重点考虑和解决以下问题：

一是该船结构为单甲板、双底及部分单底的横骨架式结构，肋距为 600 毫米。船体结构材料均采用 ZCA 船用钢，艉轴支架采用 ZG15 铸钢。

二是考虑到南海海域台风多，该船专设防台锚一只，锚重为 300 千克 ZY‑4 型锚，配以 6×24—Ø17 毫米锚索 50 米一根。

三是在前甲板上设置 6 吨电动系缆绞盘一台兼作系泊作业用，艉部甲板设置 3 吨电动系缆绞盘一台也兼系缆作业用。根据作业要求相应配有带缆桩、导缆滚轮、导缆孔及缆绳卷车等。

四是设有双舵，舵叶位置正对螺旋桨中心，配置流线型平衡悬挂舵。舵及舵杆的连接为可拆式，由上、下舵承支持，通过舵柄与舵机推舵油缸相接。舵为中空结构，舵板厚度及舵叶强度均满足规范要求。根据该船作业要求，设有两套操舵设备。分别设在驾驶室和上甲板艉部操纵室内，两套操舵装置可各自独立操纵并可互换，操舵装置安装在集中控制台上，实行机驾合一。

五是该船设置起重量为 8 吨的船用回转起重机一台。为方便套标作业，吊臂放下后吊杆头搁置于专用搁架上，安装后塔身总高度低于驾驶室窗的视线。

吊机的操纵为便携式遥控操作。在靠近艉楼甲板处设置 6 吨立式电动系缆绞盘一台，在其两侧舷边设一对三芯导缆滚柱。

六是在艉部甲板上，为便于更换航标灯及维修保养等，特开设燕尾形槽，槽切口尺寸能保证使直径 1.8 米的航标顺利套入，槽壁四周装设防碰撞橡胶垫，四周根据需要适量配置系结浮标用的地环及卸扣，槽底至主甲板间设有直梯方便航标工上下，槽口四周配置活动栏杆。

七是在驾驶甲板两舷侧各安装 20 人气胀式救生筏两只，两只筏可垂直叠放，也可分开放置。救生筏放在标准的筏架上，能确保救生筏方便顺利地放至水面。此外，在艉部甲板左舷配设一艘 6 米玻璃钢机动工作艇，艇长 6 米，航速不低于 6 节，定员 10 人，工作艇由专设的 1.5 吨电动液压回转吊起放，并考虑兼作救生艇用。

该船实现了多项创新。一是我国第二代航标船在过去一段时间对于我国航道建设做出了显著贡献，但经济性不理想，需要开发效率更高的新一代航标船。该船为我国第三代航标船，具有主尺度适中，作业设备先进，配备主机功率合理，载重量较大等特点。排水量主机配备功率为 2×700 千瓦，试航速度 14.37 节，可载航标、沉石、电池等亦达 90 吨，故该船投资较少、油耗低，经济性较佳，且船的规模小，宜于各海监分局设点配置。

二是采用电动航标起重机，设备体积庞大，重量重。该船选用引进 LIEBHERR 专利生产的液压起重机，将陆用克令吊首次尝试装到工程船上，在设计中解决了液压起重机对船舶的横倾问题。经码头试验和试航时的吊标作业试验，起重机作业顺利，舷外吊标时船舶横倾不超过 5 度，设备油压正常，满足了设备的要求。

三是新颖的艉部燕尾槽及液压夹标臂系统的设计。作业时可利用燕尾槽和液压夹臂将航标夹定在船尾进行维修，调换电池组或灯具，避免了将航标吊上甲板进行维修的大工作量，减轻了航标工的劳动强度，大大提高了作业安全性。燕尾槽的开设对船体阻力影响较大，而液压夹臂的油压设计既要确保夹住航标,在波浪中使航标与船体燕尾槽无相对运动,又不能夹坏航标筒体。设计中很好地解决了这些问题,试航时航速超过设计指标,夹标试验亦一举成功。

1989 年 5 月该船建成交船,随即投入广州海监局的海上航标大检换作业。实船作业证明,各项性能指标均达到原设计任务书要求,设计是成功的,受到船东等有关方面的好评。

二、天津 1 800 吨大型航标船

受天津海上安全监督局委托,中国船舶及海洋工程设计研究院承担了1 800 吨大型航标工作船"海标-15"号的设计,经过技术任务书论证、合同设计与编制招标技术文件、技术设计及施工设计,并配合工厂施工建造和试车试航,于 1990 年 6 月在天津港交船(见图 8.3)。

图 8.3   1 800 吨大型航标工程船

该船是适用于我国沿海地区航道航标的设置、撤除、检查、维修等作业及对沿海岛屿灯塔进行补给的大型航标工作船。为钢质、单甲板、短艏楼、舯后部设三层甲板室,双桨、双舵、柴油机驱动的工程作业船。总长 72.35 米,型宽

11.8 米,型深 6 米,设计吃水 4 米,满载吃水 4.1 米,满载排水量 1 815 吨,试航速度 14 节,续航力 4 000(航速 13 节)海里,自持力 50 昼夜,主机 8NVD48A－ZV 973 千瓦 2 台,发电机组 6135ZCAF 133 千瓦 4 台。

该船在各方面取得了良好效果。稳性与操纵性也经试验、试航结果证明其性能良好。快速性、主机功率及推进器的匹配,经实船测试获得满意结果。航标作业甲板面积比原中型航标船有所增加,便于作业。航标作业起重机及沉石绞盘的布置设计使操作更方便。在甲板脊弧的设计考虑上解决了以往船型在航标作业甲板上容易积水的问题。将沉石绞盘的拉力由 13.5 吨提高到 16 吨,增强了作业能力。专门针对作业工况及北方海区使用,对船体结构作了加强(包括 B3 级冰区加强)。电站选用了 4 台 6135 型柴油发电机组,提高了船舶的生命力,便于操纵使用与维护保养并降低了造价。通信、导航等设备获得加强。机舱设置空调、防噪声的监控室,改善了操作条件。增加主机盘车机。全船滑油、舱底压载、取暖、污水处理、空调等系统的设计,在使用安全、可靠、操作方便上均有较多的改进。全船公共舱室面积增加了 30 平方米,高级船员舱室人均面积由 8.2 平方米提高到 10.85 平方米,普通船员的舱室布置也更为合理。冷库容积由 40 立方米增加到 75 立方米,从而改善了船员的生活条件。

该船经历了 4 000 多海里、60 多个航行日、吊标 39 个、主机运行 400 多小时的考验。1991 年 8 月在天津召开的由交通部安监系统造船技术组主持的大型航标船技术评估会上,与会代表经充分讨论,认为该船的设计、建造达到了修改完善后设计任务书的要求。

一是在不影响船舶操纵性能的基础上,操舵装置成功地由原母型船的三舵改为双舵。

二是由于装设了集中和柜式空调,居住舱室面积扩大,采用新型防火材料,使船员生活、工作环境、安全抗噪条件得到了改善。

三是为适应北方海区的需要,将沉石绞盘拉力从原来的 13.5 吨改为 16 吨,增加了作业能力,并降低了绞盘基座高度,方便了操作,减轻了重量。

四是航标作业甲板敷设木甲板,给北方冬季作业提供了方便和安全的场地。

五是引进的德国利勃海尔专利、国产的 PBW 型全液压航标起重机,操作方便,性能良好,满足要求。

六是船型的适航性、主机功率、推进器的匹配,经有关单位实测,获得满意结论。

七是通信、导航设备有了较大改善,给航行安全提供了可靠保证。

同时金陵船厂在首制船建造时,采用单元组装,缩短了施工周期;使用复合岩棉板材料时采取新工艺,达到了船舶检验的要求。

精心施工,管系安装实用功能多;机舱设监视室操纵方便;居住舱室内装成功采用新工艺。

该船是在 20 世纪 70 年代初建造的旧型船基础上进行较大范围的更新与改进设计完成的。该船型与旧船型在时间上间隔近 20 年,两者的设计相比有下述区别:

一是 20 年来船舶检验局(ZC)的各种规范几乎全面更新和修订,"海标-15"船型完全满足 ZC 现行各规范的要求,从而获得 ZC 颁发的船级证书。

二是 20 年来船舶设备及材料不断升级换代,"海标-15"船型已全部选用新设备、新材料,其中主要有:第一,选用引进德国专利、国内组装生产的 PBW 型全液压航标起重机,经作业试验证明其性能优良,操作方便。第二,复合岩棉板、耐火甲板敷料、防火门等的选用以及合适的布置,在满足规范的基础上,不仅使船舶的安全性、抗噪声性能获得保障且美观实用。

同时主要船用机电设备也均选用 20 世纪 80 年代新型号产品。

三、小型快速航标巡检船

航标检修任务非常繁重,通常是用一艘航标巡检船航行到航标所在处,航标工从船上跳到航标上进行作业,有时对一个航标检修作业时间长达半小时之久,遇到风浪时,船、标摇摆剧烈。特别是航标上增设部件后加大了以传统跳标方式进行作业的难度和危险性。这种传统跳标作业方式存在诸多不安全因素:

一是航标船的舷侧靠近浮标,航标工在舷侧等待时机跳上航标。由于航标船和航标在海上都随波逐浪摇摆,升沉运动幅度较大,且运动频率不一致,在这种状况下,航标工需寻找最佳时机跳上航标,有一定危险性,工作效率较低。同样在航标维护保养工作完毕后,航标工还需在风浪中返回航标船,同样需待机而为。

二是当航标工跳上浮标后,虽然系有安全带,但仍需用手紧紧抓住浮标架以保持身体平衡,才能单手作业,在这种恶劣的工作条件下,维护保养的效率和质量都难以得到保证。

三是当航标船靠泊航标时,在海浪作用下不可避免地会出现碰撞现象,因此航标船靠航标的部位经常被磕碰得凹凸不平,甚至破损。综上所述,针对这些问题,为探索改变传统跳标作业的方式,减轻航标工劳动强度,改善安全操作条件,为航标作业提供便捷的维护航标的能力,海上安全监督部门迫切希望能研制出一种既符合我国航标修检习惯又带有夹持航标的装置,既可供航标工较方便地登上航标又确保航标工稳妥、安全、可靠地进行维护作业的新型巡检船。

在分析了现有航标船船型和航标作业特点的基础上,提出研制带航标夹持装置的小型快速航标巡检船,其作业流程是当航标船在靠近航标时,放下夹持装置夹住浮动的航标,使其与航标巡检船成为一个整体后,航标工沿夹持装置上的走道登上航标进行作业,完毕后返回航标船,再松开夹持装置,航标恢复在水中浮动。这型船不仅具备小型航标船功能,改变跳标作业方式,而且还具有维护航标的快速反应能力及机动、灵活的作业特点(见图8.4)。

该船由广州海事局委托中国船舶及海洋工程设计研究院设计,广州粤中船厂建造并于1994年3月交付使用。

该船稳性满足《内河船舶稳性规范》(1993)对 A 级航区的要求。为钢质、

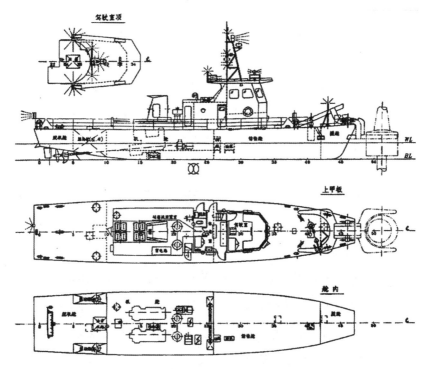

图 8.4　小型快速航标巡检船带夹持装置示意图

单底、单甲板、全电焊结构,双机、双桨、柴油机驱动的方艉船型。主要在珠江口内作业,承担航道上航标的定期巡检、复光及更换望板等任务。

　　该船总长 23.90 米,设计水线宽 4.60 米,甲板型宽 4.80 米,设计吃水 1.25 米,型深 2.20 米,排水量 53.37 吨,定员 6 人,续航力 200 海里,试航速度不低于 16 节。主机选用 KTA19 - M500 型柴油机两台,每台额定输出功率 339 千瓦,转速 1 744 转/分。该船配备 80 千克大抓力波尔锚一只,直径 12.5 毫米超轻电动起锚绞盘一台;3 000 牛·米 YSZ - 80 型随动液压舵机一台,悬挂式流线型平衡舵两个。

　　船首设有液压夹持装置一台,在 3 级海况以下能夹持直径 1.8 米或 2.4 米的航标进行航标巡检作业,作业时装置放下,平时翻转搁置在甲板上,该装置在驾驶台监控,应急时可手动控制。该船夹持装置上设有宽 700 毫米通道,并设有扶手,航标工可安全、方便地登上航标,进行航标复光、巡检等工作。

该船主尺度小,航速快,使用方便、灵活,安全、可靠,可在短时间内顺利完成检修航标任务,省工、省时,大大提高了作业效率,经济效益较好。其设计特点如下:

一是选取合理的主尺度,寻求优良船型,并进行船模及夹持装置模型试验。严格控制重量,确保 16 节航速。

二是选用性能优良、尺度小、重量轻、经济可靠的主机,便于维修保养。

三是夹持装置结构简单、布置紧凑、使用可靠,并解决了夹持装置的收放、作业时的受力、与锚泊设备的布置以及与船体之间的连接等问题。

四是首创采用液压驱动夹持装置的夹持与翻转,夹持为双油缸带动蟹钳,翻转为两只摆动油马达带动支承轴旋转,蟹钳收藏在平台内,不受外部障碍物的影响。该装置的工作平台尾部支撑在船首,以承受航标的摆动扭力,使转轴处于较好的受力状态。

首制船研制存在不少难点和关键技术,确保航速和液压夹持装置是该船的两个关键技术问题。

1. 如何确保航速

用户为了便于与现有相关船舶的主机能相互配套及维修、管理,指定主机为两台康明斯 KTA19‑M‑500,每台持续功率为 339 千瓦,要求试航速度不低于 16.0 节。另外,用户对船长又有一定限制,要求船长为 20 米左右。

该船的船长和航速,其速长比约为 2.0,速率较高,若要达到 16 节航速并非易事。初步设计中采用了小型高速船的船型,对阻力影响较大的排水量也作了控制,但经测算和船模阻力试验结果,航速达不到 16 节的要求,满足不了该船快速反应的使用要求。

为此,在设计中采取了一些措施在经用户认可后,将船长适当加长,设计水线增长至 23 米,采用两种型宽,设计水线处的型宽,取为 4.6 米,而甲板型宽略大一些,取 4.8 米。这使船型更修长,水线进水角得以改善,以降低阻力。

同时在艉部线型上也采取一些措施,使艉部流场更为流畅。几次修改后,再通过模型试验加以验证,结果较为理想。为了确保航速,在整个设计和制造过程中,还采取措施,严格控制空船重量和重心位置,层层把好制造质量关,保证船体质量。最后,实船试航速度达到了 16.7 节,取得了良好的结果,用户非常满意。

2. 液压夹持装置

液压夹持装置是使航标船与航标进行刚性连接、同步运动,改变传统登标作业方式的关键设备,这是一台新颖的设备。研发团队研究了液压夹钳和平行四连杆式两种方案,经分析比较后,由于夹钳式具有夹持航标可靠、结构简单、技术形态新颖、操作方便等优点,最后,选用了该方案。夹钳式夹持装置主要由平台、活动臂、定位装置、翻转油缸等组成(见图 8.5)。平台为整个夹持装置的主体,是对准航标的导向喇叭口活动臂的支撑体和蔽护体,又是翻转臂架,并作为航标工上下的踏梯和(设有栏杆的)工作平台,还承受航标的撞击力和抗扭力,其上附有橡胶防碰垫。

用于夹持航标的活动臂由油缸和夹持臂组成,其张开与闭合通过液压缸来实现,夹持臂的闭合程度通过限位开关来调整。它可夹持直径 2 400 毫米的大型航标,也可夹持直径 1 800 毫米的小型航标,其上同样设有橡胶防碰垫。该活动臂在准备与航标对准前,它是缩进平台内,防止被航标撞坏,当航标进入平台之后,它就伸展小臂抱住航标使其不易滑脱,它是夹持装置的抓手。

定位装置是一种液压插销,其作用是视航标的大小来确定活动臂的闭合程度,限制油缸的运动行程。对于有的航标区域只有一种规格的航标,该装置就可省去。

翻转机构主要是通过双油缸摆动马达,使平台能在 200 度范围内旋转。它与平台采用双键连接,平台的支点上的作用力由两台摆动马达来承受,该马达同时承受扭矩、径向力和轴向力。

动力站为液压站,通过变量轴向柱塞泵调节流量来实现夹持装置所需的速

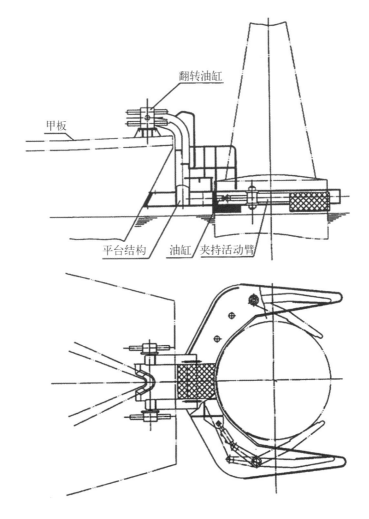

图 8.5　液压夹持航标装置

度。油泵与阀件、集成块等组合,安装在油箱上,形成结构紧凑的动力站。

　　泵站的启动及阀件的控制可在驾驶室和机旁两处集中控制。对准航标时是在驾驶室集中控制,与航向稳定、速度密切配合和协调,有利于对准航标,确保安全。

　　实船使用中证实本装置与巡检船配合合理实用,捕捉航标快捷准确,操纵简单容易,航标作业安全便利。本装置的研制是成功的。

1997年8月,交通部安监系统造船技术组对"首制带航标夹持装置小型快速航标巡检船"进行技术评估认为:该船满足了"方案设计意见"和"内审会纪要"的要求;总布局合理,船舶主尺度和主要机电设备选择、配套合理;总体性能达到了开发研制的目的,即改革传统跳标作业方式,减轻航标工劳动强度,改善安全生产条件,提高快速维护航标的能力;航标夹持装置技术形态新颖,使用方便、快捷、可靠,属国内首创;船型与电动液压航标装置两者之间配合合理适用。船舶建造满足了设计要求,各项技术指标和检测数据满足了规范要求。

同时,评估意见还认为:首制带航标夹持装置小型航标巡检船的开发、研制是成功的。该船的开发目的明确,前期准备工作充分、扎实,开发、设计、建造阶段决策正确。用船单位与设计部门联合开发新船型方向是对的。该船适用于内河A级,沿海遮蔽水域航标巡检、复光、更换望板等任务。航速的提高,增加了船舶的快速反应能力。航标夹持装置的开发、应用,减轻了航标工的劳动强度,提高了安全性,为改革航标作业方式创出了一条新路。

该船建成投入使用后,已进行了上百次的航标维护工作,本船船型与液压夹持装置匹配合理,抓住直径1.8~2.4米航标快捷准确,航标作业便利安全。

在船首安装航标夹持装置属国内首创,此装置已在1999年获得中华人民共和国实用新型专利证书。该船和夹持装置通过进一步完善后,已在上海、天津等地海监部门得到推广应用,取得了良好的经济效益和社会效益。

该船夹持装置研制成果,首先应用于小型的快速航标巡检船上。在青岛120吨的航标船安装夹持装置,使该船能在海况3级、平均波高1.5米、平均波长大于16米的条件下作业,夹标直径2400毫米。适用于在风浪大、冬季有冰冻的海区,对航标进行巡视和维护。

该船航标工对夹持效果的评价:"航标夹持后,船与浮标联成一体,创造了一个平稳的过桥和浮标维护检修的作业平台,航标工上下浮标安全平稳,大大降低了劳动强度,与以往'跳标'所带来的危险形成鲜明对比,极大地提高了航标工作业的安全性。平台和夹持臂四周均采用橡胶护垫,夹持过程中浮标与夹持装置形成弹性接触,避免了靠标、跳标过程中,浮标与船体之间的刚性碰撞而导致船和航标的损害,结构强度满足作业要求,液压系统设计工作压力适当。其他船不能作业时,而它能胜任,极大程度地拓宽了船舶作业环境,有利于提高航标巡检维护率。"

120 吨夹持船经过一段时间的考核使用后,经专家评估认为:夹持装置具有良好的可靠性和实用性,在沿海港口 6 级风、1.5 米浪高水域可正常发挥其有效功能,达到了预期的效果。该型船的开发,使得沿海航标传统的作业方式取得了重大突破,进一步提高了航标作业的安全环境,降低了航标工的劳动强度,是一艘经济、适用、性能优良、达到国内先进水平的日常航标维护工程船舶。

四、2 000 吨长江下游大型航标船"宁道标 002"号

长江下游大型航标船"宁道标 002"号是长江航道局为满足长江南京航道以下航道航标的设置、日常维护、检查修理、调整更换等工作需要,继委托中国船舶及海洋工程设计研究院设计"宁道标 001"号建成使用成功后,再次委托该院设计的第二艘大型航标工作船。该船作业航区为长江 A 级,适当考虑沿海航区使用要求。

"宁道标 002"号[①]于 2008 年 8 月开始详细设计,2009 年 11 月武昌造船厂开工,2010 年 8 月下水,2010 年 11 月系泊试验,2010 年 12 月航行试验,2010 年 12 月交船(见图 8.6)。

该船总长约 74.8 米,型宽 13 米,型深 6.2 米,设计吃水 4.0 米,设计排水量 2 074 吨,自持力 20 天,定员 20 人。主机采用两台卡特彼勒 3516B 型柴油机,持续功率 1 230 千瓦,风力不大于 3 级,在不大于二级浪和设计吃水 4.0 米时试航速度 14.8 节。

该船是"宁道标 001"号的后续船,设计以"宁道标 001"号为母型船,继续贯

---

① 又称"宁道标 001"号。

图 8.6　大型航标船"宁道标 001"号

彻"工作操作简单化,生活居住人性化"的原则,针对母型船使用中发现的不足之处,在设计中采取优化措施。同时根据技术的发展,采用相应的新技术,使该型航标船更加完善。设计中的关键技术包括如下几点:一是为改善作业时稳性、机舱布置,加大甲板面积和居住舱室面积,须突破母型船主尺度限制,选择合适的主尺度。二是为提高航标作业效能,选择性能合适相互匹配的起重作业设备。三是选择技术性能先进,符合本船要求的机电设备,以提高该船减振降噪性能和方便航标工操作和日常维修。四是适应技术发展,采用有关新技术,借以提高该船之先进性。

该船在以下领域实现了关键技术的设计优化:

1. 主尺度优化

该船的型宽为 12 米,在起吊 3 050 毫米航标及沉石时船舶横倾角较大,某些工况下甚至超过最大横倾角 5 度的要求。为了更好地满足作业工况以及作业的要求,经过调研,在"宁道标 002"号的设计过程中经过计算分析,将型宽加大至 13 米,通过了用户以及专家评审,认为这一措施大大提高了该船的作业能力及稳性,并对舱室的布置更有利。由于母型船的型深以及主机的选取时受到限制,机舱的布置空间比较紧张,尤其是机舱两舷特别拥挤。故"宁道标 002"号的型深适当增大 0.2 米,同时选用的卡特彼勒机机型较小,使机舱的布置条件大为改善。通过对型宽和型深的优化,大大提高了该船的作业能力和布置空间。

2. 总布置优化

设置了艉楼和短艏楼,增加了居住面积,改善了居住条件。油舱为双壳保护,故在油水布置上既考虑了浮态,又考虑了布置的合理性。

采用玻璃钢机动工作艇代替了母型船的救生艇/工作艇,并配备一台3吨×4.5米全电动回转吊机,供起吊工作艇用,有利工作艇的布置。

3. 航标作业设备优化

由于"宁道标002"号的型宽加大,作业稳性提高。航标起重机采用伸缩式吊臂,工作负载13吨×16米、10吨×20米,增加了起重能力,即使在航标破损进水的情况下也可以起吊。由于工作半径最大为20米,绞拉沉石时,可以从沉石绞盘上直接起吊锚链。另外,起重机为伸缩式吊臂,当吊臂全缩回时,最小起吊半径可以达到2.5米,可将航标直接从舷外吊到航标舱内,同时,航标舱舱口盖吊放也需要2.5米的工作半径,因而从各方面满足了使用方的作业要求。

沉石绞盘最大拉力由180 000牛更改为200 000牛,有利于破土绞拉沉石。绞盘基座高度适当提高,满足作业要求。

母型船的储缆绞车拉力为20 000牛,是基于在绞盘上卷绕3圈钢丝绳,绞盘最大拉力180 000牛,计算出的沉石绞盘出绳端拉力。由于实际作业过程中,刚开始绞盘仅绞拉锚链,绞盘拉力比较小,经计算,储缆绞车3 000牛即能满足沉石绞盘出绳拉力要求。后期考虑沉石绞盘200 000牛破土时,在绞盘上已经卷绕5圈锚链,经过计算,此时绞盘出绳端只需要很小的力即可以满足要求,因此本船储缆绞车拉力定为3 000牛,经济实用。另外,储缆绞车改为电动绞车,并采用变频调速,具有无级调速功能,便于作业时与沉石绞盘保持同步。

母型船采用折叠式舱口盖,依靠起重机完成舱口盖的开闭,但实际作业过程中,用户反映操作困难,所以舱口基本上处于常开状态。在"宁道标002"号的设计过程中,将舱口盖改为吊离式,结构简单,操作方便。由于甲板空间有限,将舱口盖分为 5 块,叠放于甲板上,以减少占用甲板的面积。

母型船采用恒压系统的液压系统,起重机借助该系统,缺少相互协调,致使起重机不工作时,液压系统处于 25 兆帕高压溢流状态。所以噪声和发热现象比较严重。"宁道标 002"号的起重机自带液压泵站,与船的液压系统脱离。液压系统采用了串联油路,因此不会出现高压溢流现象。液压系统的压力随负载而变化,这样可以减少工作时的噪声和发热。另外,根据作业工况,绞盘 200 000 牛破土时,速度可以降低。破土完成后,在额定速度下,拉力由负载决定。液压泵采用恒功率液压泵,因此功率由 90 千瓦更改为 37 千瓦。

4. 动力设备选型的优化

(1)主机。母型船选用国产新中动力厂 8LA250ZC-2 型柴油机作为主机,该机为 20 世纪 60—70 年代引进,型号较旧,技术状况已不能满足现今对操控性及舒适性等方面的要求。实际使用过程中船东反映噪声、振动较为强烈,设备大修及小修期间隔较短,备品、备件也难以在市场上采购,故用户提出要求选用新型柴油机代替。动力设备是船舶的心脏,本着经济实用的原则,该船在设计初期作出多个方案供用户选择,包括中、高速机型比较,国内、国外机型比较等。原较为倾向使用国产新型中速机,如镇江柴油机厂 MAN8L23/30A 型等,但经多次联系,该型机供货周期无法满足用户要求。最终,主机选用美国卡特彼勒 3516B 型柴油机。该机为四冲程、直接喷射式、废气涡轮增压、中冷、湿式油底壳、不可逆转直列式船用柴油机,其持续功率 1 230 千瓦,额定转速为 1 200 转/分。该机虽为高速机,但技术先进,整体性能较好,不仅满足供货周期的要求,且在低负荷、低转速下运转特性良好的特点,经方案设计审查讨论,最终选用该机。

(2)轴封。母型船艉轴密封装置存在甩油现象,考虑经济性及使用的要求,"宁道标 002"号在轴系计算和设计中,更换了艉轴密封装置的形式,由原端面密封形式改为径向密封形式,重新设计了艉管轴承座及外套管,解决了母型船存在的问题。

（3）舷侧推装置。为使本船靠标、靠岸安全、方便及可靠，对舷侧推装置重新选型，采用武汉川崎 KT-32B 调距桨型，功率增大至 180 千瓦，推力增大至 31 000 牛，有效地解决了母型船靠标作业困难和不便的问题。

（4）柴油发电机组。考虑到设备的扩容，柴油发电机组功率增大到 250 千瓦，根据实际需求，并按照船东要求，考虑到安全因素，新增配一台柴油机驱动应急消防泵。

5. 环保——燃油保护及零排放

由于该船为内河船舶，规范要求燃油舱需要双壳保护，故"宁道标 002"号在设计之初就高度重视该问题，在布置上采用压载水舱作为保护舱的形式而非简单的双壳保护，既满足规范要求，又合理地利用了舱容，满足船舶浮态和装载要求。考虑到国家及世界上对环境保护的重视，长江作为我国的母亲河，该船的防污染系统设计与时俱进，除了对生活污水处理装置和油污水处理装置满足新规范要求外，实施生活污水及油污水系统"零排放"设计，满足将来相关机构可能提出的对长江流域无污染的要求。

6. 自动化程度更高

在设计初期查阅了国外先进大型航标船的大量资料，尤其是对美国的大型航标船进行了分析和研究，结合船东的使用习惯并融入设计中。特别是提升船的自动化水平，例如：通过航标信息管理系统，可以在显示屏上准确地确定航标位置以及作业区域的海况条件，使航标作业更直观，航标作业自动化程度更高。通过对作业设备以及作业方式进行优化，使航标工在实际作业过程中轻松自如，降低了体力劳动强度。

7. 居住舱室更人性化

生活居住方面，增加了居住面积和单人间数量，同时增加了健身房、休息室、大会议室等公共处所，并将居住舱室与其他舱室分开，以避免相互的影响，使整个舱室布置更人性化。

"宁道标 002"号是当时国内自主开发设计建造的最大内河航标船，使用方便,自动化程度高,舱室居住更人性化,取得理想的作业效果,达到了设计任务书要求,深受用户的好评。

该船的开发研制成功,是长江航道局、中国船舶及海洋工程设计研究院等单位发扬自主创新精神,赶超世界先进技术取得的又一成果,为国家建设及航道疏浚工程做出了贡献。

五、2 200 吨航标船"海标 15"号

由于北方海域各港口航道的活节式灯桩和灯浮标等助航设施的抛设、撤除、检查和维修等任务持续增加,作业海域外伸,航标大型化,急需配置大型航标船。天津海事局于 2009 年委托中国船舶及海洋工程设计研究院设计,具备性能优越、技术先进、满足北方海域作业需求的航标布设船,武汉南华高速船工程有限公司承建,于 2011 年 11 月建成交船,命名为"海标 15"号(见图 8.7)。

图 8.7　2 200 吨航标船"海标 15"号

该船按《船舶与海上设施法定检验规则》《海船建造规范》对近海航区船舶的要求设计,稳性满足无限航区要求,该船为钢质、局部双层底、连续甲板、全电焊结构、柴油机驱动的大型航标工作船。配置了动力定位系统、舷侧推装置、襟

翼舵、双机、双可调螺距螺旋桨,舯前设航标作业甲板,作业甲板下设航标器材舱。

该船总长73.6米,型宽14米,型深6.2米,设计吃水4米,设计排水量2228吨,定员30人,设计航速15节,航区为近海,续航力4000海里,自持力50天。在舷外2米起吊20吨载荷时船的横倾角小于5度,结构上满足B3级冰区加强要求,具有良好的航向稳定性和操纵性,不用侧推装置全速满舵回转直径为1.5倍船长、横倾角3度;使用侧推装置可在1分53秒内原地旋转一周。推进主机采用波兰生产的苏尔寿直列8缸中速柴油机,单机功率1600千瓦。发电机组功率3×280千瓦,航标作业吊机起吊能力为20吨/9米、9吨/20米,作业卷筒拉力与容链量为20吨/80米,侧推装置功率为400千瓦。

该项目是海事系统在广泛听取一线工作人员的意见,认真分析现役同型船舶存在的主要问题,研究了解国外同类船舶技术发展趋势的基础上,提出了创新的、符合实际的《大型航标船(北方型)主要技术性能论证方案》。其间,与有关大专院校密切配合研制了锚链卷筒、液压升降导链装置和液压/手动航标抛设弃链装置等航标作业专用设备,并获得了国家实用新型专利。该项目实现了航标作业机械化,提高了航标作业效率和安全性。

该船参照CCS DP-1级标准配备了动力定位系统,它将舯侧推装置/可调螺旋桨/襟翼舵集成控制,具有手动模式、手动与自动并用模式、自动艏向、自动船位等功能。该动力定位系统能够在蒲氏5~6级风和1.5节流的环境条件下工作,保持系统定位精度为±0.5米,迎风条件下艏向精度为±1.9度之间。

全船配备一台液压锚链卷筒装置,其主要技术参数如下:绞车卷筒速度范围0~12米/分,额定拉力200000牛,滚筒容链量约100米,输入液压25兆帕,结构强度安全系数提高1.5倍。卷筒进出锚链方向:卷筒下进出锚链满足左、右舷作业的要求。全船配备两台液压升降式导链滚轮装置,液压顶升力满足200000牛液压锚链卷筒作业需要,升降行程与止链器开口匹配,止链器开口与锚链规格匹配,承载力不小于 12 吨,输入液压 25 兆帕,油缸行程 270 毫米。全船配备两台航标抛设弃链装置,航标抛设快速,安全弃链舷外悬挂沉石重量不小于 12 吨,设手动(通过绳索)和液压遥控两种弃链方式,弃链后弃链装置通过配置的拉簧复位。

该船采用埋入式舱口盖替代传统凸起式舱口盖。现役航标船"海标 12"号的甲板作业面积达 230 平方米,凸起舱口盖占用了 15.5 平方米。该船的甲板作业面积达 394 平方米,且为零梁拱,建立了一个实现航标作业的机械化操作平台,同时采用甲板加厚的方案,作业甲板厚度达 20 毫米,极大地增强了甲板抗冲击和抗腐蚀能力。

"海标 15"号的设计满足了设计任务书的要求,总体设计合理,船舶操纵性、稳性、阻力性能优良。该船的成功建造,使我国同类船技术装备水平产生了质的飞跃,对提高航标作业效率和我国航标管理水平具有重要意义。该船的投入使用改变了传统的航标抛设、撤除作业方式,极大地降低了航标工的劳动强度,提高了作业安全性和作业效率,降低了能耗,节省了投资,收到显著的经济效益与社会效益。

六、2 300 吨航标船"海巡 160"号

"海巡 160"号是中国船舶及海洋工程设计研究院设计,江南造船(集团)有限责任公司为东海航道保障中心建造的大型航标船,于 2018 年 7 月开工建造,2018 年 11 月上船台,2019 年 3 月下水命名。2019 年 6 月,新一代信息化大型航标作业船"海巡 160"号正式列编交通运输部东海航海保障中心(见图 8.8)。

该船总长 73.34 米,型宽 14 米,最大排水量 2 300 吨,满足中国远海航区要求,能够在轻度冰况区域正常航行。"海巡 160"号配置了全船信息采集、综合信息处理和融合通信等先进的信息系统,成为一个集信息收集、融合传输、综合处理和显示的水上智能移动平台。该船采用双机、双可调螺距螺旋桨的主推进系统,艏侧推装置,动力定位系统和甲板航标作业系统,主要用于我国东海海区

图 8.8 "海巡 160"号航标船

各港口航道航标布设、撤除、巡检和维护,承担海上无线电导航信号监测职责,并能兼顾海上防污染和环境保护等任务。由于配置了无线电导航监测系统,该船除了执行常规航标维护和作业外,还可实现对我国沿海各类无线电导航系统进行科学监测和综合评价,进一步提升我国海上导航、助航作业综合能力。

该船利用的三维设计建造无纸化建造和工艺也为数字化造船开启了新征程。江南造船厂首次运用了三维体验平台进行数字化设计和虚拟建造模拟,从源头上提升设计质量,增强用户体验。三维体验平台能够模拟航标工在船上的行走、操作、运维,充分反映船员在船上的行为,从而能够使船舶在设计阶段及时发现问题,有效地控制更改工作量及降低造船成本,缩短造船周期,提高造船质量。通过成功实行大规模三维设计建造,使得该船差错率比同物量船舶降低了 60%,质量、技术、安全管控明显提升,建造周期比原计划缩短了近3 个月。

2015年底,江南造船(集团)有限责任公司正式引进三维体验平台。虽然该平台在其他行业已有成功的案例,也有国外造船厂将其应用在船舶建造的部分环节上,但如何把该平台用好,使其适应复杂的船舶建造系统、高度定制化等特点,契合船厂的建造流程,充分挖掘平台潜能? 近年来,江南(集团)有限责任公司一直都在求解这一道难题。终于,在这艘大型航标船上实现了生产设计全流程、全专业、全三维交付。从设计端到建造端,生产人员最多的评价是: 直观! 告别又厚又大、艰涩难懂的二维图纸,一台笔记本电脑就能提供包含零件编号、部位、材料、工艺、工步等所有生产所需的信息,大幅度缩减了图纸流转、识别、分析及核对的时间;更清晰的三维视角和视图能准确地辅助、指导工人现场作业。设计人员、生产人员和管理人员终于能够统一交流语言,都以模型说话了。

　　"海巡160"号交付使用,进一步提升了我国海事航保部门履行职责的能力,将为保障海上运输线的安全畅通,为交通强国做出贡献。

七、2 400吨破冰型航标船"海巡156"号

　　2021年4月15日,我国首艘具备破冰能力的大型航标船"海巡156"号在武昌船舶重工集团有限公司双柳造船基地下水。该船由中国船舶及海洋工程设计研究院设计,武昌船舶重工集团有限公司建造,主要用于北方冰冻港口、航道的助航设施布设、撤除、更换和维护作业,填补了我国航标船无破冰能力的空白,有效地提升了北方海区航海保障能力。

　　"海巡156"号于2019年4月开工建造,2021年9月列编交通运输部北海航海保障中心。该船总长74.9米,型宽14.3米,型深6.2米,排水量约2 400吨,采用全电力驱动、双回转舵桨推进系统,在5节航速下能破厚度为0.5米的冰,在3.5节航速下能破厚度为0.6米的冰,在海冰条件下具有优良的操控能力和航标作业能力(见图8.9)。

　　该船也是国内首艘根据CCS智能机舱和智能能效要求建造的大型航标

图 8.9　2 400 吨破冰型航标船"海巡 156"号

船,具备智能决策支持和维护功能,在设备出现故障前及时进行预警,智能推荐最经济的航行方式,降低船舶燃油消耗,节约营运成本,降低碳排放。

我国渤海及黄海北部每年都会发生不同程度的海冰灾害,给港口生产营运、海上交通运输、海岸工程和海水养殖等造成严重影响。在大风、寒潮、冰冻等恶劣天气条件下,海上助航设施效能的正常发挥,对于保障港口航道畅通和船舶安全航行尤为重要。

第三节　航标船发展趋势

当今航标船的发展主要趋势是:总体布局合理,设备配置先进,操纵性、抗风浪能力强,作业机械化程度、作业安全性高,船员生活空间舒适,兼具溢油处置和破冰功能。

一、优化总体布局

许多航标船的上层建筑,占据船体较大空间。上层建筑面积大,甲板作业区必然减小。受到海外贸易的推动,船舶逐渐趋向大型化、集约化方向发展,海上航道逐渐向外拓展到深水区域。

未来新型航标船的研发将提升大型航标船的能力:一是调整航标船的总体布局,加大甲板作业面积,缩小上层建筑面积,如使用埋入式舱口盖技术,扩大航标作业区域,提升航标船的起吊能力与作业范围。二是采用卧式绞盘机代替当前的电动立式绞盘机,对铰链形式进行调整,并增加小型卷扬机,对拖链、弃链以及浮标移动作业,进行机械化处理,并提升航标船的破冰能力,使航标船能够在冰封海域上航行。三是由于海上信号弱,航标船可以使用无线电航标监测系统,构建无人机搭载平台。

二、航标船设备升级换代

现役的航标船多采用主机直接驱动螺旋桨的推进方式,这部分航标船未配备变速箱、侧推装置等设备,老旧、落后现象严重,可操作性差。未来我国将加强航标船的设备升级换代,如改造航标船的吊机、绞盘机、甲板作业区域以及主操控系统。同时充分利用航标遥感系统,应用信息管理系统,结合中央监控系统,对航标船的位置进行实时监控,大幅提升航标船的工作稳定性与远程监控能力。

三、自动化的作业装备将提高安全性

航标船作业在很大程度上依靠人工、拖链、弃链以及航标的移动都需要依靠人工操作来完成。而日常的航标巡检维护保养工作需要航标工跳上航标进行作业,航标摇摆不定,不仅劳动强度大,而且具有较大危险性。因此未来航标船的新科技将不断涌现,很多现代科技与航标船工作相结合,例如遥感、监控、无人机等。这些新技术的应用,不仅能提升工作效率,更能将航标工从较为危险的巡检工作中替换下来。此外,未来航标船将加强破冰能力,提升发生冰灾情况下的航海保障水平。

第九章
其他工程船实例

第一节　第一代中型布缆船"邮电1"号

　　我国海底电缆敷设始于 20 世纪 60 年代。新中国成立后,我国的海底电缆敷设任务随着岛屿建设的发展越来越重。由于没有专用的布缆船,严重影响到大陆与海岛之间的海底电缆敷设任务。为此,海缆部门于 1961 年初,委托第六机械工业部(以下简称"六机部")建造一艘浅水型布缆船。六机部随即下达由中国船舶及海洋工程设计研究院设计。研发团队开展了广泛调研,于 1963 年 10 月开始初步设计。经过反复论证,于 1964 年 2 月设计了一艘能够装载 270 吨电缆的双舱布缆船。1965 年 8 月,六机部批准该型布缆船的设计方案,并决定由武昌造船厂负责建造,后来转为由广州造船厂建造,1969 年建成,服役于南海。

　　这艘布缆船的最主要作业设备布缆机系统是从苏联引进的设备,技术资料不全,使用结果也并不理想。船舶性能出现了一些问题,虽经改进却留下不足,因此用户不甚满意。经过层层上报请示,决定后续船重新建造改进的Ⅱ型布缆船仍由中国船舶及海洋工程设计研究院设计,布缆机等大部分布缆设备由海缆管理使用部门的专业研究所、制造厂研制,包括液压驱鼓轮布缆机、履带布缆机、拉缆机、船首大滑轮、测速钢丝排缆布缆装置、仿制的埋设犁及吊放行车等。该船按现代布缆船的要求进行设计,还配备了自行研制的艉侧推装置,以改善船舶操纵性能。Ⅱ型布缆船经过技术设计、送审修改后，研发团队1974年初到中华造船厂驻厂设计，并配合施工。Ⅱ型布缆船1975年建成。

1972年，中国和日本实现邦交正常化，为了加强中国和日本两国的通信联系，经两国政府商定，在中国与日本之间共同建设一条具有足够电路容量的海底电缆。1973年5月，中国和日本两国在北京正式签署了《关于建设中国和日本海底电缆的协议》。中国和日本海底电缆从中国上海市南汇县（已并入浦东新区）至日本熊本县苓北町，全长872千米，拥有480条电话线路。根据该协议，双方负责完成各自部分的海底电缆敷设工程。然而，我国完成这一任务却面临着缺乏布缆船难题。当时，我国拥有的布缆船，不仅吨位小而且设备相对落后，根本承担不了这项任务。因此，建造新型布缆船迫在眉睫。但是这种新型布缆船，在当时世界上也只有少数几个国家能够建造，我国还处于空白阶段，如果开发研制，则需要较长时间。根据中国和日本两国签订的协议，时间上显然来不及。为此，有关部门开始谋划从国外进口，并与外方进行了商务谈判。

在参加谈判的我方代表中，参加者有经验丰富的海缆管理专家。在会谈购买国外布缆船的过程中，外方代表提出各种苛刻条件，要么漫天要价，要么提出一些侵犯我国主权的条件，甚至嘲笑我们"只有砖头瓦块的工程师，就想造出布缆船，简直是可笑"。会谈结束后，我方专家气愤地说："我就不相信依靠我们自己的力量，搞不出所需要的布缆船来，而不要听任外国资本家的摆布。"于是，经过研究分析有利条件与不利因素，特别是关注正在建造的Ⅱ型布缆船，其性能能否承担中国和日本海缆布设要求，他们向党组织写了一封信，提出用我国自行研制布缆船，即Ⅱ型布缆船承担中国和日本海缆布设任务的建议。他们建议将Ⅱ型布缆船的首制船划归邮电部使用，即将组建的上海海底电缆公司作为用船部门，参加中国和日本海底电缆中国段的建设。建议及时得到了上级领导的批准。Ⅱ型布缆船归属变更后，邮电部门将1975年底中华造船厂建成的Ⅱ型布缆船的首制船命名为"邮电1"号（见图9.1）。

1976年夏，我国自行设计建造的第一代中型布缆船"邮电1"号交付使用，

图 9.1 "邮电 1"号布缆船

顺利完成了中国和日本海底电缆的布设任务。

该船总长 71.55 米,型宽 10.5 米,型深 5.2 米,吃水 3.6 米,满载排水量 1 327 吨,航速 14 节,总功率 1 641 千瓦。电缆装载量 400 吨,按当时使用的铠装电缆计算,可装 110 千米长的海缆。后来"邮电 1"号实际布设的中国和日本海缆我国段为 105 千米。使用实践证明,该船具有吨位小、吃水浅、电缆装载系数大、作业能力强等特点。

该船的船体设计以能最大限度地完成海缆布设和维修任务为原则。具体地说,就是以最小排水量,力求得到最大的作业能力。在设计中,着重考虑以下几个方面。

一是稳性。在该船甲板上,装有很重的布缆机械,对稳性极其不利。另外,在海上作业过程中发生的从满载到空载的载荷变化,又会使船舶稳性恶化。为此,设置深油水舱和 10 个压载水舱,共装载 250 吨压载水来调节船的重心和纵倾,以确保其具有良好的稳性和适当的摇摆周期。

二是操纵性。在海缆布设时，要求船舶的航迹尽可能是直线以减少电缆耗量，同时在捞取旧缆时，则又要求能在低速状态、舵效很差的情况下，按照旧海缆多变的方向，随时改变航向。该船采用了双舵并适当加大舵面积、双可调螺距螺旋桨，以适应上述要求。另外在船首设置了侧推装置以进一步改善船的操纵性。

三是重视大吃水性能。为了减小登陆段的电缆长度，要求布缆船在电缆登陆时尽可能靠近岸边，因此选取了较小吃水的设计参数。

四是优选船艏、艉造型。向前突出的船首是布缆船的造型特征，也是在船舶严重摇晃的情况下捞取电缆的关键性结构。它既要保证电缆不被卡住，又不会滑脱。为了安装电缆导向滑轮和扩大艏部作业面积，要求艏端甲板具有一定宽度；而在线型设计中，又要防止因此使艏部出现 S 型横剖面线型而影响船的耐波性。较理想的艏部造型要求滑轮嵌入船体结构，但制造较困难。"邮电 1"号采用了较简单的形式，并在滑轮周围的船体结构上，装焊了导向扁钢，以防止电缆嵌入滑轮与艏部结构之间的缝隙中。船尾是布缆船的重要作业区。采用埋设电缆技术后，对艉部造型又提出了新的要求。该船采用了艉滑道式凹字型结构，这种造型能在风浪中顺利地收放导缆笼和电缆埋设机，这在国内、外的布缆船中尚居首次。

五是船体结构局部加强。布缆船首端向前突出，它除了承受海缆的巨大压力外，还经受海浪拍击，为此必须将突出部分与主船体牢固地连接在一起，并设置较强的纵桁。甲板结构也因在其上装有各种机械设备而与普通船相比应有所加强。该船对此都作了加强处理。

六是电缆舱及其喇叭口。电缆的容积和电缆装载系数是衡量布缆船经济性与先进性的指标。该船的这些数值均高于国外同类型布缆船。电缆舱的舱容应该按照增音段的个数考虑。该船的设计对象为直径 40 毫米的多芯电缆，装载长度 100 千米，约等于两个增音段。该船共设置了两个电缆舱，有利于电缆舱布置和节约甲板作业面积。前电缆舱直径为 6.6 米，有效容积为 73 立方米;后电缆舱直径为 8.2 米,有效容积为 115 立方米。两个电缆舱均设置在船的最宽处,并接近浮心,这样既保证电缆舱圆筒有较大直径也有利于调整船的纵倾。喇叭口是电缆进出电缆舱的唯一通道,也是布缆船的关键性构件。

七是锚、舵和小艇等设备。为防止作业时海缆被锚爪钩住,船舶采用了锚穴结构。由于在艏部甲板中心线附近要布置电缆通道,所以把起锚绞盘等锚泊设备尽可能移向舷边,又因锚穴的下边必需高出水线,其结果锚链筒的长度就受到限制,虽提高了艏脊弧,还是采用了短杆锚。为达到良好的航向稳定性和操纵性,加大了舵面积。工作艇是布缆船运送电缆登陆的工具。船上配置两艘 80 匹马力的工作兼救生艇,电缆登陆时将两艘小艇牢固连接,并在登陆段电缆上每隔一定间距系上一个浮力为 200 千克的布缆浮筒,利用小艇的拖力将电缆端部送到岸上。船上还配有信号浮标 4 只,每只浮力为 600 千克,平时浮标固定在专用的浮标架上,利用倒出滑轮架进行收放。

研发团队在设计过程中充分考虑到船舶的稳性和操纵性,从而确保布缆船能够按照其预定航线准确地敷设电缆。为此,研发团队在该船上装设了艏侧推装置与自动操舵等系统,通过驾驶室的遥控即可及时修正航向,确保敷设电缆路径的准确性,最大限度地降低成本。装设的艏侧推装置还可以使船像圆规一样,以电缆为圆心,船体可 360 度回转,满足捞缆作业的要求。根据要求该船采用较小的吨位、较浅的吃水以及较大的电缆装载量。总之就是以最小的排水量,力求得到最大的作业能力。对此,研发团队按照抓住重点、分清主次、全面考虑、合理安排、兼顾外形美观的原则,把电缆舱设置在距离全船最宽的舯部,既保证了舱容,又利于电缆盘放。布缆船的造型大多设有一个像牛鼻子一样的导轨船首,这样奇特的设计是为了船舶在严重摇晃的情况下捞取电缆。它既能保证电缆不被卡死,又不致滑脱。而船尾作为布缆船的重要作业区域,在设计上更是不能忽视,这个像蜗牛尾巴一样的布缆船艉部设计造型,可确保船在风浪中顺利地收放导缆装置及电缆埋设装置,这在国内、外的布缆船设计中还是第一次尝试。经过研发团队的共同努力,布缆船实现了艉部布缆、艏部捞缆、侧向推进等多项作业的自动化控制,受到了中外专家的赞许。

布缆系统设计中的布缆船设备的配套,又是一大难题。船上涉及的关键设备国内还处于刚开始研制阶段,甚至有些设备根本就未接触过。

布缆机是布缆船上最重要的核心装备,具有多种功能和用途,是敷设海底电缆,特别是打捞、维修海底电缆作业不可或缺的装备,需要很强的技术支持。为了尽早研制出布缆机,当即成立了一个由使用部门、造船厂、设计单位的技术人员、工人等组成的研制小组。但是,研制布缆机的工作刚一开始就遇到了困难。

一方面,当时正值"不为错误路线生产"的谬论盛行之际,开展研发工作有相当大的阻力。研制小组负责人指着港内的万吨油船对工人说:"大庆地下的石油是大庆工人头顶蓝天,脚踏荒原,靠一颗红心两只手干出来的。我们不把布缆船造出来,'龙王爷'能把电缆牵引到岛上?外国人那样欺负我们,我们一定要给中国人争口气!"工人们的热情一下子高涨了起来。没有车间,他们就在码头上搭一个工棚;没有工具,各单位就把能找到的工具全都凑在一起;没有设备,就自己动手改装;没有材料,就去各地求援。另一方面,由于缺乏相关的专业技术,给研制工作带来了很大的困难。研制小组克服了各种困难,刻苦攻关,经过一年多的苦战,进行了上百次的实验,终于成功研制出我国第一台具有自动测速、测力、计程与船随动的履带式布缆机及配套的布缆设备。随后,梧州机械厂用了3个月的时间制造成功。

布缆系统是设计布缆船的重要环节。该船参考了国内外布缆系统的布置,采用了使艏、艉的布缆线路基本上成一条纵通直线,并使之靠近船体中线面的布置方式。这种布置方式的优点是减少电缆转向和弯曲次数,减轻电缆磨损程度,使布缆设备和电缆舱的位置相对集中,布放增音机时安全可靠,由于电缆和电缆埋设机拖力产生的偏心力矩较小因此对航向稳定性有利等。另外,由于布缆设备均安置在内走道上,也有利于设备的维修保养和保证操作人员的安全。

艏部布缆存在着纵摇幅度大、由于艏脊弧高而导致观察电缆入水角困难、作业面积小等缺点,因此该船首部作业系统侧重用于捞缆和短距离布缆。首端配置直径为 2 米的铸钢滑轮两只,它能满足布放直径为 1 英寸的同轴电缆。在滑轮后方布置有作为操船人员调节航速依据的电缆测力计和拉力为 10 吨的鼓轮式布缆机。

艉部作业系统是该船主要作业区域。艉部布缆除操纵性较差外,其余均较艏部布缆优越,所以能在较恶劣海况下进行工作,并对提高布缆质量有利。该船尾部作业系统配有:履带式布缆机、对中限制器、凹形滑槽、测力计、25 吨绞车、300 千克拉缆机、艉吊架、电缆埋设机、导缆笼等全套埋设设备。艉部进行埋设作业,必须使海缆、拖索及信号电缆沿船长方向位于同一纵剖面内。要满足上述要求,一般均需增加船尾作业甲板的长度,船长增加了,则会影响造价。该船设计采用了导向滑轮组,在不增加船长的情况下,合理地解决了上述矛盾。起伏的海底和船舶的扭曲航行,均要求布设海缆的实际长度大于通信两点之间的直线距离,其超出部分的电缆长度称为"敷设裕度",这是衡量海缆布放质量的一个重要指标。为了精确控制该裕度,该船配有敷设裕度控制设备对地测速钢丝系统。

在浅水区作业,当开始吊放电缆埋设机时,为保证同轴电缆的弯曲半径,电缆埋设机从起吊、移出船尾及自海面投放入海底的过程中,均须保持水平。首制船在建造后期才接到对上述工况的要求,在对原设计不做重大改动的情况下,增加了艉部的人字形吊架,这个改动使该船外貌的美观程度下降,作业时也不够安全,在后续船的建造中已把艉吊架上电动葫芦轨道的舷外跨距加长,并选用了吊高 30 米的电动葫芦。经过上述改进,电缆埋设机的吊放过程得以简化,操作上亦较安全简便,可以一气呵成。

布缆设备全部采用国产元器件,为我国海缆工程作业机械化填补了空白。布缆机的问题虽然解决了,但接下来,在研制侧推装置方面却又遇到了麻烦。侧推装置中的一个主要部件螺旋齿轮在厂内无法加工,研发小组先后走访了上海几十家单位,最后终于找到了一种产品予以替代。该船采用的双螺旋桨,经上海船舶设备研究所科技人员不断改进，试验证明性能良好。但是，由于加工工艺要求高，很多工厂不愿意生产。当时只有几百人的苏州船用机械厂，听到这个消息后主动请缨，并立即组织全厂广大干部职工，在技术人员的协助下，实行全厂总动员，终于试制成功。至此，"邮电1"号在科研、生产、使用等部门的共同努力下，终于攻克所有难关。

敷设海底电缆的首日，"邮电1"号在众目睽睽下，开始了中国和日本海底电缆敷设工作。驾驶室内不断传出各遥控设备、仪表等运转正常的信息，布缆作业顺利进行。经过16个小时的奋战，我方承担的敷设工程首战告捷。1976年10月25日，在中国和日本邦交正常化4周年之际，中国和日本双方分别在北京和东京举行了中国和日本海底电缆开通仪式。

"邮电1"号布缆船，经使用证明性能优良，技术先进，不少方面赶上国际水平。它的诞生不仅为中国和日本海底电缆敷设做出了贡献，也为我国发展通信及海防建设提供了现代化的工具。

从1975—1983年，我国先后建造了6艘同类型布缆船，全部交付用户用于我国沿海的电缆敷设、打捞及修理工作。在1978年的全国科技大会上，"邮电1"号作为该船型的首制船被授予了科学大会奖，设计小组也被评上上海市先进集体。"邮电1"号战绩远不止这些，它相继执行了从北起辽宁、南抵广东、西达安徽、东至日本，共近万千米的海底电缆敷设任务。20世纪90年代初，"邮电1"号又担当了另一个重要使命，参与建设了我国第一条国际海底光缆的任务。这条光缆从上海南汇至日本九州宫崎，全程1 252千米，系统通信总容量达7 560条通话电路，相当于建于1976年的中国和日本海底同轴电缆的15倍以上，使我国国际通信能力提高了80%以上。

随着海缆事业的飞速发展，"邮电1"号还参与全球光缆、亚欧光缆、中美光缆、跨东亚光缆1号、亚太2号和C2C海底光缆网络等重大工程，以及国内海底电缆系统，如烟台—大连、北海—临高等电缆线路常年的维护服务工程。2003年12月18日，中国通信史上的第一艘海底布缆船"邮电1"号功成身退，为近 30 年的服役航程画上了圆满的句号。"邮电 1"号船模被置放于中国航海博物馆柜窗之中,供人们长期观赏。

第二节　93.5 米超大型打桩船

打桩船是码头、桥梁等水工建筑的桩基施工不可或缺的关键装备。随着国家经济建设的迅速发展和长江三角经济区开发建设的加快,洋山深水港、东海大桥、杭州湾大桥等一批大型海上工程建筑项目相继开工,新一轮海上工程建设的高潮由此开始,并呈辐射发展的态势。国内当时有的打桩船不仅在数量上跟不上发展的需要,而且性能上更满足不了海上施工所要经受的风、浪、流环境条件。在杭州湾大桥工程前期准备中,为探索在该跨海大桥海域进行打直桩基的可行性和有效方法,专门安排了海上打桩试验,参与试验的打桩船因承受不了所在海域水流流速,危及船舶安全,被迫撤走,试验因此中断,杭州湾大桥工程指挥部和相关施工单位对此事高度重视。开发研制升级换代的超大型打桩船则迫在眉睫。

中港三航向国内主要的几家船舶设计单位发出设计超大型打桩船的邀标书,上海船舶研究设计院中标设计。该船由青岛北海船舶重工有限公司承接建造。93.5 米超大型打桩船当时在同类型打桩船中作业能力较大,技术性能较先进,在研发设计中克服和解决了许多前所未有的困难和问题,技术上有不少创新和突破(见图 9.2)。

该船的设计特点包括:

(1) 93.5 米打桩船属桩架式专用打桩船,该类打桩船的优点是工作效率高、施工成本低、投资少、见效快。按传统概念,桩架式专用打桩船仅能在内河、海边港区施工作业,能否在沿海海域跨海施工作业尚无定论。研发团队首先对东海大桥、杭州湾大桥海域气象水文情况开展调查研究,收集相关资料进行分

图 9.2 超大型打桩船

析比较,为耐波性研究计算提供科学的依据,创造了条件。再通过对该船的耐波性进行理论计算,推出相应的标准参数,最后得出结论:该船在杭州湾大桥以及类似沿海海域可以进行施工作业,且有效作业天数能够满足施工单位的要求。突破了桩架式专用打桩船仅能在内河和海边港内作业的观念,也为今后设计同类型船提供了理论依据。

(2)根据杭州湾大桥桥址处实际观测的海洋水文数据和大桥工程施工的要求,该船必须能在 3 米/秒水流流速伴以 7 级风,有义波高 $H_{1/3}=0.8$ 米的环境条件下进行移船定位和打桩作业。这对于打桩船而言无论是设计还是使用都是从未有过的高难度要求,加上杭州湾海域底质情况特殊,频频发生"走锚"现象,危及船舶的安全,因此船舶定位满足设计任务书提出的环境条件要求是研发设计需要攻克的又一难题。通过对现有打桩船锚泊设备使用情况的调查和对打桩船移船定位作业方式及作业流程的研究分析,认为打桩船传统的 8 点锚泊作业方式具有操作简便、效率高的优点,但抵抗横流能力差,而打桩船在整个作业过程中又无法避免其遭遇横流。在锚泊系统设计中,研发团队大胆创新,在船舶的中部设置了一套锚泊设备,这样船舶在作业时可根据实际作业环境条件,在海况较好、水流低于 3 米/秒时仍采用传统的 8 点锚泊作业方式;当海况较差,水流接近或达到 3 米/秒时,则启用中部的一套锚系泊设备,实施船舶在恶劣环境条件下的移船定位作业。后经运用耐波性理论对这一方案进行锚泊力理论计算,结果证明在流速大于 2.5 米/秒,且水流方向为 90 度时,舯部增设的这套锚设备能有效地提高锚泊能力,满足了设计要求。

(3) 该船桩架遇到的作业环境比较恶劣,设计中考虑到的因素较多。桩架是该船的关键设备,设计中应用了专门开发的计算程序,还采用正交试验法对桩架的设计进行了优化。用较短的时间,完成最佳方案选择,缩短了设计周期。

该船自 2002 年 11 月开始设计,2003 年 3 月初首制船在青岛北海船舶重工有限公司开工建造,于当年 11 月中旬竣工并交付船东,随即投入了杭州湾大桥工程的施工。实现了当年开工、当年交船、当年使用的预期目标,各项技术指标均达到设计要求,受到使用单位等各方面的普遍好评。

93.5 米超大型打桩船的研制成功,使我国大型海上作业打桩船的设计制造和装备水平跃上了一个新台阶,该船型深受国内港务工程施工单位的青睐和好评,现已相继设计建造了 4 艘,取得了良好的经济效益和社会效益。据测算,一艘 93.5 米超大型打桩船造价与进口的同类船相比,减少约 1 亿元。该船型的开发研制不仅为我国大型海上建设工程提供了必要的技术装备,同时也提升了我国大型打桩船设计、建造的水平。

第三节　"SST-BERAU"号半潜转载平台

随着世界各地散货贸易的增长,散货船的吨位日趋大型化。受限于客观条件,特别是不少港口及航道条件的限制,大型散货船无法进港装卸,必须将散货在大型散货船和驳船间进行转载,由此转载平台应运而生。而半潜船型因其耐波性能好,构造形式能与驳船相配,在世界范围内引起人们的关注。"SST - BERAU"号转载平台由加拿大 CSL 公司、SBS 公司、德国 EO 公司共同出资,上海中港装备工程有限公司总包建造,中国船舶及海洋工程设计研究院进行详细设计,于 2000 年 5 月在印度尼西亚投入试运行,同年 8 月正式商业营运。

"SST - BERAU"号是一座非自航半潜式转载平台,整个平台由左、右两个沉垫各自通过 4 根立柱与上平台组成,沉垫与立柱为箱型结构。它创造性地把半潜平台与转载系统有机地、完美地结合起来,整个装载模式独特、新颖。转载平台下部两沉垫之间无横杆,可使平台横跨于驳船上,转载平台系于散货船的一舷。整个装卸系统由提升斗桥、输送带、卸货臂组成,整个装卸过程一人操作,计算机控制,连续运转。上平台为桁架结构。平台适用于转载煤炭、矿石、化肥等散货,对于粒径小于 100 毫米,密度为 0.8 吨/立方米的煤炭,装卸率为 2 000 吨/时。

"SST - BERAU"号是为好望角型散货船服务的转载平台,把万吨级甲板驳中的煤炭、矿石等散货转载到散货船上,装卸过程中,船与平台之间的定位及移位由设置在转载平台上的 8 台绞车来实现。平台上主要设备及舱室均设置在上甲板上,方便管理及维护,平台上设有装卸系统、定位移船系统、机舱、配电间、液压动力站、中央控制站、机修间、备件间等。泵舱设置在左、右沉垫内,操纵室设置在上平台下,方便观察、操纵甲板驳进出、转载平台移位及装卸。平台立柱之间设有上、下梯道和纵向通道,以及供人员登船用的小平台。平台设有两台1 500 千瓦主发电机,互为备用,一台 150 千瓦停泊发电机组。平台上设置调整水舱,以平衡卸货臂位置变化而产生的不平衡力矩。

该平台左沉垫长 63.44 米,右沉垫长 50.02 米,沉垫宽 4.14 米,沉垫型深 4.27 米,立柱数 8 根,立柱尺寸 3.66 米×3.66 米~4.14 米×14.64 米,沉垫内侧间距 34 米,沉垫外侧间距 42.28 米。上平台长 36.60 米,宽 41.32 米。满载吃水 4.85 米,轻载吃水 4.0 米,气隙 14.06 米,满载排水量 2 174 吨,轻载排水量 1 906 吨。主发电机组 2×1 500 千瓦,停泊发电机组 1×150 千瓦。卸货臂舷外跨距 21～35 米,提升斗桥总高 28.0 米、垂向行程 11.30 米,装卸率 2 000 吨/小时。

平台的转载系统由提升斗桥、输送带、卸货臂组成。提升斗桥设置于平台的中央,卸货臂设置于左舷立柱上方,输送带连接提升斗桥及卸货臂,输送带可随提升斗桥作垂向运动,使卸货臂上的支点上下摆动,保证整个装卸过程的连续性。提升斗桥由斗桥、塔座、链斗刮板机组成。斗桥由桥架(长 28 米)、链斗及两台液压马达组成,链斗速度为 1.5 米/秒;塔座由安装在上甲板上的塔架及斗桥提升绞车组成,斗桥最大行程为 11.30 米;链斗刮板机由臂架、链斗、液压马达、油缸组成,共设两套,分别固定于斗桥下端的两侧,长 11.2 米,链斗速度 1.5 米/秒,回转角 90 度,范围摆角 0～35 度。

输送带由马达驱动,带长 22.0 米,带宽 1.2 米,带速 4 米/秒,摆角范围为 −13.73～16.3 度。卸货臂由固定臂架、伸缩臂架、架座及回转、摆动驱动机构组成。带长范围 21～35 米,带宽 1.2 米,带速 4 米/秒,水平回转角 180 度,垂向摆角范围 −15～7 度,不作业时,收进平台内,搁放在支架上。在装卸过程中,先由链斗刮板将甲板驳货舱中两侧的煤炭刮向中央聚集,然后由斗桥上的链斗垂向提升、倾倒,通过料斗送到输送带,再由输送带送到卸货臂座架上方的进料斗,然后由卸货臂上的输送带送到散货船货舱内。整个装卸过程,在操纵室由一人操纵。

该平台在装卸过程中,由设置在平台上的 8 台恒张力绞车组成移船定位系统。当一艘好望角型散货船到达锚地抛锚定位等待装运时,转载平台由拖船从系泊点拖至散货船舷侧,由设置在转载平台上 4 台系泊绞车,通过导缆器、钢丝绳,与散货船带缆桩连接、固定,组成转载平台定位移船系统,控制平台沿散货船一舷作纵向移动,以满足散货船各舱装载需要。在码头装满煤炭的万吨级甲板驳由拖船拖至转载平台两沉垫之间,由设置在平台上另外的 4 台牵引绞车通过导缆器、钢丝绳与甲板驳连接、固定,组成驳船定位移船系统,控制驳船在转载平台沉垫之间作纵向前后移动,满足装卸煤炭之需。最后启动转载平台装卸系统,甲板驳中的煤炭被转载到散货船上,散货装满后,转载平台被拖到系泊点,等待下一艘散货船的到来。

平台由于卸货臂设置于平台的左舷,左、右舷重量不一样,在设计时,从合理性、降低造价的角度出发,左、右沉垫长度根据重量分布来确定,即左舷沉垫长、右沉垫短,客观上给设计、拖航增加了难度。因而正确有效的分析、校核平台的总体性能,保证平台安全、有效使用,是一项十分重要的技术保障措施。虽然平台按 Pontoon 入级,但显然按 Pontoon 要求来校核稳性是不够的。该平台在设计时参照规范对半潜式钻井平台的要求来校核总体性能,这种做法得到英国劳氏船级社认可。由于平台沉垫的不对称,对平台 5 个方向(0 度、90 度、135 度、270 度、315 度)的初稳性及大倾角稳性进行了校核,满足了规范的要求。

平台作业时,甲板驳位于两沉垫之间,两沉垫间的跨距很大,中间又不加设横杆,平台的形式较为特殊,选择合适的结构,可以有效保证平台的强度。平台的沉垫采用纵骨架式,横向间隔 1.83 米设一强框架;立柱采用垂向骨架,艏、艉立柱与沉垫连接根部加设三角舱;上平台采用桁架结构,横向设 8 个主桁,纵向设 7 个主桁,平台与立柱连接处用三角舱过渡,减少应力集中。对平台采用有限元进行总强度分析,上平台进行疲劳分析。平台建造完成后,对平台结构受力进行了实测,接近理论计算结果,说明平台结构设计是成功的。

该平台是世界上第一座半潜式转载平台,形式独特,生产效率高,较好地解决了由于港口地理环境条件的限制,大型散货船不能进港装卸的难题。该院在总结"SST‑BERAU"号半潜式转载平台设计成功经验的基础上,还实现了另一种形式转载平台开发,把好望角型散货船中的货物转载到小吨位散货船或甲板驳中,满足市场对不同转载平台的需求(见图 9.3)。

图 9.3　“SST - BERAU”半潜转载平台

第四节　1 000 马力浅海多用途工作船

为适应浅海石油勘探及开发需要，胜利油田拟建造一批 1 000 马力左右的适合于浅海海域使用的多用途工作船，并将建造任务承包给山东省青岛船厂。1984 年 8 月，青岛船厂提出该船技术任务书，委托中国船舶及海洋工程设计研究院设计。中国船舶及海洋工程设计研究院 1984 年 9 月完成方案设计，1985 年 5 月完成技术设计，1986 年 2 月完成施工设计。

该船为钢质、单甲板、艏楼、高艉、双舵、双泵推进浅海工作船，稳性满足 ZC（1974 年）对Ⅱ类航区的稳性要求。

该船总长 46.25 米，型宽 9.80 米，型深 3.20 米，设计吃水（轻载）1.40 米，满载吃水 1.81 米,航速 11.25 节,续航力 1 500 海里,自持力 20 天,系柱拖力 12.25 吨。

主机为卡特彼勒 3412D1 - T 型柴油两台,额定功率 503 马力,额定转速 1 800 转/分。辅机 6315 柴油机两台。

设计特点一是浅海,二是多用途。胜利油田浅海海域海床宏观坡度为 1/1 000,即向海中每延伸 1 000 米,水深才增加 1 米。为了扩大作业区域,要求吃水尽可能浅。该船任务书规定作业区域水深为 1.8 米,要求严格控制船的吃水,规定设计吃水 1.4 米。因此在设计中选择适当的主尺度、合理控制重量、确保浅吃水是该船成功的关键。设计中通过方案分析,合理地处理了船的规模如主尺度、舱容、设备布置与空船重量之间的关系。设备选用及结构设计严格控制重量。为确保浅吃水,不采用固体压载,设计中通过合理的总布置来确保船之良好的航态。

减轻重量是浅吃水要求的保证,而该船线型扁平,船体表面面积较大,加之设计任务书中所提出的使用要求,使船体结构在全船重量中所占比例会比一般的船大(约占 54%)。为了减轻结构重量,在遵照规范设计的同时考虑到该船仅在Ⅱ类航区航行,所以有可能采取一些比较灵活的办法来达到既减轻重量又满足各种强度和使用的要求。例如:合理地选取船底板厚度和平板龙骨厚度;露天甲板及货物甲板按供应船要求选取,非露天甲板则按拖船强力甲板最小厚度选取;对第二层甲板室前端壁板厚度和扶强材进行了加强以提高前端壁抗波浪冲击的能力。此外,在设备选型上也尽可能选择重量轻、尺寸小的,以减轻全船重量。

根据理论计算,选择的主机功率航速只能达到 11 节。研发团队充分考虑使用部门对提高该船航速的需要,精心设计,经多次航模拖曳阻力试验优化线型,在施工设计中,严格控制重量,使该船实船试航测得航速达到 11.25 节。

该船采用了喷水推进的方式,并配以组合舵,成功地解决了浅水效应对螺旋桨效率的影响,使该船能在浅水中得到较大的推力,并且解决了浅水中的操纵性问题,满足了浅海石油开发的急需。

根据技术任务书要求,"该船应具有在倾斜 1.5 度左右泥沙海底重载短期 (6～12 小时)坐底搁浅船体无损性能",为此在设计时对搁浅的各种可能进行了强度校核。同时考虑到浅吃水船在波浪中艏部拍击情况严重,设计时依据有关规范对重力负荷作用下艏部板架强度进行了校核。

由于该船航行于浅水和多砂海域,又要考虑坐滩问题,因而海水门结构成为设计中的一个重要问题。若考虑高、低位海水门,则坐滩时,高位海水门露出水面,低位海水门又坐在沙滩上,主、辅机无法进水而造成死船,因而设计中仅设高位海水门两个,在结构设计上进水格栅和海水总管分设在两挡肋骨之间,中间设一块升高的肋板,以增加气、水分逸的时间。海水门总高度比水线高出400 毫米,以便于气体逸出,上设透气管,在该船坐滩时,用压载水舱作为辅机制循环冷却水舱。

船上设有升降高度为 7.8 米的消防塔一座,可 360 度回转,手动消防泵一座,及自防用水幕设备。因此该船适合在油区工作,对平台及其他船舶实施灭火救助和自身防护,灭火方式有水灭及泡沫灭火两种。

青岛造船厂于 1985 年初开工建造。1987 年 8 月初竣工。1987 年 8 月中旬开始进行系泊航行试验,分别对主机、辅机、锚机、舵机、拖缆机、对外消防、空调等设备进行调试和测试。试验证明,包括航速、系柱拖力在内的各项严苛指标均达到要求。

第五节　1 080 千瓦转动导流管近海拖船

随着我国海运事业的发展,烟台港务局作业量不断增加。为实现现有船舶的配套,提出建造功率 900 千瓦拖船的要求,主要用于烟台港至各近海港口之间的疏港拖带兼做过驳作业、港作及交通等作业。烟台航务局委托烟台造船厂建造,烟台造船厂委托中国船舶及海洋工程设计研究院设计。

1986年10月,依据用船部门提出的900千瓦转动导管近海拖船技术任务书进行方案设计,提供900千瓦和1080千瓦两种主机方案。1987年1月在烟台造船厂召开方案设计审查会,用船部门选择采用1080千瓦主机方案,作为技术设计依据。7月9—11日在烟台造船厂召开技术设计审查会,会上认为该船技术设计基本满足了技术任务书要求,各项性能指标较为先进。9月召开主机、齿轮箱、调距桨技术协调会。1988年2月中国船舶及海洋工程设计研究院完成施工设计。

该船为单甲板、三层甲板室、单机、单底、前倾艏柱、巡洋舰艉、转动导流管、可调螺距螺旋桨推进、横骨架结构的钢质近海拖船。该船稳性满足1986年中华人民共和国海船稳性规范对Ⅱ类航区拖船基本标准的要求和对拖船的特殊要求,同时满足海上拖船和港口拖船的作业要求。

该船总长34.5米,型宽9米,型深4.15米,平均吃水3.2米,自由航速13.25节,续航力1600海里,自持力15天,系柱推力20.4吨,定员17人。主机一台为MAN8L23/30柴油机(1080千瓦×825转/分),柴油发电机组两台(6135柴油机64千瓦),推进系统JD7704Ka-3。

该船改变以往近海拖船的长艏楼形式,设有三层甲板室;具有海上拖带和港内顶推的结构布置和舾装特点,具有长拖、绑拖和顶推之功能,扩大了用途;采用转动导管和可变螺距螺旋桨,针对转动导管的特性,从结构作了精心设计,实现在各种工况下达到最佳效率和最佳操纵性。考虑冰区加强和满足结冰稳性的要求,并提高机舱通风和主机冷却能力,以扩展向南作业海域。

该船有三项主要设备是从国外技术引进后的国产化产品。一是采用的可变螺距螺旋桨装置是我国自1983年引进瑞典KAMEWA公司技术专利后国产化设计和制造的产品,通过试航验证性能完全达到了设计要求。二是主机8L23/30船用直列四冲程增压柴油机,额定功率1080千瓦(1470马力)×825转/分是由镇江船用柴油机厂引进西德MAN-B&W公司专利生产的首制机,经系泊和航行试验证明性能良好,完全达到设计要求。三是弹性联轴节和齿轮箱是四川齿轮箱厂分别引进奥地利盖斯林格公司和西德诺曼公司专利而生产的产品。烟台港轮驳有限公司积极支持在本船上进行试用、试验,对促进国产化做出了贡献。

烟台造船厂于 1988 年 3 月开工建造。1990 年 3 月下水,随后进行倾斜试验。5—6 月系泊试验,10 月竣工交船,船名"烟港拖 16"号。

该船是我国第一艘装有转动导管和可变螺距螺旋桨的近海拖船,具有长拖、绑拖和顶推之功能,扩大了该船的用途。采用转动导管和可调距螺旋桨,使拖船在各种工况下达到最高效率和操纵性,达到或超过了设计原定的要求。技术任务书要求系柱拖力/主机功率比为 12 千克/马力,实航测试达到 13.88 千克/马力(相当于 185 牛/千瓦)。根据国家标准《港作及海洋拖船性能质量分级标准》该指标超过 173 牛/千瓦即为一级品。该船设计建造质量获得船东的赞许。

第六节　水面清扫船

随着城市工业的发展和人们物质生活水平的不断提高,港湾内的工业垃圾、生活垃圾日益增多,污染水质,破坏市容,严重影响城市环境卫生。

上海作为一个大城市,面临同样的问题,在黄浦江、苏州河的主要水段常年漂浮物多以如瓜壳、菜皮等为主的生活垃圾,均用小船由人工来收集,不但劳动强度大,影响工人身体健康,而且远远不能满足环保要求。据不完全统计,当时年收集量为 1 200～1 500 吨之间。因此上海市水上清洁管理站为提高收集率,改善上海港水上环境卫生和减轻工人劳动强度,提出研发水面垃圾清扫船攻关项目。1982 年初,在上海市科技协作交流会上张榜求援。中国船舶及海洋工程设计研究院虽缺少设计该型船的资料和经验,但考虑这种环保船舶对保护河流水质的作用,欣然接受上海市水上清洁管理站的委托承担水面清扫船的研发任务。

该船 1982 年 2—4 月预研,1982 年 4—10 月扩初设计(包括清扫作业的模型试验),1983 年 1—6 月施工设计,1984 年交船。

水面清扫船是新型工程船舶,当时国内尚属空白,而水面清洁机械装置则是水面清扫船的关键设备,直接影响清扫作业效率和清扫船的成败。

该船为总长约 20 米、型深约 2.2 米、主机两台 150 马力柴油机、双舵、双螺旋桨、单甲板、双体船舶,每个片体宽 2.4 米,中心距 4.8 米。主甲板下各片体舭部至♯2 舱壁系艉压载水舱,♯2～♯20 为机舱,♯20～♯28 为空舱作储物舱用,♯28 至艏为艏尖舱,主甲板上中间♯8～♯16 增设 2 立方米集尘箱 4 只,♯17½ 设 1.5 吨×6.5 米液压起吊机一台,♯20～♯28 设船员舱甲板室,内设生活间 6 平方米,休息间 11 平方米。艏部甲板系集尘机械系统平台,甲板室上为驾驶室,其前部布置驾驶设备,后部设置起吊机操纵台。

该船的设计特点是清扫机械装置,它由导流槽、垃圾收集箱、网格状收集网兜、全回转全液压起重机组成。上海环卫局水上清洁处工人师傅在工作中积累了很多经验,该院研发团队认真调研记录他们提出的好建议,同时通过模型试验予以验证,这种技术人员与工人共同总结提炼出来的清扫作业装备是一种协作式创新的产物。清扫船作业常用的有两种方式,一是将导流槽对准前方垃圾,清扫船依靠可变螺距螺旋桨慢速航行,将前方垃圾导入槽内,继而进入垃圾收集箱。当垃圾收集箱内垃圾量处于饱和状态(垃圾呈漂浮状,不会下沉,因此当垃圾箱表面都充满垃圾时,即为饱和状态)时,液压翻斗装置将垃圾收集箱提升,并翻转,将收集箱内垃圾倒入后甲板上的网兜。当网兜内的垃圾达到一定量时,全液压起重机将网兜吊起,并将垃圾倾倒在系于船舷一侧的垃圾中转驳船内,装满后随即运至焚烧场或填埋场,进行无害化处理。在春、夏季期间,黄浦江上游的水葫芦疯长,成片的水葫芦往下游漂移,清扫船逆流而上,可以把水葫芦收纳清扫江面。

另一种作业方式是:在黄浦江边外滩堤岸处,漂浮着众多垃圾,这种垃圾是静止的,只是随着波浪在原地作上下起伏运动。这时,清扫船就要低速贴着堤岸前行,将导流槽对准垃圾,并用高压水枪驱赶垃圾,再重复上述操作即可把垃圾清扫干净。

还有一种派生工作法,就是清扫船停在外白渡桥附近河口,苏州河落潮时,夹带有大量垃圾,沿着堤岸飘来,清扫船来个"守株待兔",把垃圾收集进导流槽。

研发团队既吸收国际清扫船设计经验,又发挥国内创新理念。例如:国外把垃圾收集箱分成许多小箱子,一旦一个箱子垃圾满了,就吊走,逐个清理。我国采用大箱子,一旦满了,就像链斗挖泥船那样,用液压装置将其提升上来,并加以翻倒,效率比国外高很多。特别是喷水造流装置和垃圾翻斗装置是国内首创的新型作业机械,达到的效果超出原设计要求。尤其翻斗装置的研制成功,使垃圾装满度大为提高。

该船还采用可变螺距螺旋桨和气动舵,使该船操纵性能灵活,用户很满意,尤其是可变螺距螺旋桨,国外清扫船上尚未采用。

该船是国内首次研制的水面清扫作业船舶,是一种新型的工程船,造型美观,设备先进,操纵性好,安全可靠,深受用户好评。

该船的研制成功,国内填补了空白,达到了国外同类船舶的先进水平。此船建成后,为适应中、小河道的环保要求,该院及上海环卫局环卫研究所又研制了多艘小型清扫船,以满足中小河道环保要求。该船荣获上海市科学技术进步奖三等奖。

第七节　自升式碎石铺设整平船"津平 2"号

随着我国基础设施建设能力的不断增强,跨海隧道工程日趋增多,在海底隧道施工过程中,基槽碎石整平是沉管基础质量控制的重要环节之一。因此,碎石铺设整平船是沉管隧道质量控制的重要保障设备。

2011年,为满足港珠澳大桥的施工需要,中交集团[①]、中交一航局[②]、上海船舶研究设计院和振华重工联合研制开发了自升式碎石铺设整平船"津平1"号,成功完成了33节沉管的基础整平,为港珠澳大桥的顺利通车做出了贡献。该船总长92.0米,型宽63.3米,型深6.5米,中间月池尺寸70.5米×47.3米,船舶最大作业水深35米(见图9.4)。

图9.4 "津平2"号

2017年,深中通道工程列入了国家"十三五"重大工程,这是连接广东省深圳市和中山市的世界级超大型"桥、岛、隧、地下互通"集群工程,该项目北距虎门大桥约30千米,南距港珠澳大桥约38千米,沉管段长度5 035米,为世界首创超宽、变宽、深埋沉管隧道,这对施工船舶的作业能力提出了更高的要求。上海船舶研究设计院受中交一航局的委托,在研发"津平1"号的基础上,研发了新一代的自升式碎石铺设整平船"津平2"号,不仅能满足深中通道工程沉管基

① 中国交通建设集团有限公司。

② 中交第一航务工程局有限公司。

础整平要求，又可兼顾未来大型沉管施工市场的发展需求，能够更加高效专业地应用于海底铺路工程。

"津平 2"号于 2017 年 10 月开始设计，2018 年 7 月在振华重工南通厂区开工建造，历时 12 个月在南通进行完工四方见证仪式。2019 年 9 月抵达深中通道现场后，先后完成了现场插拔桩、空载联动、系统标定、重载、碎石铺设等一系列试验，试验结果显示各项指标均满足设计要求，于 11 月 18 日在深中通道现场举行了交船仪式。

"津平 2"号是一艘特点鲜明、实用性强的工程船型，创造了如下多项国内、外首创技术：一是目前世界最大、最先进的自升式碎石铺设整平船；二是从设计、制造到主要设备配置实现了国产化，成为国内首艘具有完全自主知识产权的自升式碎石铺设整平船型；三是国内首艘具有变长度桩腿的碎石铺设整平船；四是在国内外现有船型中，单船位铺设范围最广、速度最快、自动化程度最高。

该船的设计特点如下：

1. 可变长度桩腿设计

通过对深中通道施工海域的作业水深、地质条件以及插桩试验的调研，确定桩腿总长度应至少为 75 米，但在部分航空限高区域，由于高度不得超过 35 米，导致桩腿长度不得超过 70 米；而另一方面为满足未来国内作业海域最大到 50 米的水深要求，则要求桩腿长度能达到 95 米。基于上述要求，该船桩腿的设计需要变长度设计，关键技术就是可拆卸式接头设计，这在国内还没有先例，而且船级社也没有规范、规则可循。上海船院研发团队充分发挥自身的技术优势，多方收集资料，主动加强沟通，终于圆满地完成了该接头的设计工作，得到船级社认可的同时，在施工现场也得到了实际工程的验证，为今后同类型的设计打下了良好的基础。

2. 紧凑的全船总布置和高效的主作业甲板面布置

该船为钢质、非自航、自升式工程用平台，主要功能为碎石整平，作业设施包括碎石整平系统、施工管理系统和监控系统，用于铺设水深 10～35 米范围内所有沉管管节的碎石垫层，在不移动船体的情况下碎石铺设整平作业范围可达57米×44米。

3. 国产化的碎石整平系统

碎石整平系统主要包括碎石整平设备、石料输送设备和作业管理系统。建造"津平1号"时，该系统是从国外引进的，国外厂商对我国的技术人员进行了全面的技术封锁，维修和二次开发均需要对方的工程师来完成，严重影响了相关工程项目的进展。因此，在设计建造"津平2"号时，船东和研发团队下定决心，一定要突破这个"卡脖子"瓶颈，通过大量的计算、设计以及试验，终于完成了该系统的自主研发，并在实际工程中得到了可靠的应用，真正实现了国产化的目标。

2020年6月开始正式的施工作业，完成了含混凝土搅拌桩的复杂地基和常规地基下的管节地基碎石垫层铺设整平作业，证明该船达到了预期的目标，性能优异。随着目前各种跨海桥梁、隧道工程等采用的大型沉管的工程应用日益增多，该船将有广阔的市场。

该船的成功研制和应用，提高了我国在海底铺路工程领域的施工装备整体作业能力，是国家超级工程深中通道建设的保障，对我国"海底铺路"事业的发展具有重大意义，使我国造船工业在国际上的影响力进一步提升。同时，进一步提升了我国在碎石整平船型上的设计能力，培养出了一支专业的碎石整平船型研发团队，为进一步抢占市场打下了坚实基础。不仅如此，该船作为当时世界最大、先进的自升式碎石铺设整平船，在建造及交船后被国内20多家权威媒体陆续追踪报道，并登陆了中央电视台科教频道"创新一线"栏目，为树立品牌、提升行业影响力打下了坚实的基础。

参考文献

［1］张太佶. 认识海洋开发装备和工程船［M］. 北京. 国防工业出版社,2015.

［2］康为夏,闵兵,李含苹. 大型起重船的发展与市场前景［J］. 船舶,2009,20
(6)：13—17.

［3］张志明,徐丹铮,张超,等. 大型起重船船型开发的若干技术问题初探
［J］. 船舶,2005(1)：10—15.

［4］顾靖华. 潜水钟的概况及发展趋势［J］. 海军医学杂志,2011,32(4)：
281—284.

［5］廉静静,杨晓. 半潜船及其在海洋工程中的应用［J］. 世界海运,2016,39
(12)：9—14.

［6］钟文军,刘菊娥,王琮,等. 大型回转起重船技术特点与发展研究［J］. 船舶
与海洋工程,2012(1)：69—75.

［7］张太佶. 中型布缆船的更新代船型初探［J］. 船舶,2008(2)：1—7.

［8］李朝阳,姚海,于蓓莉. 重型全回转起重船：海洋资源开发利器［J］. 上海
信息化,2017(12)：28—30.

［9］张炳发,季圣国,李朝阳. 新型全回转浮式起重机的人字架放倒设计
［J］. 起重运输机械,2016(11)：32—34.

［10］任会礼,李江波. 运架梁起重船起重架结构有限元分析［J］. 建筑机械,
2006(23)：84—86,89.

［11］胡广. 电缆船的现状与发展［J］. 广东造船,2007(3)：48—53.

［12］郭宏,屈衍,李博,等. 国内外脐带缆技术研究现状及在我国的应用展望［J］. 中国海上油气,2012,24(1)：74—78.

［13］周卓亮,蔡洁. 50 000 吨半潜船压缩空气压载系统设计研究［J］. 船舶,2013,24(5)：57—62.

［14］于超,张昭. 全国饱和潜水再创新纪录 330.2 米［N］. 解放军报,2015—01—11.

［15］古奥. 舰船维修的海上浮动平台浮船坞漫谈［J］. 舰载武器,2009(11)：80—84.

［16］陈晓华,张莹. 大型浮船坞牵引力计算分析［J］. 船舶,2017,28(1)：68—73.

索　引

以数字开头的词条

后 记

1950年,我国年造船量才1万多吨。当时江海航行的万吨级货船,没有一艘是中国自己设计和建造的。70多年来,广大科技人员和造船工人在党的领导下,至2018年,中国年造船量已达6 000多万吨,我们不仅能设计和建造一般船舶,而且能设计和建造被誉为造船"工业皇冠上明珠"的高科技、高附加值船舶,成为世界第一造船大国。

2021年是中国共产党成立100周年,为展现新中国船舶工业的发展历程和取得的辉煌成就,中国船舶及海洋工程设计研究院、上海市船舶与海洋工程学会、江南造船(集团)有限公司、沪东中华造船(集团)有限公司、上海外高桥造船有限公司、上海船舶研究设计院、上海交通大学出版社,联手编撰出版"中国船舶研发史"丛书,向建党100周年献礼。本套丛书共10本:《中国油船研发史》《中国集装箱船研发史》《中国科考船研发史》《中国挖泥船研发史》《中国液化气船研发史》《中国工程船研发史》《中国散货船研发史》《中国客船研发史》《中国气垫船研发史》和《中国海洋油气开发装备研发史》。

本套丛书的编写得到中国工程院院士曾恒一及新、老船舶研发设计专家、科技人员的热情支持和积极参与,为本套丛书顺利编写出版奠定了基础。

本套丛书取材翔实、资料数据真实可信、极具原创性,这是本套丛书一大特点。70多位从事船舶及海洋工程研究、设计、建造的专家和科技工作者参与本套丛书的编写,他们是新中国船舶事业发展和取得辉煌成绩的见证奉献者,他们将自己研发的产品写出来,从领受编撰任务起,就酝酿推敲,不辞辛劳,不舍昼夜,把对船舶科学的追求,对祖国的爱练成书香墨宝。每一分册从提纲到初稿、定稿,均经众人讨论、反复修改。本套丛书的另一大特点是集体创作。

此外,本套丛书所写典型产品,既是时代成果,也是我国船舶研发珍贵的历史资料和经验总结,对从事船舶研发设计的青年人具有启发和借鉴作用。

丛书编写过程中得到众多单位及领导的关心和支持,中国船舶及海洋工程设计研究院海洋工程部主任康为夏研究员、副主任于再红研究员,原工程船研究室主任徐寿钦研究员、张太佶研究员、刘秉穗高级工程师参加审稿和修改,在此表示感谢。特别是感谢各位编辑辛勤的付出和认真卓越的工作。此外还要感谢那么多默默无闻的船舶设计师们在百忙之中参加审稿并提出宝贵意见。丛书编写中参考了一些书籍和报刊,引用了一些图片,在此表示谢意。由于这套丛书时间跨度大和资料收集有难度,有些船型未能收录。只能深表遗憾。

本丛书不当之处,恳请专家、读者予以指正。

张　毅